江西理工大学清江学术文库

区域经济协调发展的经济法保障研究

项波 孟春阳 ◎著

知识产权出版社
全国百佳图书出版单位

图书在版编目（CIP）数据

区域经济协调发展的经济法保障研究/项波，孟春阳著. —北京：知识产权出版社，2019.1

ISBN 978 – 7 – 5130 – 5871 – 1

Ⅰ.①区… Ⅱ.①项… ②孟… Ⅲ.①区域经济发展—协调发展—研究—中国②经济法—研究—中国 Ⅳ.①F127②D922.290.4

中国版本图书馆 CIP 数据核字（2019）第 001903 号

责任编辑：邓　莹　　　　　　　　责任校对：王　岩
特约编辑：卞　集　　　　　　　　责任印制：孙婷婷

区域经济协调发展的经济法保障研究
项　波　孟春阳　著

出版发行：知识产权出版社 有限责任公司	网　　址：http://www.ipph.cn
社　　址：北京市海淀区气象路 50 号院	邮　　编：100081
责编电话：010 – 82000860 转 8344	责编邮箱：dengying@cnipr.com
发行电话：010 – 82000860 转 8101/8102	发行传真：010 – 82000893/82005070/82000270
印　　刷：北京虎彩文化传播有限公司	经　　销：各大网上书店、新华书店及相关专业书店
开　　本：720mm × 960mm　1/16	印　　张：15.5
版　　次：2019 年 1 月第 1 版	印　　次：2019 年 1 月第 1 次印刷
字　　数：251 千字	定　　价：68.00 元

ISBN 978-7-5130-5871-1

出版权专有　　侵权必究
如有印装质量问题，本社负责调换。

前　言

"任何社会的实存状态，总是游走于有序和无序之间，它常常呈现为一个由各种利益关系所组成的复合群像和不断整合的复杂情境。"在当今中国，区域经济协调发展问题作为一个经济、社会、政治生活中的焦点和热点问题，受到理论界和实务界的重视。区域经济发展必然会形成一个多元化的利益配置模式和利益格局，其中区域经济发展的失衡情势便是利益格局扭曲的典型表现。问题的关键并不在于区域经济发展失衡情势的严重程度，而在于能否找到有效的方法对这种失衡现象进行有效的消除和排解。而对区域经济发展失衡情势的考察，对区域经济协调发展功能的认知，以及对当下我国区域经济协调发展政策框架的全面梳理，构成了矫正区域经济发展失衡的前提性工作。

在现实社会中，和其他所有法律制度一样，区域经济协调发展不是静止的规范体系，而是时刻处于运动状态的规范体系。它总是在一定时空被创制，在一定时空被实施，又在一定时空被实现。法律作为一种制度性存在，和任何事物的运动过程一样，都应该有一个完整的过程，即有起点、发展和终点。法的运行过程应是完整的，它必定有始也有终，既包括法的实施、实现，也应包括法的创制。因此，区域经济协调发展中的主体问题，以及运行中的立法问题、执法问题和司法问题，以及实施中的监督问题和责任问题，构成经济法保障区域经济协调发展运行机制的基本内容。

法治的统一和动态中的协调，是法治系统运行的理想形态。由于社会问题的复杂性，法治也呈现出一个动态、复杂的体系构成。众所周知，在整个法治系统中，作为整个法治系统构成部分的各个部门法，都应秉承自身理念和价值追求，并按照自身的制度构造来承担相应的使命。在部门法的运行过程中，尽管不同的部门法之间存在交叉和融合，但部门法基于理念、结构及内容等的不同，在宏观上其界限是明确的，它们共同构成一个国家法律体系的有机整体并在现代社会中发挥应有的功能。

经济法是法律体系中的重要构成。在诸种由法律部门构成的法治力量中，经济法是一个新兴的法律部门，是国家基于全局性和公共性的需要，为了克服市场失灵而制定的，调整需要由国家干预的经济法法律关系的总称，也就是说，经济法是调整需要由国家干预的经济关系的法律规范的总称。

经济法在理念、原则和利益本位等因素与区域经济协调发展的契合性，以及经济法在保障区域经济协调发展过程中具有独特的优势和功能，这些都决定了在区域经济协调发展的实现过程中，经济法的保障功用不可或缺。经济法所秉持的实质正义观，是区域经济协调发展的伦理基础，经济法的社会利益本位原则，是区域经济协调发展中利益协调机制建立的根本依归，经济法在调整区域经济利益上的功能优势，决定了其在保障区域经济协调发展中有民法、行政法等其他部门法不可比拟的优越性，经济法的体系构成和内容框架，决定了区域经济协调发展中必须依赖于经济法才能成就自身。

公共财政理论认为，政府预算是一种配置资源机制，指在市场主体自行无法克服或解决一些社会问题和社会矛盾时，由中央政府需要通过特定的政治方式和法定程序审查批准，把通过税收等形成的财政收益，在不同主体之间进行合理的划分和分配的过程。在公共财政理论看来，要建立有效的公共预算、财政和税收制度，就需要进行科学分析，合理规划，保证关于区域经济协调发展中财政转移支付决策的正确与高效。国家在区域经济协调发展中的财政支出，都是一种理应由国家提供的公共物品或者准公共产品，它的受益主体是应优先设定为欠发达地区的民众，他们当然应该由国家的公共财政予以保障。

在现代经济的运行过程中，金融资源对于经济的发展起着决定性作用，它事关经济发展的内外均衡，也决定着经济资源的合理配置。经济发展不均衡既是导致社会发展不均衡、公共服务不均等问题的重要原因，也是导致当下我国土地财政、基层财政危机、农村空心化等诸多问题的直接诱因。区域经济协调发展战略的实施尤为必要，区域协调发展战略的成功推进，除了其本身战略体系的合理和恰当之外，更需要一系列其他相关制度、政策与之匹配。区域协调发展战略的最终实现，必须要有相关制度保障，其中，金融法是区域经济协调发展不可或缺的制度类型之一，其对于区域经济协调发展的促成具有不可替代的作用。

目 录

绪 论 ……………………………………………………………… (1)

第一章 作为国家战略的区域经济协调发展：背景、内涵与功能 …… (2)
 一、新时代区域经济协调发展战略实施的时代背景 ………… (2)
  （一）新时代区域经济协调发展战略实施的国内背景 ……… (2)
  （二）区域经济协调发展战略实施的国际背景 ……………… (6)
 二、区域经济协调发展战略的内涵再认识 …………………… (8)
  （一）区域经济协调发展意味着经济布局的和谐与秩序 …… (11)
  （二）区域经济协调发展意味着经济布局的合理、公正 …… (14)
  （三）区域经济协调发展意味着经济的发展与持续 ………… (17)
 三、新时代我国区域经济协调发展战略实施的政策框架 …… (20)
  （一）"四大板块"战略 ………………………………………… (22)
  （二）"三个支撑带"战略 ……………………………………… (27)

第二章 区域经济协调发展法治保障的运行机制 ………………… (33)
 一、区域经济协调发展中的主体法律制度 …………………… (33)
  （一）区域经济协调发展中行为主体的类型 ………………… (34)
  （二）区域经济协调发展中主体行为的规范化 ……………… (40)
 二、区域经济协调发展运行法律制度 ………………………… (44)
  （一）区域经济协调发展中的立法 …………………………… (44)
  （二）区域经济协调发展中的执法 …………………………… (46)
  （三）区域经济协调发展中的司法 …………………………… (49)
 三、区域经济协调发展监督法律制度 ………………………… (52)

（一）区域经济协调发展法律监督的种类 …………………… (52)
　　（二）区域经济协调发展法律监督的原则 …………………… (58)
四、区域经济协调发展实施中的法律责任制度 ………………… (59)
　　（一）财产责任 …………………………………………………… (61)
　　（二）公共责任 …………………………………………………… (62)
　　（三）政治责任 …………………………………………………… (64)

第三章　经济法保障区域经济协调发展的原理与技术 ………… (66)

一、区域经济协调发展的实质正义理念及经济法保障 ………… (67)
　　（一）利益分配与实质正义 ……………………………………… (68)
　　（二）区域经济协调发展的正义形态为实质正义 …………… (71)
　　（三）经济法保障实质正义的基本逻辑 ………………………… (75)
二、经济法保障区域经济协调发展的优势：部门法比较的视角 …… (77)
　　（一）民法在保障区域经济协调发展中的作用及边界 ……… (78)
　　（二）行政法在保障区域经济协调发展中的作用及边界 …… (85)
　　（三）经济法保障区域经济协调发展中的功能优势 ………… (88)

第四章　区域经济协调发展的财税法保障 ……………………… (98)

一、我国区域经济协调发展中的财税法律制度梳理 …………… (98)
　　（一）我国区域经济协调发展的财政法梳理 ………………… (98)
　　（二）我国区域经济协调发展的税收法律制度梳理 ………… (102)
二、我国区域经济协调发展中财税法律制度存在的不足 ……… (104)
　　（一）现有的财政体制难以支撑区域经济发展 ……………… (104)
　　（二）现行的税权配置无法保证区域经济协调发展的实现 … (106)
　　（三）促成区域经济协调发展的税收优惠制度不规范 ……… (108)
　　（四）财政转移支付制度难以支撑区域经济协调发展 ……… (109)
　　（五）财税法运行中的绩效评价制度缺失和责任制度缺失 … (110)
三、区域经济协调发展中财政转移支付法律制度的完善 ……… (111)
　　（一）财政转移支付制度的类型述介——以典型国家为例 … (112)
　　（二）我国区域经济协调发展中财政转移支付制度的完善路径 … (121)
四、我国区域经济协调发展中税收法律制度的规范运行 ……… (125)

（一）完善税收优惠制度…………………………………………（126）
　　（二）规范量能课税原则…………………………………………（128）
　　（三）防范国家征税权的不当行使………………………………（130）
　　（四）实现税权的合理划分………………………………………（131）
　　（五）规范中央和地方的税收分成………………………………（134）

第五章　区域经济协调发展战略实施的金融法保障………………（136）

　一、金融法在保障区域经济协调发展战略实施中的价值…………（137）
　　（一）金融法的效率价值…………………………………………（137）
　　（二）金融法的公平价值…………………………………………（138）
　　（三）金融法的民生价值…………………………………………（140）
　二、我国金融法在保障区域经济协调发展战略实施中的问题……（143）
　　（一）金融宏观调控法律的不完备………………………………（143）
　　（二）金融宏观调控手段的"一刀切"……………………………（146）
　　（三）商业性金融法律实施状态不利于区域经济的协调发展…（149）
　　（四）政策性金融法律功能有限…………………………………（152）
　三、我国金融法在保障区域经济协调发展战略实施中的完善对策…（155）
　　（一）明确金融法宏观调控的目标与原则………………………（155）
　　（二）加强区域性金融基本法立法与倾斜性金融法律供给……（157）
　　（三）差异化金融宏观调控法律制度的构建……………………（158）
　　（四）优化商业性金融法律的实施………………………………（161）
　　（五）完善政策性金融法律运行机制……………………………（164）

第六章　区域经济协调发展战略实现公共服务均衡化的法律保障……（168）

　一、我国公共服务均等化法律制度梳理……………………………（168）
　　（一）基础教育类法律制度的演变………………………………（169）
　　（二）公共健康类法律制度的制定………………………………（170）
　　（三）养老保险类法律制度的框架………………………………（172）
　　（四）公共就业服务类法律制度的内容…………………………（175）
　　（五）基本住房保障类法律制度的发展…………………………（176）
　二、我国区域经济协调发展中公共服务均等化实施的成效………（178）

（一）总体基本公共服务水平和均等化程度明显提高………（178）
　　（二）各类基本公共服务水平和均等化程度明显提高………（179）
三、我国区域经济协调发展中公共服务均等化的不足 ………（183）
　　（一）基本公共服务供给主体单一………………………………（184）
　　（二）基本公共服务供给碎片化…………………………………（187）
　　（三）基本公共服务人才配置不足………………………………（188）
四、改进和完善基本公共服务供给的建议 …………………………（190）
　　（一）完善基本公共服务均等化标准……………………………（190）
　　（二）构建基本公共服务多元供给………………………………（192）
　　（三）构建公共服务供给主体多元发展的决策机制……………（194）
　　（四）构建公共服务供给主体多元发展的激励约束机制………（196）
　　（五）建设基本公共服务信息平台………………………………（198）
　　（六）加强公共服务统筹整合……………………………………（200）
　　（七）完善基本公共服务领域人才配置…………………………（203）

第七章　区域经济协调发展的产业规划法保障 ……………（206）

一、产业规划及法治化 ………………………………………………（206）
　　（一）产业规划法的理论基础……………………………………（207）
　　（二）产业规划运行中的法律关系及其构成……………………（208）
　　（三）产业规划法律制度的特点…………………………………（212）
二、产业规划法律制度在保障区域经济协调发展中的功能分析 …（214）
　　（一）产业规划制度对经济增长的促进作用……………………（215）
　　（二）产业规划法律制度对产业结构升级的促进………………（217）
　　（三）产业规划法律制度对区域经济均衡发展的促进…………（220）
三、我国区域经济协调发展中产业规划法律制度的变革 …………（223）
　　（一）产业规划立法方面的完善路径……………………………（224）
　　（二）完善产业规划法的实施机制………………………………（229）

参考文献 ……………………………………………………………（233）

绪 论

改革开放以来，我国的经济发展和社会进步取得了举世瞩目的成就。社会主义市场经济体制已经建立，以公有制为主体、多种所有制经济共同发展的基本经济制度已经形成。按照社会主义市场经济的要求，资源配置由原来的高度指令性计划、行政分配过渡到让市场发挥决定性作用的全新阶段。我国经济体制改革极大地解放了生产力，促进了我国经济以较快的速度增长。国内生产总值由1952年的679亿元上升到2016年的74.47万亿元，根据国际货币基金组织公布的数据，2005年中国国内生产总值跨过2万亿美元台阶，跃居世界第四位。据当年美国《纽约时报》统计的资料显示，我国2010年第二季度的国民生产总值已超过日本，成为全球第二大经济体。近几年，在经济总量不断变大的情况下，我国经济也保持了较快的增长速度，每年对世界经济的贡献率一直领跑于世界各国，我国经济的增长速度创造了人类经济增长史上的诸多"奇迹"。但是，在我国经济发展的过程中，由于地理环境、自然条件、历史基础、区位优势以及国家战略部署、政策导向等方面的差异，我国区域间出现经济增长失衡的现象。一定程度上的区域经济差异不仅是经济发展中的必然现象，还能调动区域经济发展的积极性，促成政府间的良性竞争，但如果区域经济发展中的失衡超过一定的边界，就会导致资源配置的不合理、收入差距拉大、利益冲突增加等一系列严重的社会问题，它不仅使得社会的不满情绪不断增加，成为诱发社会不稳定的一个因素，也会影响到社会秩序和社会结构的良性发展，甚至部分地区的社会对立，也在一定程度上影响了我国社会主义制度的优越性，削弱了我国制度的公正和权威。更为重要的是，区域经济不协调还可能损害地区和地区之间的关系，中央和地方的关系，以及民族关系，任其发展甚至可能威胁到国家的安全和统一。因此，区域经济协调发展问题作为一个经济、社会、政治生活中的焦点和热点问题，理应受到理论界和实务界的重视。

第一章 作为国家战略的区域经济协调发展：背景、内涵与功能

"任何社会的实存状态，总是游走于有序和无序之间，它常常呈现为一个由各种利益关系所组成的复合群像和不断整合的复杂情境。"[1] 在当今中国，社会结构的调整与转型，市场经济的发展，地方政府经济的相对独立性，决定了在区域经济发展中必然会形成一个多元化的利益配置模式和利益格局，其中区域经济发展的失衡情势便是利益格局扭曲的典型表现。当然，在笔者看来，问题的关键并不在于区域经济发展失衡情势的严重程度，而在于能否找到有效的方法对这种失衡现象进行有效的消除和排except。而对区域经济发展失衡情势的考察，对区域经济协调发展功能的认知，以及对当下我国区域经济协调发展政策框架的全面梳理，构成了矫正区域经济发展失衡的前提性工作。

一、新时代区域经济协调发展战略实施的时代背景

（一）新时代区域经济协调发展战略实施的国内背景

第一，我国区域经济发展中存在严重的失衡现象。区域经济发展的失衡是我国区域经济协调发展战略实施的首要经济背景，多年以来，党和国家为区域经济的协调发展给予了规划和政策安排，我国的区域经济协调发展也取得了巨大的成就。但由于多种原因，我国区域经济发展失衡的情形还依然较为严重。截至2015年，我国地区之间尤其是东西部地区之间的发展水平差距依然较大，不同地区之间和不同区域之间的人均财政收入和人均占有财富的指标依然在分

---

[1] 程竹汝. 社会控制：关于司法与社会最一般关系的理论分析 [J]. 文史哲, 2003 (5)：151.

化，差距在不断拉大，如果用国际上通用的 GDP 最高和最低的行政区比重的数据来衡量，美国的数据是 2.41 倍，日本的是 2.62 倍，作为发展中国家的印度是 3.61 倍，但是在我国，全国 2013 年的人均 GDP 最高的天津市，和人均 GDP 最低的贵州省相比，差距为 4.4 倍。❶ 其次，我国的区域人口分布和经济活动之间的关系存在严重的失衡，其中人口分布和产业布局之间的失衡尤为明显。比如，从三大产业群来看，当前京津冀城市群、长三角经济群和珠三角城市群的地区生产总值占全国 GDP 的 61%，人口则不足 50%。第三个方面的表现是，当前我国的城镇化发展差距还在拉大，东部地区的城镇化程度明显高于中西部地区，有学者作过统计：2015 年，我国东部地区的北京、天津、河北、辽宁、上海、江苏、浙江、福建、山东、广东和海南城镇化率分别为 86.5%、82.6%、51.3%、67.4%、87.6%、66.5%、65.8%、62.6%、57.0%、68.7% 和 55.1%，除河北、海南的城镇化率低于全国平均水平外，其他东部地区城镇化率均高于全国平均水平；中部地区内蒙古、山西、吉林、黑龙江、安徽、江西、河南、湖北、湖南的城镇化率分别是 60.3%、55.0%、55.3%、58.8%、50.5%、51.6%、46.9%、56.9% 和 50.9%，只有内蒙古、黑龙江和湖北的城镇化率略高于全国平均水平。西部地区四川、重庆、贵州、云南、西藏、陕西、甘肃、青海、宁夏、新疆、广西的城镇化率分别是 47.7%、60.9%、42.0%、43.3%、27.7%、53.9%、43.2%、50.3%、55.2%、47.2% 和 47.1%，西部地区只有重庆的城镇化率高于全国平均水平，其他地区的城镇化率都未达到全国平均水平。可见，中西部地区城镇化水平明显低于东部地区。❷ 另外，我国的区域基础设施建设和公共服务水平，在全国各地区之间的分布也不平衡。在基础设施建设方面，北京、上海、广州、深圳等国家中心城市和东部地区具有较强的财政投资能力，教育、医疗资源丰富，基础设施水平明显高于中西部地区。2015 年，东部地区全社会固定资产投资规模分别超出中部、西部和东北地区 88 999 亿元、91 691 亿元和 191 301 亿元。在义务教育、医疗卫生、社会保障等基本公共服务方面，中西部地区与东部地区差距依然较大。❸ 再以 2016 年为例，2016 年我国人均 GDP 为 53 817 元，天津最高，为 115 053 元，甘肃最低，为 27 458 元，中国的最大区域差率（即天津的

---

❶❷❸ 杜传忠. 经济新常态下推进我国区域协调发展的路径及对策 [J]. 理论学习，2017 (6)：28.

3

人均地区生产总值为甘肃的倍数）为4.19倍；GDP增速全国为6.7%，重庆的最高，为10.7%，辽宁的最低，为-2.5%，重庆与辽宁的增速差为13.2%。❶ 这一事实是我国区域经济协调发展战略实施的第一个时代背景。

第二，我国经济进入"新常态"的事实。较之于过去，我国经济发展出现了新的趋势和新变化，我国经济已经进入了发展的新阶段，对此我们常以"经济发展新常态"称之。按照美国学者Erian的提法，经济新常态是"低增长、高失业以及投资回报低的长期态势"，❷ 经济新常态的表现是多方面的，其最为典型的特点主要包括以下几个方面：首先，经济增速的减缓，按照我国相关部门的统计，自2012年起，我国经济结束了近20年的超过10%的增长速度的增长状态，进入了增速换档期和调整期。近年来，我国经济大致保持在7%的年均增长速度。从发展形势的角度讲，经济下行的压力较大，具体说来，自2008年以来，导源于美国的金融危机对世界经济产生了显著的影响，对我国经济的发展和运行造成了较为严重的冲击。为此，我国从多个方面进行了经济刺激方案并取得了显著的成效，但是随着刺激政策效用的逐渐减弱，我国经济的增速又呈现出下行的趋势。再加上国际经济形势的缓慢复苏和全球经济增速的下滑，这些因素的叠加造成了我国经济发展速度的减缓。诚如有学者所论，"经济发展新常态是一种现实经济条件下的新兴态势，它的出现和形成必然有其历史和现实根源"。❸ 我们更应该从目前和期待的角度来分析我国的应对措施和变革方案。在笔者看来，我国经济发展的新常态不仅仅是经济增速的减缓，它为我们提供了更多的发展机会，也是优化我国经济结构的最佳契机，在未来的经济发展过程中，我们更应该注重经济增长动力的多元化，从资源驱动等要素驱动，经济结构的优化升级来保障经济发展前景的稳定，通过产业结构由中低端向中高端的转换来促成我国经济结构的优化，等等，这些方案和未来经济发展方案，构成我国区域经济协调发展战略实施的又一时代背景。

第三，供给侧结构改革。经济新常态下的供给侧改革，是当下我国宏观经

---

❶ 张可云. 新时代的中国区域经济新常态与区域协调发展 [J]. 国家行政学院学报，2018 (3)：103.

❷ EL - Erian, M. A. When Market collide. Investment Strategies for the Age of Global Economic Change [M]. New York：McGraw - Hill, 2008：16 - 17.

❸ 刘金全，冯坚福. 中国经济发展新常态的宏观表象和微观基础 [J]. 东北师大学报·哲学社会科学版，2016 (3)：2.

济运行最重要的政策方向之一，也是我国经济结构性改革的关键举措。从区域经济协调发展而言，供给侧结构改革对区域经济协调发展的意义在于：第一，区域经济协调发展着力解决的是经济发展不均衡的问题。针对经济发展的不均衡，需要从供给侧结构改革入手，比如，从供给的角度来促进各区域产业的协同和经济的协调，从而推进区域经济的发展。第二，供给侧结构改革可以视为调整中央和地方、地方和地方关系，以及政府和市场关系，充分发挥市场在资源配置中的决定性作用和发挥各级政府经济统筹作用的重要依托。❶ 事实上，供给侧结构改革根本目的，在于解决和优化经济发展中的一系列问题，供给侧改革的有效推进，能够增加区域经济发展中的制度供给和制度创新，并促进制度与经济发展长期目标的匹配，进而推动区域经济转型升级，促进区域经济的协调发展。供给侧结构改革提出的目标，是为了增强我国经济供给体系的效益和质量，生产契合市场需要的产品，提高我国经济在区域、产业、制度和产品等领域的竞争力。因此从目标上来看，区域经济协调发展和供给侧结构改革有诸多的契合。第三，从供给侧改革的基本内容上来看，供给侧改革的目标更主要是对经济存量的调整，也就是说，供给侧改革强调在经济增长过程中优化经济结构尤其是投资结构，要求将投资行为和经济发展的阶段、形态以及社会需求等因素结合起来，在产业结构上，强调开源节流，物尽其用，在经济持续、协调发展的过程中，保证人民生活水平的不断改善和提高。同时供给侧改革注重产权结构的优化，在保证充分发挥市场作用的同时，优化国家的宏观调控，处理好市场和政府的关系，促进资源配置的优化配置。从经济运行的产出来讲，供给侧通过产品结构和产品质量的重点关注，来保障人民日益增长的物质生活的满足和丰富。更为关键的是，供给侧改革要求优化经济分配的结构，实现公平分配，使消费成为拉动经济增长的关键动力，而不再把拉动经济发展的依据寄托于投资和出口，最后，供给侧改革要求对区域之间的流通结构也应予以优化和调整，节约经济运行中的成本，提高经济总量。由此可见，供给侧结构改革和区域经济的协调发展具有普遍关联性，两者互为条件，供给侧结构改革既是区域经济协调发展的时代背景，也是区域经济协调发展实现中应该依托的手段和方式。

---

❶ 陆岷峰，吴建平. 供给侧改革背景下区域经济发展的机遇和对策 [J]. 华北金融，2016 (6).

(二) 区域经济协调发展战略实施的国际背景

前文已提及，2008年的世界金融危机，对世界各国的经济发展产生了显著的影响，也在一定程度上重构了世界经济格局。随后的2010年至2011年，欧债危机爆发，进一步造成全球经济的动荡，尽管近两年以来，全球各主要经济体出现了稳定增长的态势，国际贸易也趋于回暖，但持续危机的阴影一直笼罩着全球经济的走势。[1]作为世界经济的重要构成部分，我国经济的发展受制于世界经济情势的状态，在经济一体化的今天，世界经济情势必然会作为一个重要因素影响到我国经济的发展，这种影响既会对整体经济发展形态产生作用，也会对组成整体经济的个体、区域的经济运行产生制约。具体而言，我国区域经济协调发展战略实施的国际经济背景可归纳为以下几点：

第一，我国对外出口压力不断增大，急需通过经济协调发展战略拉动内需，寻求新的经济增长点，实现经济的持续增长。尽管我国经济对外出口形势整体上乐观，但"国际市场需求减少、劳动力成本、原材料和其他成本上升仍是影响出口增长的前三位因素"[2]。在当今国际市场，一方面，世界经济依然面临诸多的不确定性，各种情势决定了当今全球经济依然错综复杂，资本市场的高度不确定性和货币战的潜在风险，加剧了国际金融市场的震荡，由于劳动力要素供给的下降和生产技术水平发展的有限性，全球经济GDP增长率持续下降的事实客观存在，全球经济运行的不确定性风险实质上在不断增加。另一方面，全球投资不足、融资存在约束，各国经济政治政策的不确定性以及部分国家投资壁垒的存在，使得世界主要经济体的投资增速不断放缓，面对国家疲软的市场需求，一些国家和地区的各种贸易保护主义不断抬头，局部贸易战时有发生，其对我国经济必将产生广泛而深远的影响，外向型经济风险不断加大。在我国改革开放的初期，外向型经济可以成为支撑我国经济发展的重要力量，但经过一段时间后，外向型经济发展模式对国外市场的高度依赖性，如果将自身的经济发展期待过多地依附于国际市场，国际经济形势的不利变化本身就构成一种潜在的风险而增加了本国经济的隐患。而且，"长期过度依赖外向

---

[1] 朱光耀. 2017年国际经济形势回顾及2018年全球经济展望 [J]. 中国经济导刊，2018 (1)：8-9.

[2] 赵福军. 预计今年全年出口形势比去年有所好转 [N]. 中国经济时报，2017-9-13 (5)：2.

型经济发展模式不利于产业结构的升级、调整，不利于产业的合理布局，不断拉大区域产业份额差距，严重影响区域经济的协调发展。"❶ 在出口压力日益增大和不确定的情况下，通过区域经济协调发展战略的实施，加快欠发达地区的发展，是拉动内需，实现我国经济快速增长的重要动力。

第二，当前国际经济形势使得我国欠发达地区的经济呈现出新的特征，这些特征构成了当下我国区域经济协调发展战略实施中必须考虑的因素。有学者认为，在当下的国际经济情势中，由于欠发达地区的经济基础不够牢固，抗击风险的能力不强，因此，即便欠发达地区的经济不以出口为主，其依然会受到国际经济形势严重的影响，并使得原有的经济呈现出一些新的特征：比如，经济发展固然还处于加速扩张的阶段，但增长的势头在减缓，欠发达地区的工业化进入了中期初始阶段，但较多的企业出现了运行困难。另外，对外开放的水平处于不断提升的阶段，但随着竞争的日益激烈，招商引资和项目建设的难度在不断地放大。还有，在国际经济形势的影响下，欠发达地区的特殊资源虽然进入了加速开发利用和转化的阶段，但是特殊资源的产业升级依然困难重重。最后，虽然欠发达地区的外贸进出口有所增长，但质量和水平亟待提高。❷ 这些因世界经济情势对我国欠发达地区经济形态影响以及所形成的新特征，是我国区域经济协调发展实施的条件，因此，无论是区域经济协调发展战略理念的设计，还是具体的制度构造，必须契合于当下这些经济发展的新特点，否则，区域经济协调发展战略实施的成效会大打折扣，甚至南辕北辙。

第三，全球产业结构调整对我国区域经济协调发展中的产业结构规划产生深刻影响。国际金融危机爆发后直至今天，发达国家和新兴经济体在新能源、节能环保、生物技术和信息技术等新兴产业发展上注入更多的精力和成本，全球产业变革势不可挡，互联网、物联网、云计算、大数据等信息技术以及与之关联的生物技术，必将成为新兴产业发展的重点领域，成为推动产业革命的关键力量，新产业必将对传统产业进行取代，我国区域经济发展过程中产业发展的战略调整，必须以国家产业结构调整为依据。其次，资源和环境成为制约全

---

❶ 安虎森，徐杨. 国际金融危机背景下扩大内需与我国区域经济协调发展 [J]. 开发研究，2011 (1)：6.
❷ 王延，刘力臻. 国际金融危机背景下我国欠发达地区经济发展的新特征 [J]. 经济纵横，2009 (5)：48-49.

球经济发展的一个关键问题，全球人口增速有所放缓，但整体而言，人口增长的趋势不可能改变，根据联合国有关机构的预测，到2025年，全球人口将从2015年的73亿上升至81亿，到2050年，全球人口有可能达到96亿，在人口增长趋势不变的情况下，人类对资源和能源的需求会进一步增加，资源短缺将成为经济发展的主要制约因素。❶ 因此，区域经济协调发展战略实施中如何瞄准新能源产业、可再生资源产业，发展绿色经济和低碳经济，如何保护我国的资源尤其是欠发达地区的能源，如何充分利用中西部地区丰富的资源，是区域经济协调发展战略实施必须思考的问题。再次，实体经济受到普遍重视和关注。现代经济是实体经济和虚拟并存的二元经济时代，虚拟经济能够解决资本要素有序的自由流动和高效利用问题，可以在更高层次上完成社会资源的优化配置。但是，如果运筹管理不当，虚拟经济也可能对实体经济发展产生负面作用甚至巨大的破坏性作用，其典型就是引发泡沫经济和金融危机，当今时代的金融危机大都导源于虚拟经济，是虚拟经济弊病的集中爆发和总反应。虚拟经济运行中的高风险性凸显了以制造业为代表的实体经济的重要意义，在实践中，世界各国都开始对实体经济予以重视。美国政府为了摆脱次贷危机所造成的不良影响，2009年年底，时任美国总统奥巴马就提出，美国经济要转向可持续的增长模式，提出了"制造业回归美国"的口号，特朗普在总统竞选时的一个重要承诺就是制造业的回流。不仅是美国，众多的发达国家以及新兴国家和新兴市场都开始注重发展以创新为基础的实体产业和实体经济，把培育制造业的竞争优势和统领能力作为参与未来国际经济竞争的重要依托和工具，这意味着世界经济开始向实体经济回归，实体经济的复兴和重返世界经济舞台是历史的必然，实体产业发展必将受到特殊的重视。❷ 这种事实和现象，构成了我国区域经济发展的又一国际经济背景。

二、区域经济协调发展战略的内涵再认识

随着区域经济协调发展战略的提出及发展，我国学界对区域经济协调发展

---

❶ 张亚雄，张晓兰. 从"十三五"时期国际经济环境看我国经济发展面临的机遇与挑战［J］. 经济纵横，2015（11）：12.

❷ 赵亮. 全球产业结构的深度调整与国家竞争优势的重塑［J］. 宏观经济研究，2016（4）：32.

战略内涵的归纳和梳理，有代表性的观点主要有：

国家发改委经济研究院地区课题组的研究认为，区域经济协调是一个综合性、组合式的概念，其基本内涵由五个部分构成：一是各地区的比较优势和特殊功能都能得到科学、有效的发挥，形成体现因地制宜、分工合理、优势互补、共同发展的特色区域经济；二是各地区之间人流、物流、资金流、信息流能够实现畅通和便利化，形成建立在公正、公开、公平竞争秩序基础上的全国统一市场；三是各地区城乡居民可支配购买力及享受基本公共产品和服务的人均差距能够限定在合理范围之内，形成走向共同富裕的社会主义的空间发展格局；四是各地区之间在市场经济导向下的经济技术合作能够实现全方位、宽领域和新水平的目标，形成各区域、各民族之间全面团结和互助合作的新型区域经济关系；五是各地区国土资源的开发、利用、整治和保护能够实现统筹规划和互动协调，各区域经济增长与人口资源环境之间实现协调、和谐的发展模式。[1] 彭荣胜认为，区域经济协调发展是区域之间相互开放、经济交往日益密切、区域分工趋于合理，既保持区域经济整体高效增长，又把区域之间的经济发展差距控制在合理、适度的范围内并逐渐收敛，达到区域之间经济发展的正向促进、良性互动的状态和过程。[2] 杨保军把区域经济协调发展理解为四个方面：（1）遵循区域经济发展的规律；（2）适应区域经济一体化发展趋势和要求；（3）建立有效的协调机制，从自然整合走向制度安排；（4）通过良性竞争实践科学发展观。[3] 周绍杰等认为，区域经济协调发展的内涵包括三个方面：实现经济要素的有效配置，促进经济整体的发展，即经济发展目标；实现经济发展与环境保护的和谐统一，促进可持续发展，即环境保护目标；缩小地区间的发展差距，实现区域间经济发展的均衡性，即均衡发展目标。[4]

还有学者从区域经济协调发展战略形成原因的角度，对区域经济协调发展战略的目标期待进行了研究。如，皮建才在对区域经济非协调化发展的机理进

---

[1] 国家发改委宏观经济研究院地区所课题组. 21 世纪中国区域经济可持续发展研究 [J]. 2003. 转引自陈秀山，杨艳. 我国区域发展战略的演变与区域协调发展的目标选择 [J]. 教学与研究，2008 (5)：7.

[2] 彭荣胜. 区域经济协调发展的内涵、机制与评价研究 [D]. 开封：河南大学，2004.

[3] 杨保军. 区域协调发展析论 [J]. 城市规划，2004 (5)：21.

[4] 周绍杰，王有强，殷存毅. 区域经济协调发展：功能界定与机制分析 [J]. 清华大学学报·哲学社会科学版，2010 (2)：141.

行了研究的基础上，认为适应问题、协调问题和政治晋升问题会使得地区之间的博弈变成了囚徒困境博弈，区域间完全没有协调的策略会成为占优策略。探索区域经济协调发展的内在机制必须从如何打破囚徒困境入手，让每个地区都选择完全协调策略成为一个纳什均衡。❶ 再如，范恒山结合我国经济发展的新形势提出了区域协调发展内涵的五个方面，即区域之间的人均 GDP 差距应当控制在合理的范围之内，不同地区居民享受的基本公共服务是均等化的，各区域可以充分有效的发挥其经济比较优势，区域之间的相互关系是良性互动的，人与自然之间的关系是协调的发展形态便是区域经济协调发展的形态。❷ 金碚认为，当前世界已进入经济全球化 3.0 时代，我国区域经济发展将呈现前所未有的新趋势。一方面，世界各国包括我国各地区经济的比较利益关系发生极大变化，信息技术和互联网发展将对产业业态和地区环境产生革命性影响；另一方面，区域经济利益格局也正发生演变，不同经济体之间利益边界截然分明的状况变为利益交织、相互依存的格局。❸ 龚勤林等认为，当前区域经济发展呈现三个特点：一是区域经济增速地区分化加剧；二是区域空间版图呈现多点多极支撑发展；三是区域发展动力更加依赖创新驱动。❹ 总之，对区域经济协调发展的研究已较为充分，多位学者从不同角度已对其进行了全面深入的论证，这些成果对于本书的研究具有重要的指导和启示价值。

从学科发展的角度看，区域经济协调发展的概念是经济学界最早提出的一个概念。结合上文诸位学者对区域经济协调发展内涵的论述，笔者认为，从最本源的意义上讲，区域经济协调发展是随着市场经济的发展，区域间经济联系日益紧密、相互依赖日益加强的前提下，不同区域之间基于各种原因造成了发展上的差异和不均衡，由此需要外力加以干预，以促成一个国家和地区经济和谐发展、相互协调的状态追求。诚如有学者所言，要研究区域经济协调发展，首先应明白"协调"的概念，而"协调"具有"和谐"、"平衡"之意。❺ 以

---

❶ 皮建才. 中国区域经济协调发展的内在机制研究 [J]. 经济学家，2011 (12)：15.
❷ 范恒山. 我国促进区域协调发展的理论与实践 [J]. 经济社会体制比较，2011 (6)：1.
❸ 金碚. 区域经济发展的新思维新要务 [J]. 区域经济评论，2016 (4)：5-6.
❹ 龚勤林，郭帅新. 区域协同视角下的城市职能识别及其优化研究——以成都城市群为例 [J]. 区域经济评论，2016 (3)：97.
❺ 彭荣胜. 区域经济协调发展的内涵、机制与评价研究 [D]. 开封：河南大学，2004.

此为依据，笔者将从以下几方面对区域经济协调发展的概念进行解析。

(一) 区域经济协调发展意味着经济布局的和谐与秩序

"和谐是一个古老而又经久不衰的跨学科概念，具有美学本源、哲学基础、社会科学基础和实践意义。"❶ 在中国古代典籍中，"和"的概念出现很早，在甲骨文和金文中都有"和"字。在《易经》"兑"卦中，"和"是大吉大利的征象；在《尚书》中，"和"被广泛地应用到家庭、国家、天下等领域中去，用以描述这些组织内部治理良好、上下协调的状态。❷ 随后孔子提出的"和而不同"，便是一种有差异的统一，其所包含的和谐与秩序思想，不证自明，墨家提出的"兼爱"思想将爱与利相结合，要求人与己相关联，其所包含的和谐秩序思想可以直接契合于区域经济的协调发展。"兼相爱"强调每个人都作为爱的主体和受体，在享受自爱权利的同时也要尽到兼爱他人的义务；"交相利"也不是鄙视合理正当的自身利益，而是力求将自利与公利结合起来，在争取自身利益的同时实现利他。❸ 在西方，西方早期思想家们就把和谐思想应用于民主进程，乃至于用它来改革社会制度。❹ 柏拉图认为世界一切事物都会从"无秩序变成有秩序"，在他的理想王国中，人们各守其德，各司其职，秩序井然，由此形成和谐和秩序状态。马克斯·韦伯在《新教伦理与资本主义精神》一书中说："理性、克己、勤俭、救赎、节制"等能够产生"真正的资本主义精神"，也正是这种精神才使得疯狂的资本主义社会得以自我完善，修正补充，得以延续至今。❺ 随后卢梭的社会契约理论，奠定了社会和谐和社会秩序的道德基础；孟德斯鸠设计的三权分立机制，确立了国家权力运行的平衡、和谐与秩序；约翰·密尔在私权和公权的界定基础上，设计了公民和政府和谐相处和有序运行的制度框架。在笔者看来，这些思想尽管是从一般意义上对社会和谐和秩序的理念构造和制度设计指引，但其对于区域经济发展中的秩序与和谐，无疑具有重要的指导意义。

---

❶ 张文显. 加强法治，促进和谐——论法治在构建社会主义和谐社会中的地位和作用 [J]. 法制与社会发展，2007 (1): 3.
❷ 邱国勇. 论孔子的"和合"思想及其现代意蕴 [J]. 学术论坛，2006 (10): 61.
❸ 曾凡朝. 墨子"和"哲学旨要 [J]. 黄河科技大学学报，2009 (2): 31.
❹❺ 陈和平. 中西方和谐社会观比较研究 [J]. 理论与改革，2007 (3): 6.

"和谐的本质,在于统一体内多种因素的差异与协调",❶而"秩序表达的是社会生活中的某种稳定性,即在某种程度上长期保持它的形式"❷。秩序化倾向源于人类自身对生活安排的连续性要求,是人的一种本性,这种连续性倾向与人们要求在相互关系中遵守规则的倾向是一致的。❸前文已论,由于多方面的因素,我国经济与社会发展在快速发展的同时依然存在诸多不和谐的情形,这些不和谐业已引发了诸多社会问题,其中区域经济间的不和谐和失序状态便是其中重要突出的社会问题之一。著名学者孙立平教授就曾指出:"在 80 年代,一般地说,经济增长一般会带来社会状况的自然改善,但到了 90 年代,经济增长在很大程度上已经不能导致社会状况的自然改善。在经济增长的成果和社会成员的生活之间,经济增长和社会状况的改善之间,出现了断裂。"❹笔者认为,这种断裂不仅体现在城乡之间、阶层之间,区域经济发展的失衡也是其重要表现。从政策层面的角度讲,改革开放初期,我国提出了"先富带动后富、最终实现共同富裕"的政策指导思想,在经济增长模式上"按照效率优先、兼顾公平"的增长极理论和经济发展梯度推移理论的要求,在 1978～1990 年十余年的时间里,按照向东部沿海地区倾斜发展的不平衡发展战略,将经济发展划分为"东部、中部和西部"的三大地带划分原则,无论是国家的重大基础设施投资建设,还是国家的产业规划、产业布局都向东南沿海地区倾斜,在中西部地区,经济政策导向则以能源、原材料的加工和提供为基本思路。在此政策导向下,我国的经济取得了较快的发展,尤其是经济特区、沿海经济技术开发区、沿海经济开放区,作为支撑我国经济增长的重要一极,形成了"珠三角""长三角""环渤海地区"等经济发展中心区域。由于对我国中西部地区的发展缺乏政策上的支持,导致了我国区域间生产力布局的不合理和协调发展的不充分、不和谐。这种不和谐在诸多方面均有体现。比如,衡量区域经济协调程度的重要指标之一——公共服务的水平和质量问题,随着我国医疗体制改革、教育体制改革的纵深发展,改革重心一度越来越多地加入了市场

---

❶ 罗浩波. 中西传统和谐观的整合创新及其时代价值 [N]. 人民日报,2005 - 11 - 09.
❷ 哀礼斌. 市场秩序论 [M]. 北京:经济科学出版社,1999:3.
❸ 高德步. 产权与增长:论法律制度的效率 [M]. 北京:中国人民大学出版社,1999:28.
❹ 林风. 断裂:中国社会的新变化——访清华大学社会学系孙立平教授 [J]. 中国改革,2002 (4):18.

化内容，公共产品的商品化现象严重，而且在区域之间分配极不合理，面向欠发达地区的社会福利服务严重不足，使欠发达地区的福利服务缺乏可获得性，成为导致我国区域经济失序、区域在人才、资源吸引力上存在显著差异的重要原因之一。再比如，在我国经济向市场化的改革中，政府及其代理人承担公共服务和社会福利职能的责任弱化，但缓慢发育的社会并未像政府希望的那样承担起社会服务的责任。于是，社会公平与社会和谐受到严重伤害，❶ 这种不公平、不和谐反射到经济发展中去，进一步加剧了区域经济的失衡发展。总之，经济增长的不和谐在转型时期的我国尤为突出，在相当长的一段时间里，区域经济分工尽管提高了经济效率，区域经济发展又扩大了劳动分工，但没有一定限度的区域经济分工又可能造成分工异化和人性异化，地区间的收入和财富差距急剧扩大，欠发达地区并未享受到社会发展成果，经济固然在迅速发展，但社会矛盾和不公正现象已逐渐积累和日益严重。

区域经济协调发展战略正是对上述经济不和谐和失序情形的纠正。从当前我国区域经济协调发展的政策文件来看，从国家到地方，从都市区到城市内部，都规定了区域经济协调发展的内容。在全国范围内，区域经济协调发展战略将基于统一市场的要求和不同区域的比较优势，分工合作，优势互补，协调统一，构建和谐有序的经济发展方案和模式。对于中西部等欠发达地区，将进行倾斜性的支持和照顾，并通过兄弟省份之间的帮扶，实现共同发展，经济发展领域中的中央和地方、地方和地方的关系由此得以理顺。在都市区，城市群发展战略要求，构建以经济增长带为依托的区域经济整体发展模式，这对于协调同一区域内不同层级城市的发展并保障其和谐有序状态的形成，具有关键意义。其次，从目标追求来看，其将实现区域经济的和谐与有序为最高任务。区域经济协调发展战略预设的价值体系是效率、公正和可持续的统一。从效率的角度讲，通过区域经济的协调发展，全国统一的市场得以形成，可降低不同区域间资源配置和资源流动的交易成本。区域经济协调发展战略要求消除区域之间、地方政府之间的行政壁垒和贸易保护，促进区域之间经济要素的自由流动，这一切都为推动整体经济效率的提升提供了基础和保障。从公平的角度来

---

❶ 王思斌，阮曾媛琪. 和谐社会建设背景下中国社会工作的发展 [J]. 中国社会科学，2009 (5)：129.

讲，前文已论，我国区域经济协调发展战略的核心内容，是对欠发达地区经济发展的支持，以及对欠发达地区民生问题的强调，其公平价值自然不证自明。在党的十九大上，党中央提出了"小康路上一个都不能掉队"的民生行动方案，其固然是以个人为出发点所做的制度设计，但其作为经济发展以及区域经济协调发展战略中保障民生的内容应是题中之意。从可持续发展的角度讲，区域协调发展战略从强调发展的持续性和有序性，注重资源的持续利用和生态环境的保护，按照主体功能区的不同，确定不同区域的发展方向和发展重点，明确经济发展与资源利用、环境保护之间的关系，这一切都为区域经济布局和发展的和谐及有序，奠定了坚实的基础，提供了充分的保障。

(二) 区域经济协调发展意味着经济布局的合理、公正

协调是明确和处理某个组织内外的各种关系，为一个有机的组织正常运转创造良好的条件和环境，进而促进组织目标实现的过程。协调既是一种行动，也是一个过程，更是一个结果。区域经济协调发展是一个诸多要素之间相互关联、高度动态化的复杂系统，需要系统内各要素之间相互依赖和相互驱动。具体而言，区域经济协调发展主要表现为产业结构的协调，"区域产业结构一般是指区域经济中各类产业之间的内在联系和比例关系"，"区域产业结构配置，实质上是通过区域主导产业的确立，围绕主导产业的产前服务，协作配套和产后深度加工、资源综合利用等发展关联产业，组成结构紧凑、各具特色、相互依存、相互促进的高效率的区域经济结构有机体"[1]。区域产业协调具体表现在以下三个方面：第一，微观意义上的区域内部产业布局和协调合理，就区域内部而言，主导产业、优势产业和辅助产业之间的状态应协调有序。主导产业的发展应能为优势产业和辅助产业的发展提供支持，确保相互之间形成有机的整体。同时，辅助产业应围绕优势产业和主导产业展开，为之提供原材料、燃料、动力、零部件，为主导产业和优势产业提供中间产品的进一步深度加工服务和产后服务，以适应消费的需要。[2] 区域内主导产业、优势产业和辅助产业的协调关系，是区域经济协调发展的微观基础和保证。第二，中观意义上主体功能区的明确和细化。早在 2011 年我国制定了《全国主体功能区规划》，从

---

[1] 曹新. 区域经济协调发展与中国经济增长 [J]. 中共中央党校学报, 1999 (2): 113 – 114.
[2] 曹新. 区域经济协调发展与中国经济增长 [J]. 中共中央党校学报, 1999 (2): 115.

经济的角度,将我国划分为优化开发、重点开发、限制开发和禁止开发四大类主体功能区,将经济比较发达,人口比较密集,开发强度较高,但同时资源问题比较突出的区域,确定为优化开发区域,优化发展区域应该优先实施工业化、城镇化的开发,最终发展为城市化地区。对于经济发展具有一定的基础,资源和环境承载能力相对较强,后发优势明显,发展潜力巨大,具有足够的潜力吸引和集聚人口的区域划分为重点开发区。对于农产品的主产区和重点的生态功能区,确定为限制开发区。而对于依法设立的各类自然保护区,文化资源保护区,则确定为禁止开发区域。该规划所确立的主体功能区对于实现我国区域经济协调发展具有重要的指导意义。❶ 实践中,根据主体功能区的定位,明确各个区域的开发方向,控制必要的开发强度,推动区域经济的协调,规范开发秩序,进一步细化主体功能区的内容,促进人口、经济和环境的协调发展,自然是区域经济和谐发展的应有之意。第三,宏观意义上的区域互动。所谓区域互动,是指在微观区域产业结构合理和主体功能区明确设定之后,区域之间相互协调、相互促进、相互协作、优势互补、共同发展的动态的过程,这是区域经济协调发展的最终归宿和最高形态。要实现区域经济的互动,首先需要一个健全的市场机制,市场是迄今为止人类发现的最具有效率价值的资源配置方式,在价格的作用下,市场机制可实现各类生产要素在区域之间的自由流动,引导产业合理布局和资源的优化配置。其次,国家和社会的外力促成,也是区域经济互动的关键,通过国家的调控、激励和引导,实现区域间经济协作,围绕技术和人才,为区域间经济互动提供要素保障,最终形成东部带动西部,各区域共同发展的良好格局,实践中,发达地区要采取对口支援、社会捐助等多种形式,帮扶欠发达地区的发展。❷ 亦即,通过市场自发的力量和政府的力量,实现有形之手和无形之手的结合这都是健全区域协调互动的主要手段和重点内容。

其次是区域经济发展中的经济正义。作为一个跨越哲学、伦理学、经济学、法学等多个学科的概念,经济正义的思想被中外思想家所广泛论述。亚里士多德从"公正"的角度对正义做了论述,他说:"所谓'公正',它的真实

---

❶ 王铮,孙翱. 中国主体功能区协调发展与产业结构演化[J]. 地理科学,2013(6):42.
❷ 田禾. 区域互动与我国区域经济协调发展研究[D]. 武汉:武汉理工大学,2007.

意义，主要在于'平等'"；❶ 印度经济学家阿马蒂亚·森认为，所谓的正义，是"受到支持和拥护的每一个关于社会正义的规范理论，都要求在某些事物上实现平等……尽管这些理论极为纷繁多样，而且相互之间会产生争论，但它们都具有在某些方面要求实现平等的共同特征"❷。在笔者看来，罗尔斯里程碑式的经典著作《正义论》及其《作为公平的正义——正义新论》可作为区域经济协调发展中经济正义最有力的理论基础。罗尔斯认为，我们需要制定一个规章制度、一个社会制度来缩小不平等的差别状况。他事先假定，我们在制定正义的制度的时候，这些人对自己的境况是一无所知的，"不知道他在社会中的地位，他的阶级出身，他也不知道他的天生资质和自然能力的程度，不知道他的理智和力量等情形"，在这种"无知之幕"下，罗尔斯认为，作为正义的社会结构不能只是在"需要打破僵局时才诉诸平等"，而要建立一种具有"差别"属性的基本社会结构，差别原则要求"除非有一种改善两个人状况的分配，否则一种平等的分配就更可取"，"从差别原则看，不管其中一人的状况得到多大改善，除非另一个人也有所得，不然还是一无所获。"较差状况的人的较好前景将作为这样一些刺激起作用："使经济过程更有效率，发明革新加速进行等等。最后的结果则有利于整个社会，有利于最少得益者。"而之所以建立这样的差别原则，除了上述的功能上的意义之外，他认为是由于每个人在制定规则的时候都会尽可能地获取自己的利益，制定规则时就要想这个规则的内容怎么样才能保证自己的最大利益，但在对自己的优点和专长一无所知、对别人的优点和专长也一无所知的情况下，我们谁也不能保证以后自己不会处于最弱势的状况，这就是我们应该偏向弱势状况的原因。❸ 由此，我们可以得出的结论是，区域经济协调发展并非追求绝对的平等，它是一种承认"差别"的经济结构，但是通过制度促进区域经济协调发展所要达到的目标是"至少让境况更差的人知道得到最多的改善"。实践中我们可发现，我国区域经济协调发展战略实施的基本框架和方案，均是在这种正义观的指导下进行的。比如，我国为了扭转区域经济发展失衡而进行的西部大开发、中部崛起和振兴东

---

❶ 亚里士多德. 政治学 [M]. 吴寿彭, 译. 北京：商务印书馆, 1965.
❷ 阿马蒂亚·森. 正义的理念 [M]. 王磊, 李航, 译. 北京：中国人民大学出版社, 2012.
❸ [美] 约翰·罗尔斯. 正义论 [M]. 何怀宏, 等译. 北京：中国社会科学出版社, 1988.

北老工业基地,等等,均是国家通过资源、项目上的倾斜性分配,以及财政、税收、价格、信贷等手段对欠发达地区的支持,从而实现我国经济在区域间分布的合理化,其目的均为"让境况更差的人获得更好的改善",最终实现区域经济发展中经济正义的目标。

(三) 区域经济协调发展意味着经济的发展与持续

世界环境与发展委员会在《我们共同的未来》一书中,把持续发展界定为:"持续发展是既满足当代人的需要,又不对后代人满足其需要的能力构成危害的发展,它包括两个重要的概念:'需要'的概念,尤其是世界上贫困人民的基本需要,应将此放在特别优先的地位来考虑;'限制'的概念,技术状况和社会组织对环境满足眼前和将来需要的能力施加的限制。"[1] 经济区域是一个不断发展变化的多层次的时空系统,人口、资源、环境、经济、社会、文化之间是联动的,区域经济的协调能确保一国经济发展所需要的各种要素的科学衔接,成为促进经济发展的关键力量。

区域经济协调发展是决定我国经济能否持续发展的关键力量。美国管理学家彼得曾提出过短板理论,该理论认为,水桶由多块木板构成,水桶的价值在于盛水量的多少,但是决定木桶盛水量的不是最长的那个木板,而是最短的那个木板,因此,要想增加盛水量,更关键的是把木桶的短板补齐。[2] 一国经济中,欠发达地区就类似于木桶的"短板",要实现经济的持续发展,就必须强化和促进欠发达地区发展。在我国,中西部地区作为欠发达地区,长期以来在经济发展过程中处于被"边缘化"的地位,无论是资本投入的数量,还是人均国内生产总值的增长,抑或人均收入的变化,以及产业结构的调整和演进,对外开放的指数,都远远落后于东部发达地区。但是,中西部欠发达地区是我国经济持续增长的重要支撑,其拥有丰富的自然资源和产业基础。通过区域经济协调发展战略,对欠发达地区经济发展的战略性调整,从产业结构、需求结构和要素结构等入手,优化我国区域经济的组合并实现区域间的良性互动,健全欠发达地区的产业体系,发展优质、高效、生态和安全产业,优化产品结

---

[1] 世界环境与发展委员会. 我们共同的未来 [M]. 北京:世界知识出版社,1989.
[2] 李雪萍,汪智汉. 短板效应:西藏公共产品供给——兼论均衡性公共产品供给特点 [J]. 贵州社会科学,2009 (12):101.

构，提高产品质量，是推动我国未来经济的关键力量。

其次，通过区域经济协调发展战略，释放欠发达地区的后发优势，也是促进我国区域经济协调发展的重要路径。所谓后发优势，最早是分析落后国家可能具备的经济追赶能力的一种理论。传统的后发优势力量认为，落后的国家可以利用后发优势来追赶领先国家，从而缩小与领先国家之间在经济总量和生产效率上的差距。这是因为落后的国家可以从国外知识的外溢中受益，由此，一个国家越落后，其可能获得的外溢知识就越多。经过多年的发展，我国中西部的经济发展水平明显落后于东部地区是不争的事实，但是这种落后可能又会因为"后发优势"的存在而具备赶超的可能性。具体说来，在当下我国，区域经济协调发展战略继续在向纵深推进，我国正在进行的乡村振兴战略得到了广泛的响应和普遍共识，城市群在快速发展，成为区域经济协调发展的新动力、新方向，相关部门和各地方政府出台多项政策予以鼓励、支持和落实，城镇化建设也在稳步推进，规模化、集约化和信息化的乡村建设正在稳步发展。另外，中西部地区还有明显的成本优势，按照制度经济学的解释，制度的创设存在成本，因此，和发达地区的制度创设不同，后发地区可以通过制度学习来避免制度的"试错"成本，对于实践中运行良好的制度，可以无须自己创设而直接借鉴。其次，后发地区可以充分利用发达地区的经验和教训，对于符合经济发展规律并取得成效的制度加以借鉴，对于制度变迁和经济发展过程中的挫败和教训，能保证做到引以为戒，少走弯路，减少机会成本，从而促进经济更快更好发展。

最后，区域经济的协调发展，可以保证经济发展中"整体优于部分之和"态势的形成。一国经济由各个区域经济构成，整体经济离不开区域经济，区域经济也离不开整体而独立存在，离开整体经济，区域经济也就失去了意义。整体和部分是现实经济普遍联系的一种形式，两者相互依存，不可分割。区域经济本身构成了一个共生系统，"共生"一词的概念，起源于生物学，具体是指不同种属的生物一起生存的状态和事实。在自然界，动植物会互相利用自己的特性和对方的特性，形成一个生态系统，相互关联、"相依为命"。在我国古老的中医学说中也有相关的学说，认为人的身体构造系统也存在"相生相克"

的"共生现象"。❶ 由此可见，系统思想更是源远流长，但是作为一门科学的理论，其是由美籍奥地利人、理论生物学家贝塔朗菲所创立的一种系统理论。1968年贝塔朗菲发表专著《一般系统理论：基础、发展和应用》，确立这门科学的学术地位，被公认为是这门学科的代表作。他认为，"一般系统论是对整体和整体性的科学探索"。系统中的各个要素除了具有因果上的联系之外，还有系统联系、功能联系、结构联系以及起源联系等多种联系方式，系统论所关注的重点，是一个系统中的特定部分和其他部门在纵向关联和横向关联中所形成的独特的内在联系，结构联系则表达了系统要素的诸变量之间所形成的各种耦合关系和结合方式，功能联系是系统和外部介质之间的关键，是外部的物质、能量和信息与内部的物质、能量和信息相互交换的过程，反映的是系统的输入和输出关系。起源联系是系统产生和发展的过程中，系统内部的各要素之间，以及系统各要素和环境之间所形成一种关系，系统论通过对事物联系的类型化分析，丰富和深化了唯物辩证法普遍联系的观点和思考方法。❷

众所周知，在一国的经济系统中，自然要素、环境要素、经济要素和人文要素是构成系统的内在因素。在区域经济系统中，自然要素、环境要素、经济要素、人文要素等要素是系统共生的，由此也就决定了共生性体现在以下几个方面：第一，区域经济系统是一个整体性的系统。组成区域经济的各个要素或者子系统，是一个相互关联、相互依托、相互作用、相辅相成和不可分割的有机整体，不是要素之间的简单相加或者机械堆积。第二，区域经济系统是一个综合的系统。这种综合性是由于市场的运行机理所决定的，在统一的市场环境中，区域经济的协调发展会造就整体经济功能的最优发挥，从而使整体经济情势产生质的飞越，这就是所谓的"结构质变"，整体只有在作为功能统一体的时候，其功能必然会大于部分的总和，"一盘散沙永远只是一盘散沙，不会出现什么奇迹。同样是一定数量的砖头，既可砌成平砖门，又可砌成砖拱门，后

---

❶ 夏立平. 论共生系统理论视阈下的"一带一路"建设［J］. 同济大学学报·社会科学版，2015（2）：30.
❷ 夏立平. 论共生系统理论视阈下的"一带一路"建设［J］. 同济大学学报·社会科学版，2015（2）：31.

者负重力显然比前者大得多，原因在于后者的结构信息量大"。❶ 一个客观存在的事实是，我国不同区域社会经济发展存在非均衡性，自然资源禀赋也存在显著的差异，如果缺乏合理的布局，区域经济没有得到统筹安排，就难以产生"整体优于部分之和"效应。区域经济协调发展战略在本质上是一种管理理念、管理方法和管理手段，通过该战略的实施，根据不同地区经济发展的形态、资源禀赋和比较优势，实现区域经济结构和要素的有机有序，必然会促成整体经济更好更快的发展，这既是区域经济协调发展的目标，也是区域经济协调发展充分实现的必然结果。

三、新时代我国区域经济协调发展战略实施的政策框架

党和国家基于区域经济发展不均衡、不协调的这一背景和事实，自20世纪90年代以来，先后出台了若干政策以促进区域经济协调发展。早在我国"八五"计划（1991～1995）期间，我国政府就提出："促进地区经济朝着合理分工、各展其长、优势互补、协调发展的方向前进"；"九五"计划（1996～2000）和2010年远景目标纲要明确要求：促进和引导区域经济协调发展，形成若干各具特色的经济区域，促进全国经济布局合理化，逐步缩小地区发展差距，最终实现共同富裕。同时，"九五"规划还对区域协调发展的实施路径给予了设计：要按照统筹规划、因地制宜、发挥优势、分工合作、协调发展的原则，正确处理全国经济发展与地区经济发展的关系，正确处理建立区域经济与发挥各省区市积极性的关系，正确处理地区与地区之间的关系。"十五"（2001～2005）期间的发展规划，有针对性地提出了"实施西部大开发战略，加快中西部地区发展，合理调整地区经济布局，促进地区经济协调发展"的战略。要求打破行政分割，重塑市场经济条件下的新型地区经济关系。改变追求经济门类齐全的做法，发挥比较优势，发展有市场竞争优势的产业和产品，防止结构趋同。通过区域规划和政策，引导和调动地方的积极性，形成各具特色的区域经济，并先行在生态功能保护区、专业化农产品生产基地、旅游经济区等方

---

❶ 路远. 管理的本质是追求系统功能优化——试谈"整体大于部分和"定律在管理中的应用[J]. 改革与战略，1985年（5）：54.

面取得突破。

"十一五"（2006~2010）发展规划比较完整地提出了区域经济协调发展战略思路：根据资源环境承载能力、发展基础和潜力，按照发挥比较优势、加强薄弱环节、享受均等化基本公共服务的要求，逐步形成主体功能定位清晰，东中西良性互动，公共服务和人民生活水平差距趋向缩小的区域协调发展格局。坚持实施推进西部大开发，振兴东北地区等老工业基地，促进中部地区崛起，鼓励东部地区率先发展的区域发展总体战略，健全区域协调互动机制，根据资源环境承载能力、发展基础和潜力，按照发挥比较优势、加强薄弱环节、享受均等化基本公共服务的要求，逐步形成主体功能定位清晰，良性互动，公共服务和人民生活水平差距趋向缩小的区域协调发展格局。"十二五"（2011~2015）规划纲要进一步指出，实施区域发展总体战略和主体功能区战略，构筑区域经济优势互补、主体功能定位清晰、国土空间高效利用、人与自然和谐相处的区域发展格局，逐步实现不同区域基本公共服务均等化。充分发挥不同地区比较优势，促进生产要素合理流动，深化区域合作，推进区域良性互动发展，逐步缩小区域发展差距。"十三五"（2016~2020）规划纲要明确指出，"以区域发展总体战略为基础，以'一带一路'建设、京津冀协同发展、长江经济带发展为引领，形成沿海沿江沿线经济带为主的纵向横向经济轴带，塑造要素有序自由流动、主体功能约束有效、基本公共服务均等、资源环境可承载的区域协调发展新格局"。

在党的十九大上，中国共产党人基于建党90余年、执政60余年经验的总结，基于对我国社会发展现状，国内外形势的变化以及世界发展潮流的认识，基于对当今我国和世界发展责任之承担，基于对具有中国特色社会主义社会建设任务和建设目标的追求，党中央从历史和战略的高度，提出了中国特色社会主义已进入新时代，认为我国社会主要矛盾已经转化为人民日益增长的美好生活需要和不平衡不充分的发展之间的矛盾；并指出要实现"两个一百年"奋斗目标、实现中华民族伟大复兴的中国梦，要实现中华民族的伟大复兴，就必须贯彻新发展理念，建设现代化经济体系。其中，实现区域间的协调发展，是贯彻新发展理念，建设现代化经济体系的关键举措。党的十九大报告指出：要加大力度支持革命老区、民族地区、边疆地区、贫困地区加快发展，强化举措推进西部大开发形成新格局，深化改革加快东北等老工业基地振兴，发挥优势推动中部地区崛起，创新引领率先实现东部地区优化发展，建立更加有效的区域协调发展新机制。党的十九大报告有关区域经济协调发展的战略思想，是促成我国区域经济均衡化发展的行动纲领，是我国区域经济协调发展建设路线、方针、政策制定的重要依据。

近年来，为促成我国区域经济的协调发展，我国出台了一系列的政策和制度，其中最具代表性的战略和方针，应属于当下我国"四大板块""三个支撑带"主体功能区战略和城镇化战略，其中"四大板块"包括"东部率先""西部开发""中部崛起""东北振兴"，"三个支撑带"包括"京津冀协同发展"战略"一带一路"倡议、"长江经济带"战略，由于主体功能区建设笔者在前文中已有论及，而城镇化的路径只是政策框架中的一种行为方式，在"四大板块"和"三个支撑带"均需通过城镇化的路径来成就自身，因此，笔者仅对"四大板块"和"三个支撑带"的政策框架进行简要介绍。

（一）"四大板块"战略

1. "东部率先"战略

东部地区属于我国发展较为成熟的地区。早在20世纪80年代，邓小平就提出了"两个大局"的战略思想，其中的一个"大局"，即是让东部沿海地区充分利用自身的有利地理条件，加快改革，实施对外开放，率先发展起来，要求中西部地区，顾全这个"大局"，支持这个"大局"。另一个"大局"，就是发展到一定阶段后，国家拿出更多的力量来支持中西部地区发展的时候，东部沿海地区也要照顾另外一个"大局"。经过20多年的发展，前一个"大局"的目标已经基本实现。我国东部地区基本实现了小康社会的目标，基本具备了追赶中等发达国家和地区的条件。当前，我国东部地区是综合实力最强，开放型经济最为发达，开放程度最高的地区，经济充满了活力，加入世贸组织以来，东部地区深度融入了国际经济体系，通过实施经济国家化战略，形成了全方位、多层次、宽领域的对外开放格局，外资、外贸、外经、外智和外包"五外齐上"、相互渗透融合，开放型经济发展站在了新的历史起点上。[1]在"十三五"规划编制的过程中，习近平总书记就提出"干在实处永无止境，走

---

[1] 刘惟蓝. 东部地区开放型经济率先转型升级的思考：背景、原因与内涵[J]. 世界经济与政治论坛，2014（6）：58-59.

在前列要谋新篇",统筹区域协调发展,并非以牺牲东部的快速发展为代价,"协调发展"并非"平均主义",更不可能要求东部的停滞不前。

东部地区经济发展的基础为"东部率先"战略提供了条件,东部地区要继续发挥经济发展的领头羊作用,通过经济增长的"速度型"向"效益型"转变,经济增长主要依靠技术进步和科技支撑,提高劳动生产的效率,提升资源的利用效率,提高产品质量,降低消耗和成本,充分挖掘经济发展的内部潜力来实现经济的增长和再生产的规模。其次,经济增长应从外延型向内涵型转变,充分发挥原有的物质技术基础,充分利用生产要素的效能,既实现扩大再生产的目的,又从根本上实现对人力、物力和财力的节约,提高宏观经济绩效。再次,通过东部率先战略的实施,发挥东部地区的示范效应,东部现代化的过程,不仅会节约中西部地区经济发展过程中的探索成本和试错成本,还会对中西部地区的现代化建设起到催化剂的作用,对中西部地区的示范作用意义重大。

2. "西部开发"战略

自新中国成立以来,西部地区的发展始终是党和国家高度关注的问题,前文所论及的两个"大局",作为统筹我国经济发展的战略,尽管提出了"东部先行"的方针,但始终没有放弃对西部的关注和重视,两个"大局"的第二个"大局",就是在特定时段建设西部、发展西部的战略方案。1997年,党的十五大报告中提出:"国家要加大对中西部地区的支持力度,优先安排基础设施和资源开发项目,逐步实行规范的财政转移支付制度,鼓励国内外投资者到中西部投资。进一步发展东部同中西部多种形式的联合合作。更加重视和积极帮助少数民族地区发展经济。从多方面努力,逐步缩小地区发展差距。"根据这一战略方案,我国开始了历史上针对西部建设规模最大、影响最为深远的西部大开发战略。当前我国针对西部开发的政策和制度,概括起来主要有:

第一,加强资源型产业的开发和建设。从广义上讲,资源型产业包括以生物、土地和矿产为依托的,针对上述资源的勘探、开发、保护和利用为基础的产业,其对资源具有高度的依赖性。从狭义上讲,资源型产业是与矿产资源的开发和初步加工为主的产业，基本集中于原材料产业、电力和热力的生产和供应。❶ 国家通过投资倾斜，提供政策型贷款、税收优惠和财政支持，激励和规范西部地区资源型产业的发展。第二，加强西部地区的基础设施建设。通过西部地区和中东部地区交通枢纽站点的建设，促成西部和中东部地区经济贸易的往来，加强西部地区中心城市基础设施的完善和建设，发挥其辐射带动作用。通过财政转移支付，同时实现投资主体的多元化，创新融资模式，引入竞争机制，通过合资、合作和特许权经营等模式，实现西部地区基础设施的跨越式发展。第三，加快西部地区的扶贫开发和精准扶贫战略，2015年，我国做出"打赢脱贫攻坚战"的战略决定，明确"到2020年现行标准下贫困人口全部脱贫，贫困县全部摘帽，解决区域性整体贫困"的目标，全面实施精准扶贫方略。构建了省、市、县、乡、村五级扶贫机制，要求责任落实具体、明确，完善扶贫治理格局，注重从六个精准来抓扶贫落实。❷ 具体包括：扶贫对象精准，要求扶贫对象的确认必须符合国家政策，项目安排精准，实施有针对性的扶贫方案，资金使用精准，严格项目资金的使用过程和方案，措施到户精准，根据贫困原因、家庭情况和发展意愿设计脱贫方案，因村派人精准，根据具体情况选择合适人选，拒绝形式主义，强化组织保障，脱贫成效精准，创新扶贫开发机制，确保各项政策落到实处。第四，西部基本公共服务水平的均等化。基本公共服务是最为典型的公共产品，它覆盖全体公民，能够满足公众对公共资源的最低需求，具体包括义务教育、医疗卫生、基本住房保障、社会保障等方面的基本需求，具有基本权利的属性和公平性、普遍性、公益性等特点。长期以来，我国西部地区和中东部地区在收入水平、经济总量、发展的速度和质量等方面有显著的差距，延伸到地方政府的财政能力和公共服务水平上，差距也异常明显，这种差距还在以相当快的速度逐年拉大，这种情况对于西部地区的发展，甚至对全国的发展都极为有害。❸ 因此，加强对西部地区公共服务的财力保障，设立公共服务发展基金，加强对西部地区公共事业机构的扶持力度，以现代网络技术为载体，提高西部公共服务的有效性，是落实西部基本公

---

❶ 惠宁，惠炜，白云朴. 资源型产业的特征、问题及其发展机制 [J]. 学术月刊，2013 (7)：102.
❷ 黄承伟. 中国扶贫开发道路研究：评述与展望 [J]. 中国农业大学学报·社会科学版，2016 (5).
❸ 李振海，任宗哲. 西部地区基本公共服务均等化：现状、制度设计和路径选择 [J]. 西北大学学报·哲学社会科学版，2011 (1)：5.

共服务水平均等化的基本路径，也是我国"西部开发"的核心内容。

3. "中部崛起"战略

早在 2004 年，时任国务院总理温家宝在《政府工作报告》中首次提出"促进中部地区崛起"，2006 年，我国"十一五"规划中再次提出"促进中部地区崛起"，2006 年 4 月，国务院正式出台了《关于促进中部崛起的若干意见》。2008 年初，国务院办公厅印发《关于中部六省实施比照振兴东北等老工业基地和西部大开发有关政策的通知》，2009 年，国务院通过了《促进中部地区崛起规划》，2010 年，国务院颁布《关于中西部地区承接产业转移的指导意见》，2012 年，国家出台了《国务院关于大力实施促进中部地区崛起战略的若干意见》，2014 年，《晋陕豫黄河金三角区域合作规划》获批，2015 年，《长江中游城市群发展规划》获批，2016 年，国务院办公厅《关于加快中西部教育发展的指导意见》出台，国务院审议通过了《促进中部地区崛起"十三五"规划》。❶ 自"中部崛起"战略实施以来，我国中部地区的经济实力明显增强，在全国经济版图中的地位和作用日益突出。同时，中部地区的产业结构调整效果明显，现代农业规模明显壮大，工业结构明显优化，新兴工业不断兴起壮大，现代服务业发展迅速，已成为重要的支柱型产业。而且，随着"中部崛起"战略的实施，中部地区的基础设施和公共服务能力也有较大幅度的提升，铁路里程迅速增加，公共医疗和教育水平明显提升，创新能力明显增强。城镇化迅速推进，郑州、武汉、长沙、南昌、太原、合肥等中心城市的规模不断增大，中原城市群、武汉城市圈、长株潭城市群、皖江城市带、太原城市群已成气候。同时，中部地区在发展的过程中，坚持生态文明的发展理念，强化生态环境的保护工作，生态和环境质量有较为明显的改善。在此基础上，中部地区人民的生活水平有显著提高，获得感不断增强，和东部地区的差距在日益缩小。❷

作为我国区域经济协调发展战略实施的成功经验，"中部崛起"和"西部开发"等一样，为我国经济的快速发展做出了卓越的贡献，其对于保障我国

---

❶ 温佳楠. 中部崛起战略实施效果评价 [D]. 郑州：郑州大学，2017.
❷ 喻新安，等. 中部崛起战略实施十年的成效、经验与未来取向 [J]. 中州学刊，2014 (9)：46-47.

区域经济的和谐与有序更是功不可没。未来"中部崛起"战略的实施，应重点围绕以下几方面的内容来进行：通过国家的财政税收制度以及金融制度，以培育自我发展、自我提升的能力为重点，主要针对中部地区的城市化水平和规模、产业规模和技术水平、物流基础设施和管理水平、中部地区的市场规模和市场效益、信息化水平和信息资源的开发利用等领域，进一步深化改革，实现经济发展从量变到质变的跨越式发展，促成我国区域经济的协调发展和总体经济质量的提升。

4. "东北振兴"战略

作为老工业基地，中华人民共和国成立以来，东北地区为我国经济发展尤其是工业化进程做出了巨大的贡献，但是由于经济结构和产业结构等方面的原因，自20世纪80年代以来，东北地区的经济发展严重滞后于全国，国有企业普遍缺乏活力，民营经济和外商投资经济的发展速度较为缓慢，工业尤其是制造业的竞争力明显下降，导致东北老工业基地经济增长乏力和不景气，个别地区甚至出现了经济衰退的现象，下岗职工比重大，社会矛盾突出，成为我国经济发展不协调的重要表现。为此，我国提出了"振兴东北"战略，其作为我国区域经济协调发展战略的重要构成部分，对于促成我国区域经济协调发展战略的最终实现，具有异常关键的意义。

具体而言，振兴东北老工业基地，可能成为拉动我国经济增长的关键一极，东北具有特殊的地理位置和区位优势，战略地位异常重要。东北三省"北上可达俄罗斯西伯利亚及远东地区和蒙古，东进可经丹东进入朝鲜、进而抵达韩国和日本，既沿海沿江又沿边，因此是环渤海经济区的重要力量、东北亚经济区的重要组成部分和沟通欧亚两大洲的大陆桥"。[1] 这种优越地理位置不仅是争取周边地区资源、技术的重要通道，也是扩大我国产品出口，推动我国经济增长的重要依托之一。其次，从效率上看，加快东北工业基地经济结构和产业结构的调整，加快东北地区经济形态的改造和振兴的步伐，不仅是我国经济的一个新的增长极，更为重要的是，其可降低老工业基地因为改变原有的产业结构而形成的巨大的沉淀成本，对于盘活东北老工业基地的工业基础设施，意义重大。再次，从区域经济发展公平的角度来看，通过振兴东北战略的

---

[1] 林木西. 振兴东北老工业基地的理性思考与战略抉择 [J]. 经济学动态，2003 (10)：39.

实施，国家通过产业转移、产业改造等多种手段援助老工业基地，可以有效解决历史遗留问题，还可以缓解东北地区的历史包袱，缓解因破产、下岗、贫穷等引发的社会隐患和社会问题，❶ 实现区域间经济的公平发展，社会的和谐稳定。

作为区域经济协调发展中的重要手段，"振兴东北"战略实施的过程中，我国政府制定了一系列的政策和方针。在项目投资上，国家发展和改革委员会实施了振兴东北老工业基地的改造国债资金和高新技术产业发展专项投资，以及改造和重点行业结构调整专项、国家预算内专项资金，等等，有力地支持了东北老工业基地的振兴和发展；在财税政策领域，从 2004 年 7 月 1 日起，国家针对东北地区的石化、冶金、船舶、汽车、军工、农产品加工、装备制造和高新技术，进行增值税改革的试点，尽管试点工作随后在全国推广并全面推行，但其对于东北地区经济发展的支持愿景，自是当然。在金融领域，允许东北商业银行进一步采取灵活措施处置不良资产和自主减免贷款企业表外欠息。另外，还在社会保障、国企改革、沉陷区治理等领域，都有支持东北经济快速发展的诸多政策出台。❷ 未来我国应在深化政府管理体制改革、制造业振兴、地区技术创新的推动、国有企业改革的深化、资源型城市的转型发展，以及与其他地区的协同发展和进一步对外开放等方面，❸ 继续推动东北振兴战略的实施，推动我国区域经济的协调发展。

(二)"三个支撑带"战略

1. "京津冀协同发展"战略

2015 年 4 月，中央审议通过了《京津冀协同发展规划纲要》，京津冀协同发展战略正式成为国家战略。京津冀地区有丰厚的自然资源，而且区位优势突出，交通运输便利。尤其是首都北京，不仅是全国的政治经济文化中心，更是全国交通运输枢纽，陆上交通、航空运输具有明显的优势。另外，京津冀地区具有非常丰厚的人力资源，"京津冀地区汇集了全国 1/5 以上的高素质人才，全国高等院校中，112 所'211'院校，京津冀地区占据 28 所，占比为 25%；

---

❶ 林木西. 振兴东北老工业基地的理性思考与战略抉择 [J]. 经济学动态，2003 (10)：40 - 41.
❷ 王洛林，魏后凯. 振兴东北地区经济的未来政策选择 [J]. 财贸经济，2006 (2)：5 - 6.
❸ 周民良. 以结构性改革推进东北持续振兴的八大关键措施 [J]. 经济纵横，2017 (8)：46 - 49.

39 所'985'高校中,京津冀地区占据 10 所,占比为 25.64%,教育资源的高度集中给京津冀地区带来了较高的创造力。"[1] 其次,京津冀地区拥有得天独厚的资本条件,其中北京作为金融决策中心,资本的凝聚力远远超过了我国其他地区。这些因素决定了实施京津冀协同发展,是落实我国创新驱动战略的重要抓手之一,是打造首都经济圈,推动区域经济协调发展和协调机制创新的重要依托,也是探索完善我国城市群布局、城市群形态,为区域协调发展提供示范和样板的关键路径,[2] 其对于促进人口、资源和环境相互协调,实现城市群优势互补,促进区域经济协调发展战略的实施,具有异常重要的意义。

在区域经济协调发展的背景和要求下,京津冀协同发展战略应围绕以下几方面重点内容来落实:第一,加快缩小地区间贫富差异,"京津冀内部存在较大的发展差距是一个普遍受到关注的问题:所谓的'环京津贫困带'有 270 多万贫困人口;2013 年北京和天津人均 GDP 分别为河北的 2.4 和 2.6 倍,城镇居民人均可支配收入分别超过河北 18000 多元和 10000 多元,人均财政支出分别为河北的 4.7 倍和 3.3 倍。"[3] 这种现象不仅制约了京津冀协同化发展的继续推进,也不符合区域经济协调发展的目标期待。第二,实施交通运输一体化,就当下京津冀交通运输系统而言,尽管总量上有较为丰富的交通运输资源,但协调性不够,综合交通运输网络尚未形成,交通运输一体化和协同化,既是京津冀协同战略落实的重点内容,也是区域经济协调发展的关键所在。第三,公共服务的一体化,通过教育、医疗、卫生、保险和就业等公共服务一体化的建设,缩小京津冀地区的公共服务水平的差距,建立公共服务共建共享机制的形成,为区域经济协调发展提供公共服务保障。第四,产业一体化,创建新的经济分工格局,实现区域内的优势互补和协同发展。总之,通过京津冀一体化战略的实施,探索跨区域经济合作的有效路径,为我国区域经济协调发展的体制和机制寻求更有效的方法,是京津冀区域一体化战略实施的关键意义和价值所在。

---

[1] 胡浩,葛岳静,陈鑫弘. 基于地域差异分析的高等院校与科研院所科教协同发展研究 [J]. 经济地理,2013 (11):7.
[2] 连玉明. 试论京津冀协同发展的顶层设计 [J]. 中国特色社会主义研究,2014 (4):107.
[3] 孙久文. 京津冀协同发展的目标、任务与实施路径 [J]. 经济社会体制比较,2016 (3):7.

2. "长江经济带建设"战略

长江经济带建设的提出并不是一个新近的话题。早在20世纪80年代，有研究机构就提出了"长江产业密集带"的概念，提出经济局域规划中，可将长江流域中的若干超级城市和特大城市作为中心，通过这些城市的辐射作用、吸引作用和连接作用组成一个经济区，带动各中小型城市和广大农村的协同发展。在20世纪90年代，随着上海浦东的开发和三峡工程的开工建设，在1992年中央专门召开了"长三角及长江沿江地区经济规划会议"，"长三角及长江沿江地区"的战略构想正式提出。❶2014年4月28日，李克强在重庆主持召开座谈会，研究依托黄金水道建设长江经济带，2014年9月25日，国务院发布《关于依托黄金水道推动长江经济带发展的指导意见》及《长江经济带综合立体交通走廊规划》（2014~2020年），❷"长江经济带建设"战略正式实施，成为发展我国区域经济并实现整体经济协调的关键举措。

从战略意图上讲，第一，"长江经济带建设"横贯我国大陆，加快"长江经济带"的建设，可实现我国东、中、西三大区域的关联和联动，构建我国区域经济协调发展的新基础，是我国经济实现可持续发展的新动力。第二，"长江经济带建设"可以实现长江经济三角带城市群、长江中游（武汉）城市群和成渝经济群的联动，由此撑起三大发展区域的骨架，形成具有世界意义的长江沿岸城市带。第三，它实现了国家"两带一路"的国家区域战略，东部出海口和西部的云南口岸通过长江经济带加以连接，把对东部的开放和对西部、西南部（中印半岛和印缅）开放，以及通过渝新欧大通道与对中亚、西亚乃至东欧地区的开放连接起来。第四，长江经济带还有利于发挥上海自贸区的功能，从功能拓展和制度引领两方面，来带动内地经济的发展，为区域经济的协调发展贡献力量。❸在未来的发展中，长江经济带要建立长江综合立体交通走廊、长江产业集聚走廊、长江新型城镇集聚走廊和生态城市带、长江经济带协同发展体制等机制，❹促进产业之间的有序衔接和积聚式发展，以及先进

---

❶ 于涛方，甄峰，吴溢. 长江经济带区域结构："核心—边缘"视角 [J]. 城市规划学刊，2007 (3)：41.
❷ 郝寿义，程栋. 长江经济带战略背景的区域合作机制重构 [J]. 改革，2015 (3)：66.
❸ 陈建军. 长江经济带的国家战略意图 [J]. 人民论坛，2014 (5)：32.
❹ 吴传清. 建设长江经济带的国家意志和战略重点 [J]. 区域经济评论，2014 (4)：46-47.

制造业、战略性新兴产业、现代服务业的优化升级，打破行政区划壁垒，建立竞争有序，充满活力，统一开放的现代市场体系，促进区域间的互动和合作机制，实现长江经济带的带动和辐射作用，促进我国区域经济的协调发展。

3. "一带一路"倡议

"一带一路"是"丝绸之路经济带"和"21世纪海上丝绸之路"的简称。2013年9月，习近平总书记在哈萨克斯坦发表演讲时，首次提出了建设"丝绸之路经济带"的设想，倡导"以点带面、以线带片"的区域经济大合作。2013年10月，习近平总书记在印尼国会发表演讲，提出了"21世纪海上丝绸之路"的新概念，由此拉开了"一带一路"的建设序幕，在2015年3月27日，在海南召开的博鳌亚洲论坛上，中国外交部、发改委和商务部，联合发布了《推动共建丝绸之路经济带和21世纪海上丝绸之路的愿景与行动》，这标志着对我国和世界经济产生深远影响的"一带一路"进入了全面推进建设阶段。2016年11月，"一带一路"倡议写入了联合国决议，2017年，"一带一路"高峰合作论坛在北京召开，论坛取得多项共识，在政策沟通、设施联通、贸易畅通、资金融通、民心相通等领域取得多项务实性的成果。"一带一路"不仅是致力于建立全球贸易体系和开放型世界经济体系，实现亚非欧大陆和附近海洋之间互联互通，促成国家和地区间伙伴关系的重要战略，也是促成我国区域经济协调发展的重要路径。

在我国中西部地区较为落后的情况下，中西部地区的对外开放和进一步发展，是我国促进区域经济协调发展的重要内容。"一带一路"倡议着眼于国际和国内两个市场，有效连接了沿线各国的利益契合点，也为各沿线省区提供资源、参与项目提供了条件，各沿线省区有了更为广阔的空间开发外贸市场，促进沿线外贸的发展，完善基础设施建设，建立更高水平的经济贸易平台。而且，随着"一带一路"倡议的进一步推进，参与地区、企业会越来越多，国内区域经济间的关系会因为"一带一路"的顶层设计而更为顺畅，国内区域间也会因为"一带一路"而有更为广阔的合作基础。其次，"一带一路"建设的思路和方案，和区域协调发展战略的思路和方案具有诸多的重合之处。"一带一路"要求沿线交通大动脉的形成以便利物流运输，降低交易成本，"一带一路"建设将形成新的市场类型和市场组织格局，要求沿线省区结合自己的产业优势，形成优势产业，打造有国际竞争力的产业链，这些都是区域经济协调发展的必然内容,两者有充分的契合点。再次,在"一带一路"背景下,我国各沿线省区已经制定了自身的定位与发展规划,具体如下。

新疆:中央定位为"丝绸之路经济带核心区",自身定位为"丝绸之路经济带上重要的交通枢纽、商贸物流和文化科技中心";陕西、甘肃和宁夏:中央定位为"面向中亚、南亚、西亚国家的通道、商贸物流枢纽、重要产业和人文交流基地",自身定位上陕西为"着力建设丝绸之路经济带重要支点,形成我国向西开放的重要枢纽",甘肃为"打造'丝绸之路经济带'黄金段,构建我国向西开放的重要门户和次区域合作战略基地",宁夏为"丝绸之路经济带战略支点";青海和内蒙古中央层面尚未明确定位,自身定位上青海为"对俄蒙全方位交流合作平台,东部陆海丝绸之路经济带",内蒙古为"向北开放桥头堡";中央对东三省的定位为"向北开放的重要窗口",自身定位上黑龙江为"对俄蒙全方位交流合作平台,东部陆海丝绸之路经济带",辽宁为"中蒙俄经济走廊建设的重要节点";吉林为"向水开放的省口,打造车水点丝绸之路";广西:中央定位为"一带一路"有机衔接的重要门户,自身定位为"面向东盟区域的国际通道";云南:中央定位为"面向南亚、东南亚的辐射中心",自身定位为"大湄公河次区域经济合作新高地";西藏:中央定位为"推进西藏与尼泊尔等国家边境贸易和旅游文化合作",自身定位为"加快建设南亚大通道,积极对接'一带一路'和孟中印缅经济走廊,推动环喜马拉雅经济合作带建设";东南地区:福建,中央定位为"21世纪海上丝绸之路核心区",自身定位为"打造'一带一路'互联互通建设的重要枢纽、海上丝绸之路经贸合作的前沿平台和海上丝绸之路人文交流的重要纽带";上海:中央定位暂时空缺,自身定位为"全球投资贸易的核心节点城市,外资企业进入中国乃至亚洲的桥头堡";广东:中央定位暂时空缺,自身定位为"21世纪海上丝绸之路的桥头堡";海南和浙江:中央定位为"'一带一路'特别是21世纪海上丝绸之路建设的排头兵和主力军",自身定位上海南为"南海资源开发服务保障基地和海上救援基地的两大国家定位,打造海上丝绸之路的门户战略支点",浙江自身定位为"打造推动'一带一路'倡议的经贸合作先行区、'网上丝绸之路'试验区、贸易物流枢纽区,构筑陆海统筹、东西互济、南北贯通的开放新格局";江苏:中央定位暂空缺,自身定位为"建设'一带一路'交汇点,'一带一路'出海口,打造陆海双向开放新格局,新亚欧大陆桥东桥头堡"；山东：中央地位暂空缺，自身定位为"'一带一路'海上战略支点和新亚欧大陆桥经济走廊的重要沿线地区"；重庆：中央定位为"西部开发开放重要支撑"，自身定位为"丝绸之路经济带的重要战略支点、21世纪海上丝绸之路的产业腹地、长江经济带的西部中心枢纽"。内陆的成都、长沙、南昌、武汉、合肥、郑州，中央定位为"内陆开放型经济高地"，成都自身定位为"'一带一路'倡议的重要交通枢纽和经济腹地，陆上丝绸之路和海上丝绸之路的交汇点"，武汉自身定位为"长江经济带沿岸中心城市和'一带一路'倡议重要节点城市"。另外，上海、天津、宁波、舟山、广州、深圳、湛江、汕头、青岛、烟台、大连、福州、厦门、泉州、海口、三亚等沿海十五港口城市，中央定位为"节点城市，共同建设通畅安全高效的运输大通道"，自身定位为"海上丝绸之路先行区"。❶ 这些定位和发展规划的充分落实，不仅是维护全球自由贸易体系和开放型经济体系，打造开放、包容、均衡、普惠的区域经济合作架构的重要举措，也是缓解我国当下的产能过剩、降低我国能源资源进口中的交易成本的重要路径，更是解决我国经济发展区域不协调问题突出，经济运行中的趋同现象严重，重复建设问题突出，建设目标缺乏关联且行为短期化的重要方案。

总之，区域经济协调发展需要外在条件和内在条件，其中，区域经济协调发展的方案和政策，决定着区域经济协调发展组织、区域经济协调发展章程、区域经济协调发展项目、区域经济协调发展指标等内容，也决定着区域经济协调发展的信息交互机制、区域经济协调发展的利益补偿机制、区域经济协调发展的评价激励机制、区域经济协调发展的行为约束机制等内容。完善区域经济协调发展的方案和政策，是保证区域经济协调发展的前提和基础。

---

❶ 丁任重，陈姝兴. 中国区域经济政策协调的再思考——兼论"一带一路"背景下区域经济发展的政策与手段 [J]. 南京大学学报，2016（1）.

第二章 区域经济协调发展法治保障的运行机制

在现实社会中，和其他所有法律制度一样，区域经济协调发展不是静止的规范体系，而是时刻处于运动状态的规范体系。它总是在一定时空被创制，在一定时空被实施，又在一定时空被实现。按照法理学的一般理解，"法的运行是指法按照一定的意图和特有方式的运动状态，即从创制到实施，再到实现的运动过程。法的运行是从现实和微观的角度，描述某一特定的法在调整社会关系时的运动状态"，法的运行是客观的，也是普遍的。人们在社会生活中处处能够感受到法的运行存在，正义被伸张，权利受到保护，违法受到制裁等都是法的运行结果。法律作为一种制度性存在，和任何事物的运动过程一样，都应该有一个完整的过程，即有起点、发展和终点。因此，法的运行过程应是完整的，它必定有始也有终，既包括法的实施、实现，也应包括法的创制。❶ 由此可见，区域经济协调发展中的经济法运行机制的创新本身是一个宏大的命题，但归纳起来，区域经济协调发展中的主体问题，以及运行中的立法问题、执法问题和司法问题，以及实施中的监督问题和责任问题，构成了经济法保障区域经济协调发展运行机制的基本内容。

一、区域经济协调发展中的主体法律制度

主体是行动的发出者，区域经济协调发展的经济法保障能否得以有效运行，首先应从主体的完善谈起。借用法理学关于法律关系主体的概念，我们可以认为，所谓区域经济协调发展中经济法制度的主体，是在区域经济协调发展

---

❶ 卓泽渊.法理学 [M].北京：法律出版社，2004：326.

的实施过程中,依法享有权利并承担义务的各方当事人。作为法律体系的重要构成,主体制度是法学研究中一个永远无法绕开的课题。"制定法时代的一个基本规律是,只要法律是应然规则,只要社会运行矩于法律框架内,主体及其结构的法律问题就是一个与法律的演化息息相关的命题。而法律主体应该涵盖哪些实体以及在法律层面上如何界定这些实体等问题都应该归结到主体的观念反思中。"❶ 在区域经济协调发展的过程中,主体法律制度主要包括以下几方面的内容。

(一) 区域经济协调发展中行为主体的类型

在我国经济法学界,有学者主张,经济法主体上的特殊性在于其应该按照"政府—社会中间层—市场"三层主体框架来构造自身。在这一要求下,区域经济协调发展中的主体大致也可分为政府、社会中间层和市场三种类型,以下详述之。

1. 政府

国家是区域经济协调发展中最主要的行为主体。虽然区域经济协调发展的实施主要是以国家名义进行的,但通常国家并不直接参与具体的干预行动,而是由特定的国家机关来实施,主要包括中央和地方政府及其所属的部门和机构。在我国,全国人大及其常委会作为我国的权力机关,在批准区域经济协调发展计划等问题上,承担着重要的立法规划职责,再比如,国家发改委、财政部等调控机构和部门,除了在自己职责范围内制定相应的法规和规范性文件之外,还是区域经济协调发展实施过程中的重要执行主体。概括起来,国家在区域经济协调发展实施中的职权主要包括:

国家的经济立法权。法是一种规则体系,其会在一定时空范围内产生效力,具有普遍适用性,它是法律适用的前提,没有区域经济协调发展的立法权,就没有区域经济协调发展法律制度的运行,更不可能有区域经济协调发展的实现。在法治国家的要求下,政府的所有区域经济协调发展实施行为,都需要有法可依,区域经济协调发展中的经济立法权,对于区域经济协调发展法律制度运行,具有决定性和前提性的意义。

---

❶ 张波. 经济法主体问题研究 [D]. 重庆:西南政法大学,2008.

国家的经济决策权。有学者认为，我国的经济决策权运行可分为党中央决策和国务院决策两个阶段，具有参与主体广泛、程序完备、论证充分等特点，能够充分分享决策信息，当下我国的经济决策权运行能够充分保证中央和地方共享经济信息，交换意见，还能集思广益，形成共识，具有充分的民主性、科学性，且形成了制度化的运行模式。❶

国民经济协调权。这是区域经济协调发展中重要的权力类型。具体是指国家经济管理机关对国民经济运行中的各个部门、各个单位，以及与经济运行相关联的部门和单位，相互之间的比例关系、协作关系、衔接关系等进行调节的权利，通过国民经济协调权行使的目标，是要求中央政府和地方政府之间，地方政府与地方政府之间，经济部门与经济部门之间能够建立相互平衡，同步发展，相互配合，相互连接的经济运行状态和经济运行秩序，以保障国民经济的快速、稳定和健康发展。

国民经济命令权。在区域经济协调发展的过程中，为了保障政令畅通，一定的命令权是必要的。在学术界，"命令权"常常在军事领域中被运用，有学者认为，"命令权"具有"绝对权威性、特写的单向性、有序的层次性、高度的强制性、排他的唯一性"，❷ 以及"高度权威性、一定程度的规范性、强制性、位阶性和层次性"；❸ 还有学者认为，命令权是一种权威，其唯一的内容是命令和服从，属于强制性权力的一种，在现代法治条件和民主条件下，其应该是一种合法性权威。❹ 结合对命令权的理解，笔者认为，区域经济协调发展中的国民经济命令权，是指国家机关要求各地方政府、社会经济组织，以及市场主体为特定行为或者不得为特定行为的权利，是国家权威机关建立在合法性基础上的单方面意思表示，受命令规范的对方负有服从和遵守的义务，具有单向性、强制性的特征。

国民经济监督权。区域经济协调发展过程中，无论是政府的经济立法权、

---

❶ 胡鞍钢. 中国经济决策机制的民主化、科学化、制度化——以2014年《政府工作报告》为例[J]. 行政管理改革，2014（7）：14-16.
❷ 陈学会. 军事法学[M]. 北京：解放军出版社，1994：170-171. 转引自曾志平. 一种对军事法知识来源的追溯：论命令权[J]. 政法论丛，2016（4）：23.
❸ 陈聪. 军事法的命令性特征与军事命令的法律性特征[J]. 河北法学，2015（4）：159.
❹ 曾志平. 一种对军事法知识来源的追溯：论命令权[J]. 政法论丛，2016（4）：25-27.

还是国家的经济决策权、协调权以及命令权,其都有异化的可能,因此通过各种方式对其进行监督和控制便成为必要,在现代法治国家,对行政权的监督历来是制度设计的重点,具体到区域经济协调发展条件下,是指国家机关对经济活动的监管和督导的权利,具体包括行政监督权、财政监督权、审计监督权、统计监督权等。

2. 行业协会

区域经济协调发展法律制度的第二个主体类型是行业协会。在当下我国,随着计划经济时代的全能主义政府向有限政府的转型,以及权力向市场和社会的下放,巨大的社会变迁与转型正在发生,其中重要的表现之一,就是行业协会的遍地开花。随着政府改革和市场经济的不断发展,我国的社会团体在不断地增长,其中行业协会的成长尤其迅速,在一些经济活动中,行业协会扮演了重要的角色,在促进政企合作、市场管理和社会管理中发挥了重要的功用。❶一般认为,行业协会是介于政府和企业、商品的生产者和经营者之间的,能为其承担服务、咨询、沟通和监督等职能,具有自律和协调功能的各种社会中介组织,它不具有营利的属性,更多的是从事促进该行业发展的各种援助服务。

行业协会将分散的市场主体按照功能集合的原则组织起来,从而形成一种强大的组织力量,改变了单个市场主体在行业发展中的弱小地位,是人性中"群"的要素在市场领域中的体现,群体生活作为人类保全自己、壮大自己的手段,是人改变自身状态的重要依赖,人只有在群体的生活中,才能更好地表达自己,表现自己和发挥自己能力。❷现实中,由于行业协会会形成一个强大的力量,因此政府必须重视它们,倾听它们的声音。行业协会是对抗强大的政府从而形成平衡的主要手段,而且,按照有关学者的论述,行业协会是市场运行中克服市场失灵,纠正政府干预市场过程中的政府失败的"第三条道路"。❸行业协会能够有效减少信息不对称的弊病,预防政府因信息不足导致的干预失败,行业协会还能在一定的范围内代替政府,从而有助于政府机构的精简,减少公共财政的负担,防止政府官僚结构的膨胀。在法律和政策的实施过程中,

---

❶ 汪锦军,张长东. 纵向横向网络中的社会组织与政府互动机制——基于行业协会行为策略的多案例比较研究 [J]. 公共行政评论,2014 (5).
❷ 胡光志,靳文辉. 国家干预经济中政府失灵的人性解读及控制 [J]. 现代法学,2009 (2):62.
❸ 李昌麒. 经济法学 [M]. 北京:法律出版社,2007:155 - 157.

行业协会还能减少法律的实施成本。毋庸置疑，获得通过的法律并非必然得到实施，现实中法律实施中的反抗成本是一种不容忽视的力量，其有可能导致法律无法达到预期的目标和效果。行业协会作为一个深度参与立法并就立法事项充分讨论的组织，能因为协商、了解和熟知而降低法律实施的成本。凡此种种，都说明行业协会是一种重要的主体，值得在区域经济协调发展战略推进中加以重视，概括起来，区域经济发展中行业协会具有以下职权：

规章制定权。行业协会存在的目的是为了进行正常活动以实现组建宗旨，因此，制定特定的规制，是保证其组建宗旨实现的重要手段，也是保障其运行规范化和有序化的必然要求，"没有规制制定权，行业协会就只是一片散沙而已"。概括起来，行业协会的规章制定权可分为以下四类：第一类为基本规范，也就是行业章程，它是协会组织运行的最基本规范；第二类是行为规范，是对该行业可能存在的技术标准和工艺要求所作出的规范；第三类是惩罚规范，比如，对违反行业章程以及技术标准的行为予以处罚的规范依据；第四类是争端解决规则。❶ 在笔者看来，在区域经济协调发展中，行业协会通过规章制定权是其运行中获得合法性的最重要和最根本的依据，行业协会在本质上是一种组织化的"私序"，是社会个体基于个人身份、关系资源自愿加入的组织化团体，并在长期的博弈交往中所形成的一种自我身份确认和自我约束机制，❷ 这种"私序"化的组织既是动员区域经济协调发展的重要力量，也是预防政府在实施区域经济协调发展中行为失范的关键手段。

监管权。按照我国学者鲁篱的研究，行业协会的监督权主要体现在许可批准权、认证权、日常管理权和标准制定权和实施权。❸ 在笔者看来，区域经济协调发展的过程中，行业协会的监督权异常关键，这是因为，区域经济发展失衡的表现，是产业在地域之间人为分割，这种分割不仅加剧了地区之间经济发展的不平衡，也扭曲了市场资源的自由流动，产业、行业因人为的因素被分割。行业协会对产业的许可批准权、认证权和日常管理权等监督权的行使，本身是连接全国产业的方式，其本身就是对区域发展中人为分割市场的一种纠

---

❶ 李昌麒. 经济法学 [M]. 北京：法律出版社，2007：161 – 162.
❷ 陈承堂. 论社会团体权力的生成——以消费者协会与行业协会为例 [J]. 南京大学学报·哲学·人文科学·社会科学，2009 (4)：71.
❸ 鲁篱. 行业协会经济自治权研究 [D]. 重庆：西南政法大学，2002.

正，其对于区域经济协调发展的实现，具有不可替代的作用。正因为如此，我国《行政许可法》第 12 条规定，对于行业组织或中介组织，能够自律管理的，可以不设立行政许可，我国的正式制度对行业协会的监督权给予了正式的确认。

非法律处罚权。按照我国台湾著名民法学者王泽鉴的说法，非法律处罚权是"为维持社团的纪律及秩序，社团对成员常需为一定的制裁，诸如开除、停权、罚款、不许使用社团设施等，德文称为 Vereinsstrafe（暂译作社团罚或社团制裁）"❶。行业协会非法律惩罚权是行业协会自治权的一部分，是行业协会的内生权力，仅仅通过契约生成，❷ 具体包括罚金、名誉处罚、集体抵制、开除、市场禁入等类型，❸ "如果任何行动者不服从规范，必须对其施行惩罚，只有这样，规范方能行之有效。"❹ 行业协会的处罚权是维护行业协会权威性的主要工具，而且，其还可能因为自身所具有的专业优势降低处罚中的信息不对称，弥补正式机关在纠纷处理中专业知识的匮乏，增进处罚的有效性和准确性。

3. 市场主体

市场主体是区域经济协调发展制度运行中的第三类主体。就其类型而言，依据不同的标准可对市场主体进行不同的分类，比如，根据其在市场运行中地位的不同将其分为经营者和消费者，根据设立的条件、设立的程序、内部组织机构等可将之分为有限责任公司，股份公司，等等，对市场主体的分类并非本书关注的对象，依据本书的论证逻辑，市场主体的权利是本书重点关注的对象，在笔者看来，市场主体的权利是区域经济协调发展法律制度的核心内容，市场主体的权利是市场主体权利能力和行为能力的表现，区域经济协调发展的最终落实，必须通过市场主体行为方式的改变才能完成，市场主体权利是市场主体地位的法律表现，是市场经济运行的先决条件。因此可以说，一个国家对市场主体基本权利的制度安排状况，是一个国家市场经济发达程度和完善程度

---

❶ 王泽鉴. 民法总则 [M]. 北京：中国政法大学出版社，2001.
❷ 汪莉. 论行业协会自治权的权源及其性质 [J]. 学术界，2010（7）：146.
❸ 鲁篱. 行业协会经济自治权研究 [D]. 重庆：西南政法大学，2002.
❹ [美] 詹姆斯·S. 科尔曼. 社会理论的基础 [M]. 邓方，译. 北京：中国社会科学文献出版社，2008.

的标志,也是一个国家经济自由程度的标志。因此从本质上来讲,市场主体的基本权利决定着市场主体在多大程度上参与市场交易,以及在多大程度上能够自主配置资源。❶下面,笔者将对市场主体的权利类型进行简要归纳。

财产权。"财产权是指存在于任何客体之中或之上的完全的权利,包括占有权、使用权、出借权、转让权、用尽权、消费权和其他与财产有关的权利。……最好不要把财产权视作单一的权利,而应当把它视作若干独立权利的集合体,其中的一些或甚至其中的很多独立权利可以在不丧失所有权的情况下予以让与。"❷财产权是人最基本的权利之一,关系着人的基本生活方式和生活状态,也决定着其他权利的实现可能及实现程度,所谓"无财产者无人格",因此是市场主体最重要的权利类型,区域经济协调发展当然要保障人作为人的基本权利,区域经济协调发展中,公民的财产权自然需要得到优先的保护。

自由经营权。自由经营权在本质上属于"经济自由"的一种,经济自由是宪法上的权力之一,是近代宪法三大自由之一。经济自由和精神自由以及人身自由,共同构成了近代宪法的基本价值,其中,经济自由被认为是最为重要的一种,被誉为"近代国家的基石之身",具体又表现为职业选择的自由,经营的自由,合同的自由,居住和迁徙的自由等。❸其属于以人为核心的基本权利,经营自由权决定着经营者行为的边界和可能性,在市场经济条件下,营业自由是一项核心和基础性的权利,经营自由所包含的经营项目自由和经营内容自由,以及交易方式和交易对象选择自由等内容,构成了市场经济运行的根基。区域经济协调发展并不否定市场在资源配置中的决定性作用,因此,其作为一项基础性权利自然客观存在。

监督权。市场主体的监督权本质上公民监督权在特定领域内的呈现,我国《宪法》第11条规定,公民有批评权、建议权、申诉权、控告权、检举权和获得国家赔偿的权利,这些宪法所赋予的公民基本权利是公民监督权的基础。在区域经济协调发展中,公民有权对区域经济协调发展中的政府行为进行监督,督促有关国家机关对不当的政府行为及时进行纠正,所谓"通过权利限

---

❶ 王克稳. 论市场主体的基本经济权利及其行政法安排 [J]. 中国法学, 2001 (3): 3.

❷ [美] 戴维·M. 沃克. 牛津法律大辞典 [M]. 中译本. 北京: 光明日报出版社, 1998. 转引自王克稳. 论市场主体的基本经济权利及其行政法安排 [J]. 中国法学, 2001 (3): 6.

❸ 林来梵. 从宪法规范到规范宪法 [M]. 北京: 法律出版社, 2001: 18.

制权力",这种通过公民的外部监督和压力,能保证国家权力在合理合法的轨道上运行。

发展权。在人权系统中,发展权是一项崭新的权利,其最早由塞内加尔第一任最高法院院长、联合国人权委员会委员凯巴·姆巴耶所提出,后来被联合国大会通过的《关于发展权的决议》和《发展权利宣言》两个国际法律文件所确认。❶ 发展权是一项不可剥夺的人权,其被规定为"每个人和所有各国人民均有权参与、促进并享受经济、社会、文化和政治发展,在这种发展中,所有人权和基本自由都能获得充分实现。"在区域经济协调发展战略的实现过程中,其所依托的权利基础就是人的发展权,区域经济发展失衡对人的影响,就是部分地区因外在条件所形成的,在经济发展中权利无法充分实现,以及经济发展成果无法平等享有的状态,因此,从本质上讲,区域经济协调发展战略的实施是发展权的要求。

(二)区域经济协调发展中主体行为的规范化

区域经济协调发展战略是"人"的事业,"主体"是"行为"的发动机,离开了主体,区域经济协调发展就失去了存在的意义。在经济法视角下,市场运行中的失灵现象是区域经济发展失衡的原因,而市场无法自行完成对区域经济协调发展的调整,使得国家的干预成为必要,"干预"以权力的配置为必要。但是权力的行使中又有异化的可能性,拥有权力的人容易滥用权力,这是亘古不变的经验,而权利也有滥用的可能,于是对权力的运行和权利的实施进行规范,是主体制度必须加以研究的问题。当然,前文已论,在区域经济协调发展法律制度的实施中,涉及的主体有国家、行业协会和市场主体,它们各自有多项权利和权力,本书的论述自然难以周全,下文中,笔者仅以政府、行业协会和市场主体在权力行使和权利实现中的各种异化情形进行简要勾勒,并提出相应的防范框架。

(1)区域经济协调发展中政府权力异化及防范理念。区域经济协调发展战略的实现过程中政府承担着主导性甚至决定性的作用,但其也有异化的风险。对此我国学界从一般意义上对行政权异化的研究非常充分,比如,有学者

---

❶ 汪习根. 论发展权与宪法发展 [J]. 政治与法律, 2002 (1): 14.

认为，行政权异化主要表现为行政失职、行政越权、行政滥用职权、事实依据错误、适用法律错误、程序违法、行政侵权、行政不当等八类。❶ 还有学者认为，行政权运行中的不合法主要表现为行政错误、行政越权、滥用职权、程序违法、内容违法等五类。❷ 对于这些行政权运行中的异化情形，区域经济协调发展中都有存在的可能，如果不加以防范，不仅区域经济协调发展的目标无法达到，其还可能会造成新的经济发展不均衡，会使一国的经济情势陷入更被动的局面。

关于区域经济协调发展对行政权异化的防范，本书在下文有关区域经济协调发展的监督制度和责任制度中有较为充分的论述，此处略去不论。当然，责任制度和监督制度更多的是过程角度和以事后救济的方式来实现区域经济协调发展中运行行政权的合理化。在笔者看来，从主体制度的角度来讲，事前的政府理念构造，同样异常关键，它决定着政府行为的方式，换言之，基于何种理念构造区域经济协调发展中的政府类型，直接决定着政府的行动过程和行动结果。因此，此处笔者从经济法的角度，对区域经济协调发展中的政府理念进行论述。

经济法对现代政府的构造是以"有限政府"为出发点的，政府之所以是"有限"的，是因为构成政府的主体依然是理性有限的人，其并不普通的大众占有更多的知识，而知识的弥散性分布更使得其不可能"全知全能"。所谓有限理性，一方面，它所表达的是政府干预者在理解政府自身运作的能力上存在一种逻辑上的局限，每个主体都无法离开其自身来检视自身的运作，所谓"只缘身在此山中"；另一方面，个人理性在认识社会生活的时候会遭遇"茫然无知"的困境，存在着极大的限度，这是因为个人理性是一种根植于由行为规则所构成的社会结构和社会系统当中。❸ 其次，政府对区域经济发展失衡的纠正必须有限度，凡是市场能调整的问题必须由市场来调整，政府不能恣意干预市场，更不能代替市场的运行，随意扭曲市场运行的规律。因此，政府在促成区域经济协调发展的过程中，其行政权力必须秉持"有限理性"的理念，

---

❶ 胡建淼. 行政法学 [M]. 北京：法律出版社，1998：478.
❷ 杨解君. 行政违法论 [M]. 南京：东南大学出版社，1999：16.
❸ 李昌麒，鲁篱. 中国经济法现代化的若干思考 [J]. 法学研究，1999（3）：89.

在干预目标的设定、干预方法的选择、干预利益的确认等方面，保持谦抑的姿态，以提升其规范性、合理性和有效性。

（2）行业协会权力的异化及防范原理。无论是国家拥有还是行业协会拥有，权力的本质并不会发生改变，和政府会滥用权力造成权力异化一样，行业协会也会造成公共权力的异化，造成权力行使中的扭曲和失范。在笔者看来，与区域经济协调发展的行业协会公共权力失范的表现主要有，行业协会滥用权力扭曲市场秩序的行为，比如，各种限制竞争和不正当竞争的行为，各种形式的价格垄断。2001年9月，中央电视台曾有报道，在重庆涪陵，有一名为"涪陵液化气协会"的民间行业协会，为了谋求不正当的利益，采取了"封锁市场""限制定价"以及"划片定点供气"的方法，限制会员的自主经营权，不仅损害了天然气零售商的利益，还对消费者的利益造成了损害。❶ 事实上，在我国经济发展的过程中，行业协会所造成的市场的人为分割，形成的各种扭曲性竞争行为，阻止资源的跨境流动，常见不鲜，这对于我国区域经济协调发展的危害，不言自明。再比如，行业协会利用自身的管理权力谋取不正当利益，以及滥用行业权威地位损害中小企业利益的行为，❷ 等等，都会给市场经济的协调运行造成损害。我国学者鲁篱教授对行业协会自治权的负效应进行了系统的研究，他认为，行业协会可能存在反竞争、偏爱主义、过度管制、狭小的管制利益、权力制约机制的减少、有碍于效率的提高、增加中小企业成本等弊端，❸ 如不加以纠正，有可能降低行业的灵活性，对行业乃至社会系统的活动造成损害，侵损社会系统内部的协调关系，甚至还会导致社会内部的紧张和冲突。

要防范行业协会权力行使中的异化，除了普遍意义上预防权力异化的路径和方法外，还应针对行业协会的特殊性采取有针对性的措施。比如，有学者认为，首先改变当前"一地一业一会"的行业协会设立原则，形成竞争机制，激发行业协会活力，遏制其负效应的产生。其次，针对行业协会的特殊性，对其进行专门立法。就当前，我国关于行业协会的综合性立法只有广东省制定颁

---

❶❷ 宫宝芝, 赵倩. 行业协会公共权力异化及其防治 [J]. 江南大学学报·人文社会科学版, 2008 (4): 35.

❸ 鲁篱. 行业协会经济自治权研究 [D]. 重庆: 西南政法大学, 2002.

布的《广东省行业协会条例》,通过专门的立法,明确行业协会的目标要求和功能设置,这既是行业协会规范发展的需要,也是预防其权力异化的要求;另外,通过行业协会章程审查与备案制度,以及行业协会法人治理制度,以规范其运行和发展。❶

(3)市场主体权利行使中权利滥用及防范框架。权利滥用禁止原则异常古老,早在罗马法有关禁止权利滥用初露端倪,1900年制定的《德国民法典》将其正式确定为一项原则,随后,1907年的瑞士民法,1922年的苏俄民法,1947年修改后的日本民法,都明确规定了禁止权利滥用原则,20世纪中期以来,禁止权利滥用普遍成为民法的一项重要原则。❷ 一般认为,权利滥用是指拥有权利的人超越权利设计的初衷,并产生了违背社会、经济目的的结果的权利行使方式。在区域经济协调发展战略的实施中,市场主体权利滥用可能造成有损于区域经济协调发展的情形主要有:第一,负外部行为,对此,笔者在分析市场失灵的时候已经有详尽的分析,此处不再探讨;第二是市场垄断情形的产生,严格来讲,垄断是经营者自由经营权运行的结果,尤其是基于自由竞争所形成的垄断,正因为如此,在一些自由主义经济学者看来,反垄断本身并不具备合理性。但无论是理论上的分析,还是实践中事例都足以证明,垄断具有明显的危害性,因此,现代市场经济国家都制定了反垄断法对市场竞争中形成的垄断予以规制,反垄断法也被誉为"经济宪法"而在市场经济中发挥着重要的作用。在区域经济协调发展中,无论是市场竞争中所形成的垄断,还是行政垄断,对于区域经济协调发展的破坏作用不言而喻,区域经济发展中的市场扭曲,其中最重要的表现之一就是垄断,因此,对各种类型的垄断予以克服,是区域经济协调发展中必须作为的事项。至于垄断克服的路径,经济法学界和经济学界已有异常充分论述,限于篇幅,本书不再论述。

---

❶ 宫宝芝,赵倩. 行业协会公共权力异化及其防治[J]. 江南大学学报·人文社会科学版,2008(4):35.
❷ 高慧铭. 论基本权利滥用的认定标准[J]. 比较法研究,2016(1):140.

二、区域经济协调发展运行法律制度

(一) 区域经济协调发展中的立法

前文已论，立法是法治发展中的永恒主题。作为一种职权性活动，区域经济协调发展中法律的制定、认可、修改和废除是法治国家要求下区域经济协调发展战略实施的惯常性行为。就我国的立法制度而言，区域经济协调发展中的立法，其统一、分层次的立法体制及模式，授权立法运行要求，以及区域经济协调发展中地方立法的内容及要求，和其他领域的立法并无不同。但是区域经济协调行动有着自身的特殊性，在笔者看来，这种特殊性要求区域经济协调立法中需要着重注意的问题主要有：第一，由于区域经济协调发展涉及我国的基本经济制度，因此"法律保留原则"应该得到特别强调；第二，区域经济协调发展中的"协调"要求，决定了关于立法中的利益协调问题，立法中民主参与原则应该受到重视，下文中笔者将围绕这两个问题展开论述。

首先是"法律保留原则"的严格适用。按照我国《立法法》的规定，"全国人大应该就基本经济制度以及财政、税收、海关、金融和外贸等制度制定法律"，此乃"法律保留原则"，作为一项古老的法律保留原则，其导源于"侵害保留理论"，该理论最早在19世纪末期由奥托·麦耶提出，其目的是为了确保公民和个人免受专制行政权的影响，将可能对公民构成侵害的行政权力放置于人民代表机关的监督之下。❶ 在区域经济协调发展过程中的经济立法权，由于可能涉及公民的基本财产权属于公民的基本权利，如果将之放置于政治哲学的视域中即可发现，有关公民的基本经济权利属于自然权利的范畴，其所表达的观念是，一个人仅仅因为他（她）是人，所以不管其身份、能力和实际地位，都必须享受的权利，这些权利与他（她）作为人的属性是密不可分的，因此是不可剥夺的，也是不能转让的，属于永恒、稳定和不变的权利类型，只有否定其作为人的权利，才能剥夺这些权利。❷ 另外，在区域经济协调发展的过程中，首先会涉及我国的根本的经济制度，区域经济协调发展中各个地区经

---

❶ 蒋剑云. 论法律保留原则 [J]. 行政法学研究，2005 (1)：63.
❷ 钟丽娟. 自然权利的人性基础 [J]. 法学论坛，2011 (1)：64.

济的发展规划，主体功能区的设计，资源流动和配置的方式，这些问题本身就是一国最为基本的经济制度。再比如，区域经济协调发展中财政手段和金融手段，财政手段事关税的征收和分配，涉及一国的预算和决算制度，这些更是一个国家根本的经济制度，在当前世界各个法治国家，有关税的征收和使用的问题，均作为一个宪法性问题被对待。当然，区域经济协调发展还和市场主体的财产权、发展权等多个权利相关联，这些事实都足以决定区域经济协调发展立法中的绝大多数事项都应该以法律的形式加以制定，这是区域经济协调发展立法的根本性问题，事关区域经济协调发展立法本身的正当性和合法性。

其次是立法中的利益协调和民主参与。利益协调是立法的目的之一，严格来讲，法律的产生就是"所有法的共同社会中物质的、国民的、宗教的和伦理的各种利益相互对立、谋求承认而斗争的成果"❶。比如在西方，立法过程中代表着不同利益集团的立法会议员会围绕利益进行非常激烈的争论，甚至有异常极端的利益表达行动，这也充分说明了协调利益冲突是立法中的核心问题。❷ 区域经济协调发展战略中对利益的协调不言自明，正是因为区域经济在发展过程中的利益冲突，才有区域经济发展失衡事实的产生，而区域经济发展协调化推进中的立法就是实现利益平衡的过程。因此，区域经济协调发展立法中首先要对各个区域的利益进行识别和确认，区域经济发展中哪些利益应该被立法所关注、所确认便异常重要。在笔者看来，区域经济立法中强调民主参与是实现有效的利益表达、利益识别和利益确认的关键手段。

立法中的民主参与，意味着区域经济立法过程中所有区域以及区域辖区所有人的利益获得了一种有效的诉求渠道，每个人是自己利益的最佳判断者和最密切关注者。和前文所论的政府理性不足相同，立法者的理性也是有限的，立法者不可能全知全能，而且，在公共选择理论看来，当现实中的经济人转化为政府中立法者的时候，其人性机理和行为方式并不会发生变化，构成一个国家的立法主体依然是一个追求自身利益最大化的经济人，由"经济人"组成的官员、议员或当权者并不是宪法理想境界或人们想象中伸张正义的骑士或温情

---

❶ 赵震江，付子堂. 现代法理学 [M]. 北京：北京大学出版社，1999：88-89.
❷ 杨炼. 立法过程中的利益衡量研究 [M]. 北京：法律出版社，2010：49.

脉脉的慈父,他们往往通过具有社会再分配性的政治影响或干预来谋求自身利益。[1] 参与会形成一种压力机制和约束机制,民主参与是有效矫正立法者在立法时出现偏差行为的重要方法。其次,民主参与可保证立法资源的高效行使,立法是一个耗费资源的活动,立法中的立法规划、法的起草、立法审议和立法表决等各个环节,都需要人力物力的支持。如果区域经济协调发展中的立法所指向的问题并非其运行中的关键问题,那么在资源有限的情况下,这种立法的必要性就值得怀疑。在我国,有多部法律不被社会所了解、所关注,也很少为执法和司法部门所适用,但有些社会急需的立法却迟迟不能出台。在笔者看来,造成这种情形的原因固然与有些立法过于复杂的利益关系有关,但立法中民主参与的缺失是造成这种情形的主要原因。在区域经济协调发展的立法中,通过民主参与,发现现实中的"真"问题和急需解决的问题,确保我国区域经济协调发展战略实施中有法可依。

区域经济协调发展立法中落实民主参与原则,除了完善我国的人民代表大会制度之外,笔者认为,首先充分落实立法中的意见收集制度是保证区域经济协调发展中民主参与的关键手段。在当下,网络信息的便利为立法中的意见收集提供了便利,极大地方便了公众表达自己意见的途径和手段,而且权利意识和民主意识的高涨也让公众有表达自己意愿的动力,例如2006年,我国《劳动合同法》修改,一个月内共收到各方意见19万余条;再如,我国《个人所得税》法的修改,全国人民代表大会网站公开征求意见后,系统数据显示,收到民众各种意见超过20余万条,创造了人大立法网站征收意见数量的新纪录,其在一定程度上改变了我国个人所得税立法的内容。在笔者看来,这种信息和技术上的便利,为我国立法中的民主参与创设了条件。就地方政府的参与而言,地方政府通过圆桌会议、联席会议等方式,以及各种类型的地方合作协议,进行定期和非定期的信息交流机制,促成信息交流和立法参与,保证立法中信息的充分获取和区域经济协调发展立法中民主参与的充分实现,进而实现区域经济协调发展立法的规范性和合理性。

(二) 区域经济协调发展中的执法

区域经济协调发展中的执法,是指有权的国家行政机关,依据法律程序行

---

[1] 单飞跃,卢代富,等. 需要国家干预——经济法视域的解读 [M]. 北京:法律出版社,2005:205.

使行政权的过程，亦即法的实施。按照法理学的一般理论，法的实施是法在社会生活中的运用和实现的过程，立法者制定法律的目的，就是要期待法律在社会生活中发挥作用，产生法律所期待的社会效果，形成法律所期待的行为方式和社会秩序。法律的实施是形成上述目标的过程，因此可以说，法的实施是实现立法者的目的、实现法律作用的前提，是实现法的价值的必由之路。❶ 由于执法本身是一个异常宏大的主体，按照本书的论证意旨，笔者不对区域经济协调发展中的执法活动进行系统介绍，将依据区域经济协调发展的特点及要求，重点论证以下两个问题：区域经济协调发展中执法行为的特点和区域经济协调发展执法中的综合执法，以此来明确区域经济协调发展中执法活动的要求。

在笔者看来，和一般的行政执法相比，区域经济协调发展中的执法，更加具有灵活和主动的特征。由于国家社会风云变幻，我国社会形势也是日新月异，区域经济协调发展中面临的事实和状态千变万化，这都决定了区域经济协调发展中常常会遭遇难以预见的执法障碍，更快的步骤和更灵活的方式为区域经济协调发展中的执法行为所必须。同时，区域经济协调发展中的执法行为更富有弹性，由于市场在运行过程中所管辖事项愈发宽泛，而且日益渗透到立法和司法领域，为了便于能以最迅速的方式组织公务活动和对社会进行管理，委任立法和行政司法不断兴起，❷ 区域经济协调发展中的行政执法已经不仅仅是纯粹的执行行政管理权，而是具有更多的准司法和准立法权的性质，这些都是区域经济协调发展中执法行动的显著特征。再次，区域经济协调发展中更要强调利益衡量原理的运用，所谓利益衡量，按照我国台湾学者杨仁寿的说法，是"法官在阐释法律时，应摆脱逻辑的机械规则之束缚，而探求立法者与制定法律时衡量各种利益所为之取舍，设立法者本身对各种利益业已衡量，而加取舍，则法义甚明，只有一种解释之可能性，自须尊重法条之文字。若有许多解释可能性时，法官自须衡量现行环境及各种利益之变化，以探求立法者处于今日立法时，所可能表示之意思，而加取舍。斯即利益衡量。换言之，利益衡量乃在发现立法者对各种问题或利害冲突，表现在法律秩序内，由法律秩序可观

---

❶ 卓泽渊. 法理学［M］. 北京：法律出版社，2004：346.
❷ 胡建淼. 公权力研究——立法权·行政权·司法权［M］. 杭州：浙江大学出版社，2005：208.

察而得知立法者的价值判断。发现之本身,亦系一种价值判断。"❶ 当然,利益衡量并非仅仅是存在于司法领域的一种法律方法,在所有的利益协调、利益衡量的场合,利益衡量方法都是一种重要的方法,比如有学者认为,在部门法领域,尤其是在民商事法律制度中,学者对利益衡量已作出了大量的研究,确立了利益衡量方法在民事诉讼过程中的重要地位,但是,作为一种应当获得普遍使用的法律方法,利益衡量的适用范围应该不限于民事法律领域,更不应该仅仅将其限制在司法场域当中,而应该在法理背景之下,界定其内容、方法、标准和规则。❷ 在区域经济协调发展执法中,协调的对象就是利益的冲突,众所周知,协调常常发生在多个合法利益当中,或者说协调的本真含义,就是在几个合法利益之间的权衡取舍,因为在"合法"和"非法"之间,或者在"非法"和"非法"之间,就没有"协调"存在的空间和必要。因此,区域经济协调执法中,利益协调必然是一种经常使用的法律方法。

  由于区域经济协调发展本身的特点和要求,在区域经济协调发展执法活动中的综合执法是其最重要和最关键的执法方式。早在1996年,我国的《行政处罚法》颁布实施以后,我国就进行了以"相对集中行政处罚权"的综合性执法的试点工作;2002年,《关于清理整顿行政执法队伍实行综合行政执法试点工作的意见》开始实施,我国决定在广东和重庆两地进行综合执法的试点,另外也要求其他省、自治区和直辖市,选择1~2个具备条件的地、市、县来进行试点工作,重点就城市管理、文化市场管理、资源环境管理、农业管理、交通运输管理等行政执法领域,着重解决多头执法、重复执法、执法扰民和执法队伍膨胀等问题,综合执法试点工作正式启动。❸ 综合执法体制整合了执法力量,一定程度上解决了多头执法、执法推诿的问题,改变了执法领域"有利则争、无利则推、他利则拖、分利则拒"的现象,同时也优化了执法资源的配置,强化了执法部门之间的制约和监督,我国当前所实施的"收支两条线"、"罚缴分离"等取得明显社会效果的执法模式,均起源于我国执法领域中综合执法的改革。

---

 ❶ 杨仁寿. 法学方法论 [M]. 北京:中国政法大学出版社,1999:175-176.
 ❷ 胡玉鸿. 关于"利益衡量"的几个法理问题 [J]. 现代法学,2001 (4):32.
 ❸ 中国行政管理学会课题组. 推进综合执法体制改革:成效、问题与对策 [J]. 中国行政管理,2012 (5):12.

在笔者看来，区域经济协调发展中尤其强调综合性执法，是由于区域经济发展中失衡的事实所决定的。区域经济协调发展的最终目标，是强调各个区域之间的合作、互利和共赢，打破区域间的界限，各个地区在立足本地优势的基础上，通过经济领域的分工和合作，发挥市场在资源配置上的决定性作用的同时，通过政府的干预，实现各地经济收益的最大化，促进经济的快速、持续增长。而区域经济发展的失衡，则表现为因为协调性不足而出现的产业同质化、重复建设，地方保护主义，人为构成资源流动壁垒，以及地方政府间的恶性竞争等情形。❶ 区域经济协调发展中的综合执法，能有效解决区域经济发展中的条块分割，促成区域经济协调发展战略的最终实现。

（三）区域经济协调发展中的司法

在现代社会治理体系中，以立法、行政和司法多种权力的配合与协调来解决政治、经济和社会运行中的问题，是现代国家治理的基本形态。其中司法作为强制、中立、最终和技术性的判断方法，在整体的国家治理体系中所具有的重要地位自然无须赘言。"人类社会最好的结局就是司法审判"❷，就区域经济协调发展而言，政府、市场和社会均担负着各自职责的情况下，如何建构合理、有效且完善的区域经济协调发展的治理结构，并在充分发挥市场、政府和社会功能的基础上实现区域经济的协调发展，是中国区域经济协调发展面对的问题。在当下的社会治理体系中，作为国家治理系统中的一个子系统，司法系统中的司法权及其运行，最能体现法律的精神、实质和原则，它不仅在市场治理系统中和社会治理系统中发挥着无可替代的作用，而且更为重要的是，由于司法理性所具有的独特价值，司法权还能推动和传递各种法治理念和信息，进而促进其他社会治理系统及其相互关系的规范化，并在此基础上，从最根本的意义上促成国家治理系统的有效性，保证国家治理目标的达成，功能的实现。❸

司法表现为一种法律规范和组织化力量的有机结合，而司法组织是现代社会组织系统中最为稳定、最为权威的组织系统，这种结合所产生的张力，是一

---

❶ 王建平. 整体性治理、利益协调实现区域经济一体化 [J]. 现代经济探讨，2011 (12).
❷ [美] 罗斯科·庞德. 普通法的精神 [M]. 唐文宏，译. 北京：法律出版社，2001.
❸ 沈德咏，等. 国家治理视野下的中国司法权构建 [J]. 中国社会科学，2015 (3)：42.

个社会有序运行的条件。同时，在司法对社会实施控制的过程中，司法权表现为对个别行为的直接控制和对普遍行为的张力控制的综合，这种通过个别行为达到普遍行为的间接作用，是司法权作用于社会的重要机制之一。❶ 而且，司法权在运行中还体现为法律权威和司法的角色行为的有机结合，"法官与律师——通过共同努力而使争议得到公平合理的裁决——就是在执行社会医生的任务。如果一个纠纷根本得不到解决，那么社会机体上就可能产生溃烂的伤口；如果此纠纷是以不适当的和不公正的方式解决的，那么社会机体上就会留下一个创伤，而且这种创伤的增多，又有可能严重危及对令人满意的社会秩序的维护"❷。司法权所具有的这些功能优势，决定了在区域经济协调发展战略的实施过程中必须加强对司法权的仰赖。笔者认为，在区域经济协调发展的过程中，在强调司法权一般意义上的治理机能之外，应对司法权在协调中央和地方、地方和地方关系的功能，以及为保障区域经济协调发展中公益诉讼的作用进行特别强调，下面的论述将围绕上述内容展开。

通过司法权来协调中央和地方、地方和地方的关系，是司法权保障区域经济协调发展中最为突出的功能。我国有学者认为，规范中央和地方事权关系是司法权最突出的衍生功能之一。国家往往会依赖具有最终性和权威性的司法权来处理好中央和地方的关系，比如在德国，司法权就很好地处理了联邦与州之间的关系，并保证了国家的统一性。在一般情况下，国家会通过对法院司法权和管辖权的严格区分，来保证国家在中央和地方的事权划分上有明晰的范围和边界，通过司法权，不仅保证了国家结构的合理、稳定与平衡，也使得国家的整个政治系统在纵向上处于稳定的状态，避免了中央政府和地方政府之间的冲突，保证了国家的统一性。❸ 就司法权协调地方和地方的关系而言，有报道指出，我国已经形成了一个以当下行政区划为界线的"地方政府经济圈"，大量的、多层次的地方经济圈独立运行，由此造成了全国市场的人为分割，资源配置出现障碍，商品和生产要素在全国范围内的流通受到限制，导致了作为资源配置方式的市场的低效化运行，甚至失效，对我国而言，造成了大量的隐性和

---

❶ 程竹汝. 社会控制：关于司法与社会最一般关系的理论分析 [J]. 文史哲，2003 (5)：152 - 154.
❷ [美] E. 博登海默. 法理学——法哲学及其方法 [M]. 邓正来等，译. 北京：华夏出版社，1987.
❸ 沈德咏，等. 国家治理视野下的中国司法权构建 [J]. 中国社会科学，2015 (3)：47.

显性的经济损失。❶ 当下我国关于地方政府间关系的处理和协调，更多的是依赖于政治协调、行政协商以及共同的上级单位处理的方式，笔者认为，这些处理方式的随意性较强，权威性和确定性不足，而司法的处理方式无疑是合理的选择。

　　司法权保障区域经济协调发展的另一重要机制是公益诉讼机制。在经济法学看来，公益诉讼"不仅仅是要求被告对所受的损害的简单的金钱赔偿或修复，还包括要求公共团体、企业以及国家修改、变更有关政策和事业规模，或者采取有效的预防措施，避免损害的出现或扩大，甚至禁止被告再从事有关活动，故而又被成为禁止性诉讼"❷。公益诉讼是推动社会变革的重要力量，❸ 就区域经济协调发展而言，公益诉讼中的民事公益诉讼应重点围绕环境污染问题来展开，对此我国的民事诉讼法和环境法已有明确的规定。另外，由于区域经济协调发展中，公共权力机构承担着重要的干预功能，其所依赖的经济、法律和政治手段，是一种公权力的运用，严格来讲，相对于私人主体的行为，在区域经济协调发展过程中政府公共权力部门承担着更重要的职责，由于其所为和不作为对公共利益造成损害可能更大，退一步讲，区域经济发展的失衡即便由私人行为所引起，其也是由于国家政策以及在国家政策的引导、激励或放任下所形成的。从一定意义上来讲，区域经济发展中的失衡主要是由于政府的不当管理或疏于管理，或者政策安排的不当所造成的，因此相比较而言，在区域经济协调发展的司法保障过程中，较之于民事公益诉讼，行政公益诉讼具有更为突出的价值。行政公益诉讼体现了法律的预防功能且具有更充分的张力，会对更多的地方政府产生影响力和震慑力，其所具有的效率价值决定了其在区域经济协调发展中的关键意义。当然，区域经济协调发展中公益诉讼的起诉资格、主题类型、运行机制和基本模式等问题，和其他领域的公益诉讼并无不同，对此学界已经有异常充分的研讨，限于篇幅，本书不再赘述。

---

❶ 透视"地方政府经济圈"行为异化现象［N］.经济参考报，2004-07-12.转引自刘海波.中央与地方政府间关系的司法调节［J］.法学研究，2004（5）：36.

❷ 陈婉玲.经济法责任论［M］.北京：中国法制出版社，2005：309-310.

❸ 蒋小红.通过公益诉讼推动社会变革——印度公益诉讼制度考察［J］.环球法律评论，2006（3）：372-377.

三、区域经济协调发展监督法律制度

区域经济协调发展运行中的监督机制，指有关国家机关、组织和公民对区域经济协调发展运行中的执行和适用所进行的检查与督导，是区域经济协调发展运行过程中不可或缺的制约性机制。对区域经济协调发展运行中的监督可以使区域经济协调发展在执行和适用中不偏离预期的目标，是一种预防、控制和纠正机制。没有监督，区域经济协调发展在实施和运行的过程中就很容易形成扭曲的状态，各种偏差就很难预防，失误也无法控制，错误也就无法及时纠正，区域经济协调发展制度预设的目标也就难以实现。从本质上讲，对区域经济协调发展运行的监督是一种对权力进行制约的机制，是防范权力专横、滥用和腐败的方式。前文已论，区域经济协调发展的实施过程往往是权力的运行过程，在法治社会里，权力的运行须有规范、制度和程序上的依据或保证，以法律的形式来设置监督机制，规范权力运行的范围、限度、程序和制约方式，以这种制度化、规范化、程序化的运作机制来对权力的行使进行切实有效的监督和控制。对区域经济协调发展运行的监督还是现代法治和民主的必然要求，国家的相关机关及其公职人员作为人民的代表，行使人民赋予的权力，与人民之间有一定程度的距离，但这种距离不能扩大，一旦扩大就导致权力不依人民的意志而可能仅凭权力人的意志和偏好来行使，民主便无从谈起。由此，安排有效的监督机制将权力者与赋予权力者的人民之间的距离控制在较近的范围内，防止权力的专横与任性，使权力的行使体现广大人民的意志，与社会整体利益实现的方向保持一致。可见，对区域经济协调发展实施的监督是现代民主与法治的组成部分，是民主与法治具体方面的表现。同时，对区域经济协调发展运行的监督也是民主与法治实现的一种具体操作机制，因为民主与法治的实现仰赖于一系列的操作机制，是一系列对权力进行制约、保障人民权利的机制之一，其具有预防、控制和矫治的功能，使区域经济协调发展中的实施机关按照人民的意志行使权力。

(一) 区域经济协调发展法律监督的种类

(1) 国家权力机关的监督。在我国，国家权力机关对区域经济协调发展

实施行为的监督指全国人大常务委员会的监督和约束，按照中华人民共和国宪法和中华人民共和国组织法的规定，全国人民代表大会负责宪法实施的监督，全国人民代表大会常务委员会监督宪法和法律的实施，有权对违反宪法的法律、法规、其他决定和命令无效。《宪法》第 67 条、70 条、71 条和 73 条规定，全国人大常委会听取和审议国务院、最高人民法院的工作报告，并有权依照相关法律的规定，按照有关程序的要求，向国务院、国务院各部委提出质询案，受质询的机关必须予以答复，对重大问题组织特别调查委员会进行调查处理，可见，全国人大常委会通过很多方式对法律的实施进行监督，区域经济协调发展实施当然也就不在例外。这种监督在整个国家监督中居于很高地位，是具有很高法律效力的监督。

（2）行政机关的监督。区域经济协调发展的实施机关往往是国家的行政机关，它们在实施的过程中，须接受国家行政机关的监督，鉴于享有区域经济协调发展权力的国家机关基本是国务院下属一些部、委员会，因此监督它们的主体就只有最高行政机关（即国务院）、监察部和审计署。行政机关对区域经济协调发展实施的监督主要是对金融支持行为、财政转移支付行为、发展规划行为的合法性和合理性的监督，即行政权力系统内部实施的自我约束和控制，目的在于防范和违法与不当所导致的权力腐败，以此促进依法行政。对区域经济协调发展实施行为的监督包括一般行政监督和专门行政监督。一般行政监督是享有最高行政管理权的国务院对其属下享有区域经济调控权的机关的监督，监督方式主要是：改变或者撤销不适当的命令、指示和规章，统一领导、检查各部、委员会的工作等。专门行政监督指行政监察监督和审计监督，行政监察监督是监察部对调控机关及其公职人员执行区域经济协调发展措施的实施和运行情况以及违纪行为所进行的监督。根据《宪法》和《行政监察法》的规定，监察部实施监督时享有检查权、调查权、建议权和行政处分权。检查权是指对区域经济调控机关贯彻执行行为法律制度的情况以及违反行政纪律的行为进行检查。调查权是指对区域经济协调发展中的政府违法行为以及违反行政纪律的行为进行调查。建议权是指监察部可以对违法行为向有处理权的机关提出处理建议的权利。对违法实施调控的行政机关，可以向相关部门举报或提出监察建议，要求其对相关负责人员进行处理，对违法行为予以纠正。审计监督是审计署对区域经济协调发展实施中的财务收支的真实、合法和效益进行的监督，以及对财政法纪的执行情况所进行的监督。

（3）社会监督。社会监督指国家机关以外的政治组织、社会团体或组织、舆论和公民所发起的监督。尽管社会监督不具有国家强制性和法律效力，但正是社会监督主体所具有的积极性、主动性会促进国家机关的监督，同时也是一国民主与法治的基本要求。在我国，政治组织的监督指中国共产党、中国人民政治协商会议（简称人民政协）、民主党派的监督。中国共产党带领和团结全国各族人民建设国家，统一领导和管理国家政治、社会、生活，在对区域经济协调发展实施的监督中，中国共产党所进行的监督一方面通过行使政治领导权，督促国家机关严格依法实施；另一方面通过党的纪律检察机关和党的组织系统对调控机关中的党员和党的组织活动的合法性进行监督。众所周知，中国人民政治协商会议是我国政治体制中的伟大创举，它作为一个爱国统一战线组织，是我国政治生活中社会主义民主的实现方式，是多主体参政议政的主要途径。就区域经济协调发展实施而言，人民政协的监督包括参与法律的协商讨论，参与重大决策的讨论，通过视察、考察、调研等方式监督区域经济协调发展的实施。民主党派是我国的参政党，可参与区域经济协调发展实施决策的制定和执行，以各种方式监督实施。在中国，社会团体或组织包括工会、共青团、妇联、居委会、村委会等，在区域经济协调发展实施的过程中，这些团体或组织可通过批评、建议、申诉、控告、检举等方式来进行监督。舆论监督指借助新闻、传媒手段所进行的监督，其较高的透明度、广泛的涉及面、急速的反应性等会使区域经济协调发展实施中权力的行使更加谨慎和规范。公民监督指公民通过宪法赋予的政治权利包括选举权、申诉权、检举权、控告权等来对区域经济协调发展的实施进行直接的监督。

（4）司法监督。在区域经济协调发展实施和运行的过程中，司法机关的监督是最具权威、根本的监督力量。法治最核心的要义是对公民权利的保护和对公权力的限制，将"权力关在笼子里"是法治最根本的要求，实现这一目标，司法权的重要性是不言而喻的。关于司法监督的方式，笔者认为，应从以下几个方面予以完善：首先，通过专家证人制度来实现对区域经济协调发展实施的监督。专家证人制度是起源于英美法系国家的一种司法监督机制，在诉讼的过程中，对于因技术争议和专业知识的问题，常常通过专家证人来予以鉴别和裁定。众所周知，与其他的社会经济治理行为相比，区域经济协调发展实施行为显然是要综合考虑经济发展的情势，以及地方之间的差异，是非常专业化的、具有严格"技艺"属性的行为，涉及金融、财政、税收、公共服务、产业规划等多项内容，对于普通的司法审判者而言，由于其很难具备区域经济协调发展国家干预的专业知识，因此也就很难准确判断区域协调发展政府行为的合理性。❶ 因此，除了区域经济协调发展实施的决策主体应该包含受过系统的专门知识训练的专业人士，专家知识在区域经济协调发展实施中应当得到充分的强调之外，在对区域经济协调发展实施的司法监督过程中，也应该强化专家证人制度，以保证案件监督的规范与合理。事实上，关于在较为专业的案件审理中借助专家的力量，在我国颁布的司法解释中已有明确规定，最高人民法院《关于民事诉讼证据的若干规定》第六十一条规定："当事人可以向人民法院申请由一至二名具有专门知识的人员出庭就案件的专门性问题进行说明。人民法院准许其申请的，有关费用由提出申请的当事人负担。审判人员和当事人可以对出庭的具有专门知识的人员进行询问。经人民法院准许，可以由当事人各自申请的具有专门知识的人员就有关案件中的问题进行对质。具有专门知识的人员可以对鉴定人进行询问。"由此，在与区域经济协调发展相关案件的审理中，引入专家证人制度就有充分的法律依据和实践需要，至于其运行过程，现有文献探讨已足够充分，此处不再赘述。其次，建立"法院之友"制度以实现对区域经济协调行为的监督。所谓"法院之友"，根据《布莱克法律词典》的解释，是指对法院有疑问的事实或法律上的观点善意地提醒法院注意或向法院报告的人。"法院之友"是欧美法院长期以来惯用的手段，其目的是请当事人（含参加人）以外之第三者提供于案件的解决有用的意见和资料，辅助法院对案件的审理。"法院之友"的产生分为由法院依其权限委托以及由法院根据要求申明己见者之申请予以批准两种情况。能作为"法院之友"的，有政府机关、压力集团，也有专家学者。❷ 在区域经济协调发展相关案件的诉讼中，引入"法院之友"具有重要意义。一是区域经济协调发展实施行为具有极强的政策性和变动性，单纯的按照法律的审判并不一定能有良好的效果，必

---

❶ 靳文辉. 论政府宏观经济调控行为的司法权保障 [J]. 经济问题探索，2009 (9)：83-88.
❷ 王新红. 经济法纠纷司法解决机制研究 [D]. 长沙：中南大学，2004. 转引自胡光志. 论宏观调控行为的可诉性 [J]. 现代法学，2008 (2)：70.

须综合社会、政治、经济情势,以及国际经济环境来进行判断,这就更需要相关领域的专业人士提供意见,以便对政府行为的合理性作出判断。[1] 二是区域经济协调发展实施行为具有极强的专业技术性,对于审判人员而言,其自然不可能全知全能,相关专业人士提供专业意见,可以保证对案件真相的了解和查明。三是作为"法院之友"制度重要组成部分的权威专家意见,由于社会对专家的认可度以及专家的权威性,容易获得社会大众对案件判决的认可度,这是一种无形力量,可以有效抵御来自行政部门的干预,并防止司法腐败、司法不公等现象的产生,[2] 也可以保障案件判决的社会接受性,保障公众的信从。第三,加强对司法解释的重视,只有明确而具体的司法解释,才会对法官在审理与区域经济协调发展相关的案件产生实质的指导作用,借助于司法解释来落实宏观经济政策,是司法保障区域经济协调发展的必由之路。[3]区域经济协调发展固然是现代市场经济条件下国家的一种常态行为,但是具体的实施路径、方向、重点却会随着具体情势的变化而变化,纯粹的规则之治的不足为司法解释的弥补作用留有了生存空间。有学者早就指出,"最高人民法院司法解释的存在,为公共政策大举进入司法裁判过程创造了条件"[4]。正是因为如此,司法解释的作用才在我国获得了充分的肯定,在实践中,我们稍加统计即可发现,最高人民法院所颁布的司法解释的数量,远远超过了立法的数量,司法解释和规范性文件是我国司法审判工作中的重要依托。而且,较之正式的法律法规,司法解释还具有易于修改和废止的特征,立改废比法律要便利得多,比如随着时间的推移,由于部分公共政策退出了历史舞台,司法解释可适用的对象已经不复存在,最高人民法院将其予以废止而不再适用,或者是因经验、时机成熟而上升为法律。这是司法解释所具有的效率优势。"从 1994 年到 2008 年,最高人民法院分 7 批次共废止了 171 件司法解释。"[5] 正是由于承担了司法解释的工作,最高人民法院作为审判机关除了承担传统意义上"定纷止争"的司法功用之外,还通过司法解释的制定发挥着具有政治性的"立法功能",最

---

[1][3] 靳文辉. 论政府宏观经济调控行为的司法权保障 [J]. 经济问题探索,2009 (9):83 - 88.
[2] 胡光志. 论宏观调控行为的可诉性 [J]. 现代法学,2008 (2):70.
[4][5] 宋亚辉. 公共政策如何进入裁判过程——以最高人民法院的司法解释为例 [J]. 法商研究,2009 (6):114.

高人民法院具有了"公共政策法院"的意味。❶ 就司法解释的制定过程而言，无论是解释的内容、解释的方式还是解释的程序，最高人民法院都具有相当程度的主动性，无须经过权力机关的特别、专门或针对性的授权。事实上，如果我们从规避风险的角度，同样可以凸显出司法解释的重要性，"在转型社会中，非持续性的公共政策导致行为的政治风险大大提高。从降低行为政治风险的角度，最高人民法院追随公共政策无疑是一种较为安全和理性的选择。这一问题在行政诉讼中体现得尤为明显"❷。第四，诉诸集体主义。和所有的案件审理一样，法官在审理与国家区域经济协调发展相关的案件中，由于内在动力的激励和外在压力的约束，法官会倾向于采取相对保守的策略和行动以规避风险，司法监督区域经济协调发展实施的功效由此会被消减。❸事实上在我国已有案例——其固然与区域经济协调发展的实施没有关联，但我们从中可看出我国法官在个案审理中如果有所突破可能带来的灾难——2003 年 5 月 27 日，洛阳市中级人民法院助理审判员李慧娟在一起民事案件中判决《河南省农作物种子管理条例》的某项条文和《中华人民共和国种子法》相冲突，因此"自然无效"。该判决竟然"激起千层浪"。她也因越权而遭到处分，负责签发该判决书的副庭长赵广云也被撤了职。发人深省的是，本案的一审判决是经过了洛阳市中级人民法院的审判委员会研究，李慧娟按审委会决议草拟了判决书，并送交主管领导签发。但是，这样的程序保障仍然"非常脆弱"，不能抵御外部压力。❹ 在当前我国，"一方面，在诸多法律制度不很完善、不很配套的情况下，在个案审判中的突破，可能具有'多米诺效应'，会让行政执法人员无所适从；另一方面，个别法院的审判创新，或许会因为媒体的关注与炒作而吸引很多人的关注，也会招致有利害关系的行政机关的警觉、愤怒和集体反抗，从而使得这种实践被迫叫停"。❺ 但是如果诉诸集体主义，比如借助审判委员会的决议，或者在涉及与区域经济协调发展相关的重大、典型案件审理中与其他政府部门沟通，对于与区域经济协调发展实施相关案件的正确审理，进而引领或监督国家的区域经济协调发展中的政府行为，都是具有一定的现实意

---

❶❸　靳文辉. 论政府宏观经济调控行为的司法权保障 [J]. 经济问题探索，2009 (9)：83–88.
❷　宋亚辉. 公共政策如何进入裁判过程——以最高人民法院的司法解释为例 [J]. 法商研究，2009 (6)：116.
❹❺　余凌云. 法院如何发展行政法 [J]. 中国社会科学，2008 (1)：98.

义的。

(二) 区域经济协调发展法律监督的原则

对区域经济协调发展实施行为的监督，不管是国家权力机关、行政机关、司法机关的监督，还是社会监督，都要遵循一定的准则，否则，监督会失去其意义，甚至会导致更严重的后果。概括而言，在监督时应注意如下三个原则：合法性原则、民主性原则、程序性原则。

(1) 合法性原则。在区域经济协调发展实施的过程中，合法性就是监督活动的重要部分，如果监督本身不合法，何从谈起监督客体的合法，因此要求监督自身必须具有合法性。具体应做到：一是在监督方面有完备的立法，即监督的职权范围、运作程序及形式、手段须制度化、规范化；二是要对监督活动是否依法进行设定必要的制约、惩罚机制，即对超越法定权限、疏于履行法定职责、违反法定程序的行为，严格依法追究责任。

(2) 民主性原则。民主是保证人民真正实现公民权利的体现，是现代民主政治的价值取向，在区域经济协调发展法律制度实施的监督中，可以防范和制约区域经济协调发展实施行为的滥用和腐败，也可保障受益地区主体的权利不受侵犯。具体而言，民主性应体现为：一是注重区域经济协调发展实施中受益主体的权利，他们有权对区域经济协调发展实施行为进行监督，应保障他们的知情权、选举权、批评权、检举权、申诉权、控告权等，只有他们的广泛参与和监督，才会促使区域经济协调发展实施机关更积极有效地进行相应的政府行为。二是监督应广泛、多元，指不仅监督主体应多元，即包括国家机关、社会团体和组织、民主党派等，而且还要求监督形式、手段、内容应多元化、广泛化，这样才能保证监督的真实、有效。三是监督应公开、平等，公开是最好的防腐剂，区域经济协调发展实施行为在公开监督下才会实现立法、执法、司法的价值，具体应要求监督过程、内容、结果公开。平等指监督主体在发表监督意见、参与监督时应拥有平等的地位和权利；另外，对于受监督的机关和工作人员也须平等、毫无例外地处于监督之下。

(3) 程序性原则。程序是事物运行过程的先后顺序，程序对权利控制的意义和价值，学界已有充分的研究和认知，程序通过权力运行的具体过程监督和控制，防止权力被滥用，限制权力运行的可欲空间。如果监督程序设计的科学、合理,并与民主、开放等因素相结合,强化程序的可操作性,则必然会达到对权力的有效监督,换言之,预设精细、合理的程序并严格按程序操作是必然的要求。在我国,由于长期以来"重实体,轻程序",强调程序性原则十分必要。

四、区域经济协调发展实施中的法律责任制度

前文已论,国家保障区域经济协调发展是现代政府必须履行的职责之一,政府行为的边界也表明,政府应该就市场无法自行解决或者在解决过程中低效率或无效率的行为予以克服,向社会提供有益的、必要的公共产品和服务,并通过财政、金融、税收等支持,以保障区域经济的协调发展,当区域经济发展过程中的产品和服务的供给与需求有悖于经济学上的均衡(包括供给不足和供给过剩)时,人们便有理由要求政府承担相应的责任。笔者认为,在区域经济协调发展制度的运行过程中,责任制度的合理构建是保障区域经济协调发展中政府行为合理化的重要内容——从一般法理学的角度讲,区域经济协调发展的法律责任制度应当和权利(力)、行为一道,构成区域经济协调发展制度的本体,它们是区域经济协调发展法律制度的重要范畴。

不仅如此,就法律发展的历程而言,法律责任的重要性因"关键词"的变迁而被包括区域经济协调发展法律制度在内的所有法律制度所忽视——近代法律的发展及运行轨迹,包括近代法律上的使用话语,都将法律等同于权利。权利和法律的概念是如此接近——在许多语言中,尤其是在那些法律发源地的称谓中,两者甚至是等同的,康德曾就提出,法律就是"权利的科学",随后,近代法学围绕着这一命题,不断形成了各种关于法律的命题、理论和流派,而权利在该过程中,也称为构建法学大厦的核心材料。[1] 当然,权利作为核心的法律,其需要依赖于共同的社会价值才能得以建立,在社会价值多元化、社会主体多元化的今天,社会经济运行多样,利益分化组合剧烈的当下,社会道德不一定能适应这种社会现实和社会基础,也不一定能和当下的社会结

---

[1] 张文显. 二十一世纪法哲学思潮研究 [M]. 北京:法律出版社,1996:58. 转引自邓峰. 论经济法上的责任——公共责任与财务责任的融合 [J]. 北京:中国人民大学学报,2003 (3):145–146.

构相对应。正是这种多元思潮的时期，以及法学研究中利益法学、社会法学等学科的不断发展丰富，以及随后的法律经济学和法律社会学的扩展，都使得法律的论证和言说中，除了权利之外，责任也是其核心元素。❶

毫无疑问，这种从权利到权利和责任的嬗变，在几乎所有的部门法中都有所表现。比如，合同法从传统的相对性，开始向注重赔偿责任的转变，法律也开始关注"关系性契约"；侵权法中，开始出现了对社会利益的关注，尤其是所谓的"汉德公式"，基于效率分析的过错责任获得了"第二次勃兴"，社会利益成为评价侵害和赔偿的重要依据；在公司法中，有关信息、激励制度和治理结构等问题，构成了法律研究的重要主题；著名法学家汉斯曼曾说，公司治理模式日益以股东为导向，这种方式有可能终结公司法的进化历程，其实，这种样态的呈现和发展，并不是价位观念的变革，而是制度效率竞争的结果。总之，法律责任已经成为法律规范的核心范畴，社会整体利益成为法律制度运行目标追求的核心，成为制度善恶的判断标准。传统法律体系所设计的道德体系和道德形而上学的价值观判断，已经发生了重大的变革，法律价值的评价呈现出社会化、客观化、效率化样态。❷

我国当下文献对区域经济协调发展中的法律责任的研究还相当欠缺，但作为区域经济协调发展法的上位法的宏观调控的法律责任制度的研究，已较为成熟。比如，杨三正教授曾撰文指出，宏观调控决策责任包括不作为责任和决策失误责任两种类型。❸ 就责任构成而言，当前经济法学界大都认为宏观调控行为因其特殊性，其法律责任，也常常呈现出多样化的特征，是一种糅合了民事责任、刑事责任和行政责任的综合性责任，或者是以行政责任为主的一种综合性责任。❹ 本书中，笔者将不再纠缠于区域经济协调发展中的责任类型，而仅从多维角度对其进行认知和解读，以实现对区域经济协调发展的法律责任的认

---

❶ 邓峰. 论经济法上的责任——公共责任与财务责任的融合 [J]. 中国人民大学学报，2003 (3)：145 – 146.

❷ 邓峰. 论经济法上的责任——公共责任与财务责任的融合 [J]. 中国人民大学学报，2003 (3)：146.

❸ 杨三正. 宏观调控决策法律责任探析 [J]. 政法论坛，2008 (3)：188 – 191.

❹ 张维哀，李秀莲. 关于宏观经济调控的法律思考 [J]. 石家庄经济学院学报，1998 (2)：192；王全兴，管斌. 宏观调控法若干基本问题探讨 [J]. 刘文华主编. 宏观调控法制文集 [M]. 北京：法律出版社，2002：72；洪治纲，汪鑫. 论宏观调控法的概念和特征 [J]. 法学杂志，2002 (1).

识,从而对完善区域经济协调发展中的法律责任制度提供理论指导。

(一) 财产责任

所谓财产责任,简单来说就是以财产为内容的责任形式。区域经济协调发展中的法律责任是一种财产责任。比如有学者认为,"国家经济管理机关或其工作人员在执行经济管理公务时给被管理主体造成的财产和其他经济损害,更无法以其所有的财产进行补偿,因为国家机关占有的财产其所有权是国家的,不能擅自用国家财产来为其违反经济法的行为承担补偿责任。这时也只能采取其他责任形式"。❶ 笔者认为,如果仅从财产所有权属性的角度论,区域经济协调发展中的实施机关自然不能因自身的过错行为用国家财产予以赔偿,否则便形成"自己用自己财产赔偿自己"这样一个逻辑怪异的情形发生,但是如果从区域经济协调发展的受益主体的角度来考虑,我们就会发现,财产责任是区域经济协调发展中的法律责任的重要内容。无论如何,我们都无法认为"区域经济协调发展中因权力主体的过错而产生的损失由受体来承担"这样的结论是正确的、合理的和必然的。笔者认为,国家赔偿制度的理论和实践,已经给我们解决此类问题充分的启示。有学者就认为,依据当下我国的具体情况,在国家赔偿制度设计中,全面引入所谓的立法赔偿,时机并不成熟,但是对于一些较低层面的立法行为,或者政府部门制定的抽象行政行为,如果该行为或规定,对公民、法人或其他组织的合法权益产生了实质性的损害,就不应该将之摒弃在赔偿责任的范围之外,对于这些行为,可以尝试将之纳入国家赔偿的范围,比如,各级人民政府或政府有关部门,如果制定的规范性文件,侵害了公民、法人或其他组织的合法权益,并对相关主体造成了损害,就可要求其就损害承担赔偿责任。❷ 在笔者看来,区域经济协调发展的实施过程,本身就是一个利益识别、利益调整和利益再分配的过程,当这种识别、调整和再分配因实施的过错而与经济发展的本来要求、社会的期待发生某种偏离的时候,一部分人的利益被侵犯情形便不可避免地会发生,此时,国家当然应当用财产的形式承担一定的赔偿或补偿责任——即便这种用于补偿的财产最终依然来自

---

❶ 漆多俊.经济法基础理论 [M].武汉:武汉大学出版社,2000:192.
❷ 肖金明.完善和发展国家赔偿制度——基于公民权益救济的立场、赔偿与补偿协调的角度 [J].山东大学学报·哲学社会科学版,2010 (3):22.

于国家——按照最一般的法理，任何人都应该因为不归责于自身的行为而受损，除非是不可抗力或意外事件的发生，在一国区域经济协调发展的运行过程中，不管是区域经济协调发展中的决策或执行主体，无论如何，都不该将自己作为主体做出的行为当"不可抗力"或"意外事件"来对待。因此，区域经济协调发展中实施主体以财产的方式承担相应的法律责任，不仅在理论上可行，在实践上也很有必要。

（二）公共责任

区域经济协调发展中的法律责任还是一种公共责任。公共责任来源于 accountability 一词，它是伴随着公共管理、公共行政的发展而扩展出来的一个概念。有学者认为，公共责任的内容可分为三层意思：在行为实施之前，公共责任是一种职责，是相关主体基于自己的角色和义务，向社会主体必须作为或不得作为的一种必要性和要求，这种义务和要求基于现代法律对政府职能的预设而成就；行为主体在行使权力的过程中，必须以公共目标为行为追求，在行为实施的过程中，公共责任表现为相关主体主动接受的监督，这种监督除了法定的主体之外，还应该包括更多主体，比如享有监督权的公民，并按照法律所预设的方式来保证行为实施的公正和合理；当然，在现代社会，行政法的基本原则也要求其行为，在遇到特定事项的时候有所变通，在行为实施以后，公共责任表现为当行为被评判为不当行为的时候，相关主体应当承担的一种否定性的不理后果，比如对原有行为的撤销，或者对原有行为的纠正，或者对造成的损失承担的赔偿。❶ 政府的区域经济协调发展中的行为首先是一种职责行为，区域经济协调发展中的政府权力是国家权力的一种，是现在市场经济条件下政府权力的重要构成部分。按照西方启蒙学者对政府起源的"社会契约"的论证逻辑，在国家和政府形成之前的很长一段历史时期，人类处于原始的自然状态之中，此时的人们享有自然所赋予的平等和自由，尽管这种自由和平等是存在于资源极端匮乏的基础上的。后来，按照霍布斯的说法，在一个缺乏主权者存在的社会中，人与人会处于"狼与狼"一样的战争状态，这对于整个社会而言，无疑不是理想的安排。按照社会契约论的要求，在这种背景下，人们通

---

❶ 参见 http://zhidao.baidu.com/question/154550681，2010 - 07 - 06。

过"契约"和"协议",对自然状态下人们所拥有的自然权力予以了自愿放弃,放弃的理由是期待统治者能够更好地行使并提供社会发展所需要的公共产品和公共服务,此时,社会权力得以形成。❶ "对应用条件的种种思考最后都归结为原初自然状态的思想实验,在证明原初自然状态的人类学前提的同时,揭示了该体系中人类共处的第一个,即合作和物品匮乏问题尚无关系的因而是难以欺骗的问题:生活在同一个世界中的自由的人们不可避免地要限制自己的自由。"❷ 既然这种权力来源于人们的"让渡",那么政府按照"契约"和"协议"——当然,这种"契约"和"协议"是抽象的而非具体的——履行自己的职责。在经济领域,政府的法定义务和职责,就是那些市场自发无法提供的,但对社会经济运行又是不可或缺的公共产品和服务。有社会学家指出,资源配置的方式有两种,一种是市场制,一种是科层制,凡是可分享并专有的,可以通过市场来配置,而其他类型的,市场配置都存在低效率的情形。由此可以看出,政府的区域经济协调发展中的政府行为不是"善治者"的一种"恩赐",政府在"为"与"不为"之间并无可选择的余地。这种义务在法治国家背景下,政府实施区域经济协调发展的政府行为便自然衍生成基于法律规定的必然义务和职责。

其次,区域经济协调发展中的政府行为在实施之前,必须有一个确定的目标。对此,前文已有详尽的探讨,笔者不再赘述,但有一点是确定的,区域经济协调发展中的行动发出,必须以对区域经济发展的失衡现象的修复为目标,否则其本身的正当性就值得怀疑。任何偏离该目标的行动,都应该受到责任制度的惩处。另外,区域经济协调发展中的政府行为在实施之后,自然需要接受评判,前文已论,区域经济协调发展中政府行为的监督包括国家权力机关的监督、行政机关的监督和司法机关的监督,也包括社会监督和公众的监督,其中,国家权力机关的监督在区域经济协调发展中的行为监督中异常重要,因为区域经济协调发展中的政府行为本身是宏观调控行为之一种,因此权力机关的监督就非常重要,全国人民代表大会及其常务委员会是我国宏观调控实施的监

---

❶ 赵磊. 论社会权力的起源 [J]. 社会学研究, 1991 (4): 42.
❷ [德] 奥特弗利德·赫费. 政治的正义性:法和国家的批判哲学之基础 [M]. 庞学铨,李张林,译. 上海:上海世纪出版集团, 2005.

督机关，有权对违反宪法的法律、法规、其他决定和命令撤销和纠正。另外，前文已论，宏观调控行为具有可诉性，具有接受司法审查的必要性和可行性，通过对区域经济协调发展中的政府行为的司法审查，要求其撤销或者对于不当行为进行纠正，并对不当作为的政府官员进行直接处罚，要求其承担相应的责任，对由此给相关主体造成的损害予以赔偿，这才是区域经济协调发展法治化的应有之义。由此观之，区域经济协调发展中的法律责任，符合公共责任的所有要件，毋庸置疑其首先是一种公共责任。

（三）政治责任

所谓政治责任，是指区域经济协调发展中，政府的工作人员的行为必须合理、符合区域经济协调发展所预设的目标。如果因工作人员决策失误或者不作为造成严重后果，虽然官员本人没有违法，也可能不会遭遇到法律的追究，但也要承担相应的政治责任，这种政治责任表现为可能受到选举他的机关的质询、弹劾或者"不信任"案，政治责任是作为国家工作人员必须制定符合民众利益的公共政策并保证该政策执行和实施的一种职责，以及没有履行好职责应受法律谴责和制裁的一种责任形态。❶ 在区域经济协调发展中，由于政治责任的宽泛性和界定中更多地依赖于道德评判的事实，它会比法律责任产生更为广泛的压力和约束力，是保证政府工作人员尽职尽责的一个有效责任形式。

另外还需说明的是，区域经济协调发展中的政治责任常常表现为积极责任。在区域经济失衡的事实和状态中，由于没有直接的利益受损者，作为政府而言，更多行为方式是"主动为之"，在责任理论视域中，这常常表现为一种积极责任，按照张文显教授的说法，将行为划分为积极行为和消极行为，是法学上对法律行为的基本分类之一，积极行为也可以叫作"生产行为"，是指行为人通过积极、主动的方式，直接对行为指向的对象实施影响的活动；消极行为又可以称为"省略行为"，是指行为人通过不作为的方式，对行为客体所产生的间接影响。积极行为和消极行为的区别在于：前者会因主动行为引起客体的变化，或者主动阻止客体的变化，使其保持不变，而后者则因不作为保持客体的不变。❷ 就区域经济协调发展中的政府行为而言，其必然是主动为之的行

---

❶ 李昌麒. 经济法学 [M]. 北京：法律出版社，2007：660.
❷ 张文显. 法哲学基本范畴研究 [M]. 北京：中国政法大学出版社，2001：86.

为，属于积极责任。对于积极责任，有学者做过如此探讨：对于各级政府及其政府工作人员来说，积极的行政责任要求政府和政府工作人员应该按照法律的要求，正确行使法律赋予的职权，履行与这种职权相适应的职责和义务，促进社会的进步和发展，保障人民的福祉与安康。换言之，积极的行政责任不仅要求政府及其组成人员对于法律禁止的事项，不得做有损于社会的事，还要求其对于法律规定的事情，必须认真作为，所谓"正确做事"，"做正确的事"。[1] 按照以上关于对政府及其工作人员积极责任的定义和要求，区域经济协调发展中的积极责任就是要求政府针对区域经济发展失衡的具体情势，按照区域经济协调发展政策和区域经济协调发展法律所指明的方向和目标，运用财政、税收、金融等各种方法和手段，从而达到区域经济协调发展确立的目标。具有相关职责的主体必须主动为之，而且必须按照宪法和相关政策确定的原则来"正确做事"和"做正确的事"，否则，就应当承担相应的责任。

---

[1] 郑永兰，刘祖云. 论公共行政的积极责任与消极责任 [J]. 南京农业大学学报·社会科学版，2004（1）：53.

第三章 经济法保障区域经济协调发展的原理与技术

法治的统一和动态中的协调,是法治系统运行的理想形态。由于社会问题的复杂性,法治也呈现出一个动态、复杂的体系构成。众所周知,在整个法治系统中,作为整个法治系统构成部分的各个部门法,都应秉承自身理念和价值追求,并按照自身的制度构造来承担相应的使命。在部门法的运行过程中,尽管不同的部门法之间存在交叉和融合,但部门法基于理念、结构及内容等的不同,在宏观上其界限是明确的,它们共同构成了一个国家法律体系的有机整体并在现代社会中发挥应有的功能。

经济法是法律体系中的重要构成。在诸种由法律部门构成的法治力量中,经济法是一个新兴的法律部门,就其概念及基本内容而言,德国的努兹巴姆、基尔德斯特、卡斯凯尔、贝姆、赫德曼,以及日本的金泽良雄、今村成和、高田、丹宗昭信等,都对经济法给予了见仁见智的论证和界定。中国学者对经济法的概念更是学派纷呈,从"老诸论"的"一切经济关系说""纵横说""综合经济法说""经济行政法说""管理协作说",到当前还具有广泛影响力的"经济协调关系说""需要干预经济关系说""经济管理与市场运行关系说""调制说"等,观点学说不下几十种。"自改革开放以来我国经济法学近三十年的学术史,大体经历了两个重要的阶段:1993年以前以计划经济思想为主导的研究阶段和1993年以后以市场经济思想为立足点的研究阶段。这两个阶段的学术背景是完全不同的:前一阶段主要以社会主义(含苏联和我国)的经济法理论为支撑;后一阶段则开始侧重于以西方市场经济理论为借鉴。"[1]

---

[1] 胡光志. 经济法研究的一种新思路——经济法的人性解读 [J]. 郑州大学学报·哲学社会科学版,2008(4):61.

这么多年来，学术界的争议不管是苛刻还是宽容、不管是赞成还是反对，全都为经济法学的繁荣做出了不可磨灭的贡献，毕竟真理越辩越明。到目前为止，尽管还有多种不同的学说，但学界大致都认可的观点是：经济法是国家基于全局性和公共性的需要，为了克服市场失灵而制定的，调整需要由国家干预的经济法法律关系的总称，也就是说，经济法是调整需要由国家干预的经济关系的法律规范的总称。❶

法律体系内涵的强烈的规范性以及制定程序的严格性无疑保证了法律在国家的众多社会管制手段中是最具正当性的制度体系。在区域经济协调发展的实现过程中，法律的规范性、权威性、稳定性和最高性决定了其必须依赖于法律制度。同时，法律是社会需求的产物，和谐社会的实现有赖于相应的法律制度变革和完善来促成，两者相辅相成，区域经济协调发展与法律功能有着天然的联系，区域经济协调发展离不开法治的保障。在笔者看来，经济法在理念、原则和利益本位等因素方面与区域经济协调发展有契合性，以及经济法在保障区域经济协调发展过程中具有独特的优势和功能，这些都决定了在区域经济协调发展的实现过程中，经济法的保障功用不可或缺。具体说来，经济法所秉持的实质正义观，是区域经济协调发展的伦理基础，经济法的社会利益本位原则，是区域经济协调发展中利益协调机制建立的根本依归，经济法在调整区域经济利益上的功能优势，决定了其在保障区域经济协调发展中有民法、行政法等其他部门法不可比拟的优越性，经济法的体系构成和内容框架，决定了区域经济协调发展中必须依赖于经济法才能成就自身。

一、区域经济协调发展的实质正义理念及经济法保障

"正义具有一张普洛透斯似的脸，变幻无常、随时可呈现不同形状，并具有极不相同的面貌。"❷ 正义具有多重面孔，有时候正义是一种德行，有时候正义是应得到的回报，有时候正义是一种形式上的平等，有时候正义是一种公

---

❶ 李昌麒. 经济法学 [M]. 北京：法律出版社，2007：57.
❷ [美] 博登海默. 法理学—法哲学及其方法 [M]. 邓正来，译. 北京：华夏出版社，1987.

正的体制，[1] 自古希腊柏拉图、亚里士多德以来，古今中外的思想家就没放弃过对正义问题的研讨，而且至今仍争论不休，莫衷一是。但是，正义作为道德体系中的最高地位从未被撼动过。由于资源的稀缺性和人追求自利的本性，决定了在人类相当长的时期内，正义和非正义始终会成为一个普遍存在于政治、社会、经济领域的分析对象而被人们所关注。"假若人类能够得到自然界提供的一切丰富的东西，或者，假若人们对其他人都抱有对自己一样的同情和怜悯，那么，正义和非正义，对于人类来说，也就没有任何意义了；相反，人类本性的自私和有限的宽容，以及自然资源的贫乏，才产生了关于正义与非正义的法则。"[2] 法律是实现正义的工具，尽管在不同的历史时期，关于正义的标准和内容并不相同，不同的社会暨统治者有不同的公平正义观和不同的公平正义标准，但是通过法律来实现公平正义，则是法治社会的一个基本要求和依托。和所有的法律制度一样，经济法也以实现基本正义为依归，正义构成了经济法的首要价值。但是，不同的法律制度所预设的正义类型又不尽相同，经济法以维护实质正义为目标，这种目标预设及制度构造和区域经济协调发展的理念不谋而合：人们奋斗的一切，都与他们的利益相关。在现实社会中，人们的经济利益通过收入分配而获得。从本质上看，区域经济协调发展的本质是实质正义，是一个如何扭转发展不平衡和分配不公的问题，是如何纠正当下我国区域间利益失衡的问题，而经济法通过自己的理念和逻辑所保障的实质正义，及时推动区域经济协调发展法治化落实的方法，也是区域经济协调发展过程中必须依赖的路径。

（一）利益分配与实质正义

生产、交换、分配和消费四个环节构成了人类经济生活的全部内容，其中，分配的合理性和公正性，是决定一个社会经济正义的基础，也是保障社会经济良性运行的关键。分配不仅影响着人进行生产和交换的积极性，更影响着获得社会财富的可能性，以及在此基础上消费行为的样态和方式，它是人类美好生活的基础，"分配维度贯穿于整个经济活动之中，不仅是它的结果，而且

---

[1] 孙笑侠. 法的形式正义与实质正义 [J]. 浙江大学学报·人文社会科学版，1999 (5)：6.
[2] [英] 休谟. 人性论 [M]. 关文运，译. 北京：商务印书馆，1980.

也是它的起始条件和过程"❶。利益是一个复杂的概念，一般认为，利益所表达的是一种主客体之间的关系。按照不同的标准，利益可做不同的分类，但总体而言，利益表现为社会发展的成果作用于人所形成的各种状态，包括所产生的不同需要和满足这种需要的措施，反映着人与周围世界中对其发展有意义的各种事物和现象的积极关系，它使人与世界的关系具有了目的性，构成人们行为的内在动力。❷ 分配是一种利益或者财富在不同主体之间的转移，这种转移可以因合意也可以因强制而产生，它可能是有偿的，也可能是无偿的，既可以在平等主体之间进行，也可以在不平等主体之间进行。在人类历史上，有相当长的一段时间，社会是根据宗法制度所建立的，它是一种以血缘关系为基础调整人与人之间关系的社会形态，在这种社会形态中，分配以家长和族长的统治地位和世袭特权来进行，它源于古老社会家长制的传统和习惯。在这种以等级为标志的社会形态中，利益的确认和分配是按照亲疏远近和血缘关系进行的，社会地位决定着一个人获得社会资源和社会利益的多寡。随着国家的出现，以暴力为基础的权力是主导分配的主要力量，权力和利益的关系表现为公权对私人领域的长驱直入，所谓"普天之下，莫非王土"便是。"对公正、正义原则的肆意践踏是人类社会长期抹之不去的污点。古代最优秀的思想家所能达到的水平也不过是执掌公共权力者如果不施仁政而施暴政，人民有权造反。"❸

随着社会的发展，理性主义所主张的自由、平等取代了人身依附和封建等级制度，私有财产作为市场经济和商品经济的前提获得了天经地义的地位，在经济学界，经济人假设更是将人追求自身利益最大化的属性作为经济发展的动力和人的基本属性加以假定，而不再强加其道德上的恶。由此，社会对利益的分配按照"形式公平"的方式进行，利益的分配和人的身份相分离，所有的人均给予无差别的对待，分配以公开和平等为基础，所有的市场主体基于自己的资源、能力和劳动来展开对资源的占有和利益的获取，"应得"有了形式上的标准和要求。这种基于人性基础上的社会分配方式，最大限度地释放了生产力，市场成为承担这种分配方式的基本平台和力量。显而易见，这种正义方式

---

❶ [美]乔治·恩德勒. 经济伦理学大辞典 [M]. 李兆荣，陈泽环，译. 上海：上海人民出版社，2001.
❷ 孙国华. 法理学教程 [M]. 北京：中国人民大学出版社，1994：83.
❸ 杨宇立. 关于权利、权力与利益关系的若干问题分析 [J]. 上海经济研究，2004（1）：4.

是个人主义的，但是，这种分配观念在一定的历史阶段固然具有充分的正当性，但这种以绝对的自由和形式平等获得自身利益的方式，如果超过一定的界限会引起诸多的意外后果，市场在导致高效率的同时，还隐含着低效率甚至无效率的危险，市场基于意思自治和形式自由的分配逻辑，在没有外力矫正的情况下，可能会导致贫富悬殊和两极分化，以及实质意义上的公平无法保障。于是，实质正义的分配方式应运而生。实质正义的分配方式主要在二次分配中体现，按照乔治·拉姆塞的说法，"分配有两种：一种可恰当地称之为初次分配，另一种则为二次分配"❶。在现代市场经济条件下，区域经济发展中的失衡并不仅仅是由地区的生产能力不同所决定的，而是市场不完全竞争的结果，初始条件的不公正、贫穷的循环因素、各种歧视均是区域经济发展失衡的原因，市场所具有的"马太效应"更会放大这种失衡。换言之，由于自身素质和能力、机遇以及其他多方面的因素所决定，个人和区域之间收入分配差距不可避免。合理的收入分配差距，是社会经济发展的必然和动力；不合理的收入分配差距，则会影响社会经济关系的协调，阻碍生产力的发展和社会的进步。

在20世纪的主流正义体系中，罗尔斯对实质正义的问题做了较为全面的论述，他的正义论"代表迄今为止现代西方思想界有关正义的最系统的论述"❷。他提出了判定实质正义应该遵循的两个基本原则："第一个原则：每个人对与其他人所拥有的最广泛的基本自由体系相容的类似自由体系都应有一种平等的权利。第二个原则：社会的和经济的不平等应这样安排，使它们被合理地期望适合于每一个人的利益；并且依系于地位和职务向所有人开放。"❸ 从中可以看出，罗尔斯所言的第一个公平原则所体现的是形式上的公平，这种公平与人的具体情形无关，所有的人都均匀对待而不考虑人的差异性，或者说这种公平主要是基于人的自然属性而不是人的社会属性所作出的，主要适用于人的基本自由领域，当下人权中的政治自由、言论自由等都属于该领域，它强调一律平等，这是一个正义社会中公民首先应该享有的权利类型。第二个基本原则体现的是实质公平，主要适用于社会中财富和收入的分配，以及现实中的主

---

❶ [英] 拉姆塞. 论财富的分配 [M]. 北京：商务印书馆，1984.
❷ 沈宗灵. 现代西方法理学 [M]. 北京：北京大学出版社，1992：125.
❸ [美] 约翰·罗尔斯. 正义论 [M]. 何怀宏，译. 中国社会科学出版社，1998.

体基于权力、地位和责任等方面的不对等，或者基于出身、教育等方面所形成的差距而做出的设计。它不仅考虑人的自然因素，更注重人的社会因素。正义在具体法律制度中的表现不尽相同，其内容也会随着社会的发展而不断变化。追求和实现社会公平，事实上，正义的核心问题依然是分配的问题，是如何将社会创造的财富、价值或者其他利益合理地分配给社会成员的问题，或者说如何将社会中应该承担的责任理性地分配给社会成员的问题，区域经济的协调发展，当然涉及责任的承担和利益、财富的分配，当原本的分配规则、分配样式因为某种社会情势引起了新的不公或者社会冲突时，就应该考虑如何合理地、公正地解决和分配。其目的是使经济和政治以外的教育、文化、家庭等生活领域的公平关系以及个人的人格尊严的平等和参与机会的均等。❶ 实质正义以社会公平和公共利益作为其内在价值追求。实质正义应根据不同主体的资源禀赋、发展基础和发展条件，并结合特定的促进方法来展开，在不同层次，不同条件下适应不同标准，最终实现社会的稳定、和谐与公正。

(二) 区域经济协调发展的正义形态为实质正义

"正义的主要问题是社会结构。"❷ 所谓社会结构在本质上则体现为一种社会权利和社会义务的分配方式。形式上看，区域经济协调发展的着力点是区域经济，但如果从"本质"上看，区域经济协调发展涉及的核心问题，一方面是其对社会影响，另一方面是对构成社会的人的影响。这种影响首先会表现在利益方面，利益和人以及社会永恒关联，是人在现实生活中不可缺少的因素，也是社会发展的基础和条件，无论是人对正义的追求，还是社会对正义的追寻，都与利益关系的发展和完善直接关联。因此，笔者将从社会和个人两个角度来对区域经济协调发展的本质进行揭示。本书认为，区域经济协调发展中所秉持的正义观是实质正义，具体又表现为对社会公共利益的维护，以及个人的生存和发展两个方面。

首先，从个人的角度讲，区域经济协调发展实质正义的第一个表现，是要以实现所有人的生存和发展为根本目标。按照实质正义的标准，贫穷地区人的生存与发展，必须得到优先考虑，倾斜性的制度支持是促成区域经济协调发展

---

❶ 谢鹏程. 基本法律价值 [M]. 济南：山东人民出版社，2000：87.
❷ [美] 约翰·罗尔斯. 正义论 [M]. 何怀宏，译. 北京：中国社会科学出版社，1998.

重要手段。所有的社会科学都是关于"人"的社会科学,区域经济协调发展固然以区域经济的和谐有序为目标,以区域经济为作用对象,但衡量其合理性的最终依据,依然是人的生存与发展。更为重要的是,"实质正义"首先关注的是个人利益,实质正义所反映的是一种具体化的价值,对于利益的享有者而言,"实质正义"意味着特定的个体的价值,对于利益实现而言,意味着得到了满足和享有,在此意义上,经由促进个人追求个人目的,是"实质正义"的关键所在。❶ 个人利益最根本的指向和最基础的类型,是人的生存和发展,将之放在法律的视角下,便是生存权和发展权,按照奥地利空想社会主义思想法学家安东·门格尔的说法,生存权是"在人的所有欲望中,生存的欲望具有优先地位,社会财富的分配应确立一个使所有人都获得与其生存条件相适应的基本份额的一般客观标准,社会成员根据这一标准具有向国家提出比其他具有超越生存欲望的人优先的、为维持自己生存而必须获得的物和劳动的要求的权利。"❷ 笔者之所以将生存权作为区域经济协调发展的目标之一,是因为在我国尽管在扶贫工作中创造了多个"世界奇迹",但我国至今还有数量不少的贫穷人口,赤贫人口依然存在。而且,有学者认为,在当前的城市化进程下,如果没有合理有效的社会保障制度,"城市化"会催生出新的赤贫人口,"在农民无法掌握土地所有权的背景下,城市化进程很可能成为掠夺农民、迫使农民成为城市赤贫阶层的过程"❸。生存权和发展权是满足基本生活需求和人改善自身实现的条件,它既是每个社会成员的一种不可剥夺的天赋权利,也是国家对社会成员的一种义务和责任。

在现代社会中,完善的国家干预制度所确立的国家给付义务和社会保障法律制度,是对生存权和发展权最基本的保障。在市场经济条件下,区域经济发展的失衡有客观必然性,地域决定了一个人发展的范围、空间和可能性,如果没有国家的干预,部分主体的发展权必然受到限制,甚至威胁生存权,会成为诱发社会稳定、国家安全的一个重要缘由。从整个社会的角度来看,因市场经济、地理位置、历史条件、文化原因、制度因素所造成、形成的纵向失衡或者

---

❶ 李昌麒,陈治. 经济法的社会利益考辩 [J]. 现代法学,2005 (5):17.
❷ 刘升平,夏勇. 人权与世界 [M]. 北京:人民法院出版社,1996:319.
❸ 叶檀. 城市化催生新赤贫阶层 [J]. 英才,2010 (10).

横向失衡现象便在所难免。区域经济协调发展就是针对一国区域中存在的纵向失衡和横向失衡，通过国家的力量所给予的一种外力纠正。这种纠正方式既可以是直接的物质给付，为贫穷地区的民众提供生存和发展等基本公民权利的物质条件，也可以通过权利的倾斜性配置，为贫穷地区人口提供各种发展的可能性，从而保障所有人生存权和发展权的实现。第二，赋予贫穷地区人口新的谋生手段和能力。生存权和发展权是第一人权，贯穿着基本人权发展始终，并随着人类的进步和社会的发展而不断丰富和发展。❶ 在现代社会，生存权和发展权包含更广泛的内容。仅仅满足突发性贫穷地区民众的基本生活需求，并非贫穷地区民众生存权和发展权保障的长效机制，也不是区域经济协调发展的最终目标，只有在确保贫穷地区民众基本生活的基础上，通过其他的一些政府行为，提升贫穷地区民众的生存能力，赋予其新的谋生手段和能力，帮助其公平参与市场竞争，同时为其提供就业服务与就业机会，才能保障其生存权和发展权的真正实现，才是区域经济协调发展的最终目标。

其次，从社会利益的角度讲，对社会利益的维护是区域经济协调发展中实质正义的第二个表现。尽管有学者对社会利益的存在可能性给予了极力的否认——在哈耶克看来，社会利益根本是不存在的，因为"社会"本无确切的范围，是一个"模棱两可"的概念，一个国家、一个群体、一个地区、一个民族、一个团体、一个协会、一个帮派，甚至是某个活动，都可能构成"社会"，而且，社会的范围和概念也在不断变化着。如果将社会成员以特定的方式组织起来，"并成立一个将社会成员的各种努力协调起来的权力机构去实现某种被视为正义的特定分配模式"，❷ 一个可怕的结果可能是，有关实现正义的职责会被放置在那些有权之人的手中，他们可以随便发号施令，这种为了所谓"社会公共利益"所设立的"特定机构"和"委任了特定的权力"的人之行为，可能并非"真正有效"，事实上，我们的政府早就学会了"使用'社会正义'这块敲门砖为自己谋取私利"。❸ 社会公共利益或社会整体利益不

---

❶ 韩德培. 人权的理论与实践 [M]. 武汉：武汉大学出版社，1995：380.
❷ [英] 哈耶克. 法律、立法与自由（第二卷），邓正来，译. 北京：中国大百科全书出版社，2000：119.
❸ [英] 哈耶克. 法律、立法与自由（第二卷），邓正来，译. 北京：中国大百科全书出版社，2000：121.

仅存在确定的困难,还会给公权力主体侵犯个人权利提供可能,因此不具备存在的合理性。

但是,更多的学者认为,社会公共利益是存在的,社会利益是与个人利益、国家利益并列的一种利益形态,国家利益有时是指政府利益,或者由政府所代表及行使的利益,"国家所代表的'普遍性利益'实际上是在'普遍性'形式下的特殊利益,即统治阶级的利益"。❶ 社会利益存在的理由是人们对文明状态的一种渴望和需要,是"包含在文明社会中并基于这种生活的地位而提出的各种要求、需要或愿望"。❷ 社会利益的具体形态包括:第一,公共秩序的和平与安全;第二,经济秩序的健康、安全与效率;第三,社会资源与机会的合理保持与利用;第四,社会弱者利益的保障;第五,公共道德的维护;第六,人类朝文明方向发展的条件等方面。❸ 区域经济协调当然要维护经济秩序的健康和安全,协调就是以规范、有序为目标,而发展的指向无疑是效率。同时,区域经济协调发展要求资源配置的合理性和高效性,其与公共利益的形态直接相关。另外,区域经济协调发展强调对弱者利益的保护,是因为区域经济发展的失衡会形成一个特定群体——贫穷人口,区域经济协调发展以弥补经济自发运行中对弱者利益保护不当和不足为目标,进而确保社会主体之间的和谐发展,维护了社会整体的和谐与稳定,因此,区域经济的协调发展事关整个社会的秩序与安全,甚至国家的统一和稳定。还有,区域经济协调发展以实现社会公平为目标,所谓"社会公平,是指每个社会成员,仅仅因为他是社会成员之一,就有权不仅享受其他成员所提供的个人生活所需,而且有权享受每一个人都想得到而实际上确实对人类福利有益的一切好处和机会"❹。这便是区域经济协调发展的伦理基础。凡此种种,都说明区域经济的协调发展与社会公共利益直接相关,区域经济协调发展的核心指向就是对社会公共利益的维护。

---

❶ 李有根. 社会整体利益代表机制研究——兼论公益诉讼的理论基础 [J]. 南京大学学报·哲学·人文科学·社会科学版, 2002 (2): 116 - 125.

❷ [美] 罗·庞德. 通过法律的社会控制——法律的任务 [M]. 沈宗灵, 董世忠, 译. 北京: 商务印书馆, 1984.

❸ 孙笑侠. 法的现象与观念 [M]. 济南: 山东人民出版社, 2003: 67.

❹ [美] 彼德·斯坦. 西方社会的法律价值 [M]. 王献平, 译. 北京: 中国人民公安大学出版社, 1990: 85.

(三) 经济法保障实质正义的基本逻辑

在法治国家的要求和背景下，实质正义目标只有通过国家干预性质的立法和政策手段才能得以实现。而现代经济法具有异常明确的"国家干预性质"。区域经济协调发展战略所追求的实质正义不应该仅仅是一种政策宣示，或者仅仅是一种意识形态表达，缺乏制度保障的"实质正义"只能是一厢情愿的美好理想。法律所具有的利益谈判机制与利益协调机制，可以使得社会中的任何利益主体都不可能垄断所有的利益资源，也无法操纵所有的利益决策过程和利益分配过程，从而为实现社会的实质正义提供了根本的制度性支撑。[1] 作为一个常识，经济法对于"实质正义"维护具有天然的正当性，以下详述之。

有学者认为，经济法规范和保障实质正义的功能优势主要体现在以下几方面：首先，从经济法规范的对象来看，经济法所规范的对象是具有全局性和公共性的社会关系，包括不平等主体之间的经济利益关系，以及平等主体之间的不均衡的利益关系，经济法的调整对象就决定了这些社会关系已经超越了个人权利义务的利益结构。其次，经济法的责任类型是一种复合型的责任机制，这种具有充分的包容性的责任类型，可以保证其对违法行为基于更充分、更周延和更合理的救济，从而更有利于实现其实质正义的价值目标，众所周知，民法以民事责任为责任形态，行政法以行政责任为责任支撑，刑法以刑事责任为责任类型，经济法的责任具有复合型的特点。在适用的过程中，经济法既可以根据现实中违法的情形，对经济法的民事责任、行政责任和刑事责任进行单独适用，也可以进行复合型的适用。这种责任适用的方式和样态决定了经济法在保障具有普遍意义的公共利益，实现实质正义上具有更明显的优势。最后，和传统法律制度相比，经济法的执法方式也和传统部门法有显著的区别，经济法摒弃了形式主义的执法方式，更加注重利益的权衡，经济法的权力控制机制和市场监管模式，以及经济法的权利救济机制，[2] 都决定了经济法在实现实质正义的过程中具有独特的功能和作用。

还有学者认为，经济法是一种不断通过实质化来保障实质正义的法律，这种实质化具体表现在，第一：法律内容的标准更为多样化，法律规制所具有的

---

[1] 苗连营. 和谐社会的宪政之维 [J]. 法学评论, 2006 (1); 3-14.
[2] 江帆. 经济法实质正义及其实现机制 [J]. 环球法律评论, 2007 (6); 59-61.

明确性、具体性和确定性，以及法律规范所具有的裁量性、概括性和模糊性在经济法中得到有效统一，这种法律标准固然在民法、行政法等法律类型中也存在，但是数量不多，在经济法中则大量存在，经济法的规则大都表现为这种规则。这种事实与经济法所调整的法律行为的特点相关，现实中的诸多行为不具有传统部门法调整所要求的"整齐划一"型，国家干预的常常是现实中的非常规行为。这也和法律的目的和任务相关，经济法是授权法，一方面，它要对现实中的经济弊病及时纠正，赋予一定的权力是经济法运行的必然，但是经济裁量权也需要法律的限制和调整，这种既干预随时变动着的经济，又干预样态多样化的权力时，其标准必须多样化。第二，法律推理更具有实质性，经济法对规则至上性予以反叛，认为法律规则并非完备和充分，"自动售货机"式的法律适用不具有有效性，在适用的过程中更注重目的导向性和实质性的推理，关注法律所产生的实质性后果，强调从法律规则之外的地方寻求法律适用的正当性理由。第三，法律职业更加趋于复合性。法律职业的自治型和垄断性被打破，法律只是更具有混合性、灵活性和创新性，注重法律服务于社会生活的工具性质。为应对现实中经济运行中的社会经济问题，经济法知识的"纯粹性"色彩大大减少，复合性知识增加，经济法实务变得更为开放，这种知识的含混性和非体系化使得法律职业的构成更加多元化。第四，法律职业更少官僚性，在机构设置上，民间性显著增强，各种消费者协会、经济协会、行业协会等民间组织成为经济法重要的干预主体，独立制、委员会制成为经济法运行机构的重要形态。[1]这些实质化的表现为经济法追求和维护实质理性提供了基本条件。

总之，经济法的理念充满着社会化精神，它的基本价值取向是追求经济的快速发展、可持续发展，促进社会总体效益的提升和社会总体经济的公平。它是调整在国家干预社会经济过程中发生的各种社会关系，以保障国家保障社会、促进社会经济协调、稳定和发展的法律规范。它的价值理念便是从社会经济总体角度出发，规范和保障新的社会调节机制，协调经济个体与社会总体、微观经济与宏观经济之间的矛盾冲突，以实现经济的快速发展、协调发展和可持续发展。

---

[1] 叶明. 经济法实质化研究［D］. 重庆：西南政法大学，2003.

二、经济法保障区域经济协调发展的优势：部门法比较的视角

法治的统一和动态中的协调，是法治系统运行的理想形态。由于社会问题的复杂性，法治也呈现出一个动态、复杂的体系构成。众所周知，在整个法治系统中，尽管英美法系和大陆法系存在的形式不同，但各个部门法构成一国法治的整体系统是不争的事实。在部门法的运行过程中，尽管不同的部门法之间存在交叉和融合，但部门法基于理念、结构及内容，在宏观上其界限是明确的，它们共同构成了一个国家法律体系的有机整体并在现代社会中发挥应有的功能。在法治国家的背景下，区域经济协调发展离不开法治的保障，在区域经济协调发展的实施过程中，作为整个法治系统构成部分的各个部门法，都应秉承自身理念和价值追求，并按照自身的制度构造，承担相应的使命。

正是因为每个部门法有自己的理念和制度构成且不能包揽一切，也就决定它们在保障区域经济协调发展中既有自身的功能优势也有自身的局限。本部分中，笔者将分析以民法为代表的私法和以行政法为代表的公法在保障区域经济协调发展中的作用及其局限，从中得出经济法在保障区域经济协调发展中的比较优势。当然，作为一个前提性的交代，本书论述经济法在保障区域经济协调发展中的功能优势，更多的是从各个部门法独特功能的角度所做的分析，笔者并不是要得出经济法在保障区域经济协调发展中可以代替其他部门法，或者说在保障区域经济协调发展中仅有经济法便可达致这样的结论。我国学者王保树教授就论证了法学二级部门法之间的关系，"法学二级学科的生存与发展不是一种此消彼长的关系，而是一种相得益彰的关系。一方面，商法、经济法的发展得益于法学其他二级学科的繁荣。没有法学诸多二级学科的繁荣，不可能有商法、经济法的发展……另一方面，商法、经济法的长足发展，也为法学其他二级学科的繁荣作出了和正在作出贡献，表现了它们与其他二级学科一样有着共生、共存、共荣的基础"[1]。笔者认为，这种论说同样适用于区域经济协调发展中各法学二级学科的关系。当然，在区域经济协调发展法律保障的过程中，由于部门法的理念确立和制度设计的出发点不一样，追求的目标亦有所区

---

[1] 王保树. 商法的改革与变动的经济法 [M]. 北京：法律出版社，2003：1.

别，决定了经济法在与其他部门法互动、合作的基础上，承担更为重要的作用。

(一) 民法在保障区域经济协调发展中的作用及边界

区域经济协调发展是一个强调发展、秩序和共赢的经济形态，是一个追求经济效益最大化的经济形态。严格来讲，作为个人本位的民法，其理念和原理并不直接关注区域经济协调发展的问题，但是区域经济协调发展的最终目标和归宿是人的发展，离开了人的发展，区域经济协调发展也就失去了意义。人是社会关系的主体，任何部门法的出发点和最终的着眼点应该是"人"。民法是民事主体之间利益关系法制化的法律，以对生存的人确立，以人为根本出发点，并以人的彻底解放为终极关怀。在区域经济协调发展视域中，任何制度归根到底是为满足人的需要而服务的，以充分实现每个人享有人之所以为人所应享有的各项基本权利，在法律允许的范围之内享有最广泛的自由，在此意义上，民法与区域经济协调发展存在目的上的关联。同时，民法能最大程度上激发作为市场主体的人的能动性，无时无刻不激励着人们对自身利益的追求和关注。民法是对人这种需要的最直接回应，这种对自身利益的追求和关注所产生的行动力构成了区域经济发展的动力机制。"民法是国家体制下第一次人性大解放的法律彰显。"❶ "任何法律，没有一部能像民法那样离人是那么的近，而且对人是那么的尊重，那样地把人真正地神圣化了。民法能够让人神往，也能征服那么多的法学人，除了其理论的博大精深、术语精当、逻辑严密、贴近生活外，更重要的还在于民法直接就是人性的法典化。是民法让人类的平等、自由等理想变成了现实，是民法把每一个人当成了独立、自由和无差别的人，是民法让每一个人真正地站立起来并拥有了做人的尊严！"❷ 在此意义上，我们可以认为，民法是促进经济发展的动力之一。区域经济协调发展从不否认发展本身，"贫穷不是社会主义"，停滞不前也绝非区域经济协调发展的应有之义，民法保障经济发展的原理和技术主要包括以下内容：

第一，通过个体的权利和自由促成经济的发展。民法是人本之法，是自由之法，是权利之法。民法通过人的自由、权利的保障来促成人的发展，人的发

---

❶❷ 胡光志. 人性经济法论 [M]. 北京：法律出版社，2010：65.

展是经济发展的基础和动力，也是经济发展的结果和归宿。从整个民法的产生发展史和全部制度设计看，民法贯彻和体现了以人的发展为宗旨，一切从尊重人、关爱人、保护人出发，为人类创造生存和发展所必需的物质和精神条件，提供和改善生存的环境。❶ 这为区域经济的发展提供了本源性的动力，从民法法律思想史的立场来看，民法的法律思想渊源于自然法思想。近代自然法思想导致了民法典的诞生——诚如有人在评价《法国民法典》时指出的那样："如果没有自然法思想，《法国民法典》的存在显然是不可思议的。"❷ 自然法思想首先是对作为个体的"人"的发展以及人的平等性的强调，这种平等是通过权利的平等来实现的。众所周知，权利的观念在自然法思想那里也是获得了充分的肯认和强调，西塞罗认为，"就本性而言，所有的事物倾向于精心地关照自己并寻求其自身的幸福和安全"。他由此推演出两条自然法则：第一，应当允许保护自己的生命和避免可能造成其伤害的威胁；第二，应当允许为自己取得并保有那些对生存有用的东西。❸ 也就是说，他把自然法归结为这样一种状态，人必然拥有自然权利，从自然权利中他又推导出一个人人平等的自然状态，人类只受自然理性和感受的支配，在自我感觉的状态下进行活动。

自然法思想中的平等、自由、人权等价值理念必须通过外在的制度加以认可、确定和保障，否则，理念再美好，也不过是无法到达的海市蜃楼。于是，通过法治来保障的呼声以及相应的制度构造应然而起，在刘云生教授看来，所谓法治，"无非是私法或民法成为一种主要社会控制力量"❹。如果我们从民法制度的层面观之就会发现，"自然法"包含的平等、自由、人权等价值都可以在民法规则中找到制度印证：平等观念是民法产生和发展的思想前提，"民法作为平等主体的市民或私人权利保护的最基本的法律当坚持合人性的私主体权利本位"❺。正如有学者所论，民法的平等思想可以归纳为"承认所有人的人格完全平等"，由此所肯认的法律人格是"可由自身意思自由地成为与自己有

---

❶ 余能斌. 民法学 [M]. 北京：中国人民公安大学出版社，人民法院出版社，2003：8.
❷ [日] 大木雅夫. 比较法 [M]. 范愉，译. 北京：法律出版社，1999.
❸ Hugo Grotius, Commentary on the Law of Prize and Booty, Translated by. L. Williams, Oxford: Clarendon Press, 1950: 9 - 10.
❹ 刘云生. 民法与人性 [M]. 北京：中国检察出版社，2005：157.
❺ 章礼强. 民法本位的人性基础论析 [J]. 学术探索，2006 (2)：67.

关的立法者",是不考虑知识、社会及经济方面的力量之差异的抽象的人,在其背后则是"理性、意思方面强而智的人像"❶。在笔者看来,民法的平等原则包括以下几个方面的内容:首先,主体资格平等,任何自然人因出生而当然享有权利能力,并由此成为民法主体,不会因为身份、性别、地位和其他原因而有差别,比如,民法对民事权利能力的规定:"公民从出生时起到死亡时止,具有民事权利能力,依法享有民事权利,承担民事义务。"其次,主体地位平等,平等是特权的对立物,所谓特权,是指不合理的法律照顾,它是基于不合理根据而产生的差别待遇,如根据社会出身不同而在私权上享有的不同待遇,每一民法主体在民法上受平等规范,任何人不享有特权,在进行民事活动时,当事人还享有平等的自治地位。民法允许民事主体选择不同的方式解决相互间发生的民事纠纷,民法允许民事主体协商变更或终止双方的权利义务关系,这事实上是贯穿民事法律制度的一项基本理念,自然无须笔者赘述。再次,主体平等受法律保护,任何民事主体在法律保护上都没有特权,平等受法律保护。比如,财产权,《法国民法典》对财产权提供了广泛的保护,第545条规定:"非因公益使用之原因且事先给予公正补偿,任何人均不得受强迫而让与私有权。"我国的物权法也规定了对财产权的保护并不会因为身份、出身的不同而有所不同。当然,必须注意,法律人格平等强调主体在资格上和具体法律地位上的平等性,排斥以不合理原因为根据的特权,但是却不排斥依合理根据设定的差别原则。比如,行为能力,民法以特定的生理状态和心智状态作为其取得条件之一,导致不同生理状态和心智能力的自然人在能力上出现差别,但这不是特权,因为它是基于人们心理上可以接受的原因而设定的差别。❷ 最后,任何民事主体依法取得的民事权利都会受到法律的同等保护,民法规定的民事权利保护方法和民事责任形式,平等地适用于一切民事主体,任何民事主体的民事权益受到非法侵害,民法都要给予相应的保护,任何民事主体非法侵害他人的民事权益,民法也都要责令其承担相应的民事责任。总之,民法让"世界上没有任何东西犹如人与人之间,在所有情况下,皆有如此相

---

❶ [日]星野英一. 私法中的人——以财产权为中心 [M]//王闯,译. 梁慧星. 民商法论丛(第8卷). 北京:法律出版社,1998:155.

❷ 龙卫球. 民法总论 [M]. 北京:中国法制出版社,2002:51-52.

似或者如此平等……所有人之间之相似不亚于个人与其自身之相似,所以无论对个人以何种定义,皆可适用于全人类。"[1] 对于区域经济发展而言,民法的这种平等自由思想,除了是区域经济发展的动力之外,也是保障区域经济发展中主体地位平等的关键。在我国,区域经济发展失衡形成的原因之一,就是通过政策所设置的地区间地位的不平等,地区由具体的"人"构成,这种不平等必然会延伸到具体的"人"之上,因此民法的平等、自由思想,对于区域经济协调发展的实现,具有异常关键的意义。

第二,通过效率的提升促成经济的发展。前文已论,区域经济协调发展的重点不仅是"协调",还有"发展",经济的发展和富足的生活是区域经济协调发展的应有之义,区域经济协调发展当然不是贫穷,更不是普遍贫穷。鉴于资源的有限性和人的需要的无限性,当任何一项社会政策、正式制度抑或一项经济活动开展的时候,最重要的事情当然就是最好地利用其有限的资源。这使得我们不得不面对效率这个关键性的概念。要论证民法与"发展、效率"的关系,首先要明确民法所保障的对象,因为作为一个纯粹的制度形态,民法本身并不创造价值,无法实现经济的增量,法律制度对社会经济发展的贡献并不在于法律本身,而在于其所保护、限制的行为及其样式。在笔者看来,民法与"发展、效率"的关联所依托的对象是市场经济,因此,要论证民法所具有的在保障经济发展的效率功能,就首先要明确民法是如何保障那些最富有效率的制度安排的,笔者认为,民法正是通过对市场经济属性的肯认、对市场经济制度的保障来达致其所追求的发展和效率目标的。

在市场经济中,人之个体对于私人利益的追求获得了普遍的合法性,并被承认为一项经济道德受到普遍尊重。事实上,正是个体对于利益的天然的偏好和追逐,构成了市场经济的最强烈、最持久的动力之源,市场经济的种种机制只有在个体对于本己利益偏好的基础上才能发挥作用,正是因为人们有着种种利益需求以及满足这种需求的内在冲动,人们才愿意去创造、去拼搏,去从事各种各样的经济活动。李昌麒教授、应飞虎教授认为:市场是一种组织资源的方式,市场配置资源的优势在于其不需要将客观问题主观化,是一种依据人性

---

[1] Cicero. On the Commomwealth (trans by George Holland Sabine) [M]. London: Mecmillan Publishing Company, 1976. 转引自石春玲. 民法与和谐社会的精神共鸣 [J]. 政法论丛, 2006 (2): 47.

顺势而为的行为方式，而计划经济最大的问题是，它是一种主观化的资源配置模式，在资源配置的过程中，如果将客观因素主观化，是计划经济运行中最大的难题，市场经济固然也面临着信息不足的难题，但计划经济运行中所需要的信息数量更大，问题更多，试想，谁能确定明天的中国市场需要多少矿泉水？需要多少方便面？计划经济对信息的需求有时候使其自身无法有效运行，市场机制运行的动力是经济人对自身利益的关注，这是人性在现有的生产条件下自发形成的一种表现，计划体制的动力则来源于人的公利心，以及人对于社会中的权威和权力的服从，但是，在现实中，如果让一个社会中的大部分人都丧失其主体地位，或者长期具有公利心，并能服从于某一个主体从事经济活动，这无疑是有悖于人性的。因此，在现有的生产力条件下，市场经济的运行模式比计划经济更符合人性的要求，更有可能激发市场主体创造财富的能力，而且还有更充分的信息优势，能产生更高的经济效率。因此，可以说，如果没有市场经济制度，就没有现今时代的人类文明。[1]市场经济之所以能成为迄今为止最具效率的资源配置方式，是因为它是迄今为止人类各种经济形态中唯一对人们的自利属性给予了普遍和直接承认的制度，人们对于利益和利润的追求不仅构成了市场经济发挥作用的可靠的动力源泉，而且也是社会分工、商品交换乃至以此为根据的人类文明发展的基本前提。"如果每个人仅仅满足他本人的需要，城市将失去其全部的光辉美丽豪华，也不能建筑任何的庙宇和敞廊，所有的艺术就将停止，我们的生活和社会秩序也就陷入混乱状态。"[2]民法对经济发展中效率价值的保障，功不可没，不容忽视，没有民法对经济发展中效率的确认，区域经济的协调发展也就无从谈起。

第三，民法在保障区域经济协调发展中的不足。无论是民法对人自由和发展的充分关照，还是民法对效率的充分肯定并加以保障，都是民法在促进经济发展中的重要功用，区域经济发展的建设离不开民法——既离不开民法精神的弘扬，也离不开民法制度的完善和充分适用。作为法律技术和文化代表的民法技术及民法文化，它以人的生存和发展为核心，民法以其独特的权利神圣、身份平等

---

[1] 李昌麒，应飞虎. 论经济法的独立性——基于对市场失灵最佳克服的视角 [J]. 山西大学报·哲学社会科学版，2001（3）：26-27.

[2] 张椿. 从信仰到理性——意大利人文主义研究 [M]. 杭州：浙江人民出版社，1993：98.

和意思自治等理念，将人的生存和发展，以及人的生存意义上的追求，直接转化为保障经济发展的具体技术，民法制度在保障区域经济发展中的作用不可或缺，但是民法制度并不能包揽、穷尽社会的一切事务，当然也就不能成为经济发展尤其是区域经济协调的唯一依托，民法自身的理念和制度只能是对社会的某一类社会关系进行调整，这也就意味着民法在保障区域经济协调发展的过程中存在着能力有限的问题。而且，民法在保障区域经济协调发展中的功能不足并不是我们修正民法的理由——如果我们将修改民法进而适应保障区域经济协调发展，并将之作为以后法制建设的方向的话，那么民法将失去其作为私法的本真含义和价值，而且也使得我国社会主义法制体系中的其他法律部门无立足之地——在保障区域经济协调发展的过程中，我们需要多个法律部门的互动与配合，而不是某个法律部门对其他法律部门的补充，更不是此法对彼法的代替。

　　前文已论，作为市场经济直接体现和反应的民事法律制度，以维护市场经济的自由、竞争、契约为己任。当民法在维护市场经济的这些基本要素存在功能失调的时候，民法所保障的自由和效率便不复存在，对此学界以"市场失灵"称之。一般认为，市场失灵主要表现在以下几个方面：第一是外部性问题，外部性是指市场主体对自己行为的部分后果不需要承担，或者说市场主体的部分后果由市场主体之外的其他主体来承担、不能获得其行为所导致的一切利益的情形，前者被称为市场的负外部性，如环境公害，后者被称为正外部性是指私人成本大于社会成本、私人收益小于社会收益的情形，如教育、发明创造。负外部性的存在往往强化了对不良行为的激励，而正外部性的存在则会导致对良好行为的激励不足，这两者都会使资源配置偏离帕累托最优点，从而导致资源配置的低效率。外部性起源于经济人对自身利益最大化的关注，其中负外部性是一种典型的损人利己行为，是经济人最大化自身利益的极端形式；正外部性则是一种典型的损己利人行为，其起源于财产权界定的困难。❶ 第二是存在经济周期，经济周期的成因依然在于理性经济人在对个人私利的理性追求中所导致的集体非理性。个体理性是指个别经济主体追求自身利益最大化的意识和能力，集体理性是指由不同个体所组成的特定集体追求集体利益最大化的

---

❶ 李昌麒，应飞虎. 论经济法的独立性——基于对市场失灵最佳克服的视角 [J]. 山西大学学报·哲学社会科学版，2001 (3)：27.

意识和能力。❶ 没有宏观调控法律和政策的约束和管制的市场，各个生产厂商只能根据自己的判断进行生产和投资，这种个体理性的结果，便是被称为"市场悖论"的宏观经济失控亦即经济周期等集体非理性不可避免的。❷ 第三是垄断现象，由于市场主体在能力、机遇等方面存在的必然差异，自由竞争经过一定的时段，必然会引起强者愈强、弱者愈弱的现象，资本积聚和资本集中的结果，使生产日益集中于少数大企业。当生产集中发展到一个部门已被少数大企业所控制的阶段，必然会形成垄断。这时市场便出现某一主体一支独大的局面。第三是信息偏在，这主要是指信息在量上的不充分和在分布上的不均匀。在市场中，由于社会分工等因素的存在，不同的人只能掌握社会知识中的一小部分，信息偏在在市场运行中便是一个必然的存在，"如果一个社会中的人都是道德高尚且利他的，则信息不充分、不对称及不准确的存在就不会对社会及社会中的人产生影响"❸。第四是指公共产品的匮乏，由于公共产品具有消费中的非排他性、非竞争性等特性，使生产与消费之间因此不能产生正常联系，生产者的投资行为无利可图，最终导致了公共产品提供不足。这些都会导致市场运行中的低效率，区域经济协调发展中的"发展"便不能充分达致，民法在保障区域经济协调发展的过程中有着自己的功能边界。

其次，民法在运行的过程中会造成两极分化、宏观失序和补偿性不足，❶在抽象的人格面前，大家因民法的预设和保障而平等、自由，但是这种平等和自由是形式上的，形式上的平等并不能掩盖实质上的不平等，而且，在市场运行的过程中，人会基于条件、机遇等方面的原因形成新的不平等。市场基于抽象人格之间的竞争和发展必然会形成新的人性冲突和矛盾。这种两极分化的形态反映在经济形态上，就是经济的宏观失序，前文已提及，"个体的理性会导致集体的非理性"，现实中每个个体的生产可能是自觉的，深思熟虑的，有组织有计划的，但将之放在整个社会中，就可能会导致盲目、混乱和无序。而且，民法所设计的补偿常常是事后的补偿性，但在区域经济协调发展看来，欠发达地

---

❶ 吕忠梅. 沟通与协调之途——论公民环境权的民法保护[M]. 北京：中国人民大学出版社，2005：155.
❷ 胡光志. 人性经济法论[M]. 北京：法律出版社，2010.
❸ 应飞虎. 信息失灵的制度克服研究[D]. 重庆：西南政法大学，2002.
❶ 胡光志. 人性经济法论[M]. 北京：法律出版社，2010：81-83.

区的损失并没有直接的"对价",无法找到"责任主体"对其予以补偿。总之,民法对人追求自身利益最大化的人性预设,如果没有足够的外力保障,会引起诸多的外部后果,其不仅难以保证经济发展中的高效率,还会出现更严重的区域经济发展失衡,民法在保障区域经济协调发展的过程中存在功能边界。

(二)行政法在保障区域经济协调发展中的作用及边界

区域经济协调发展会牵涉诸如国家与社会,国家、政府的职权、职责、管理手段以及国家与公民的权利义务关系等,这些都在现代行政法的研究和关注范畴之内。作为公法典型代表的行政法,在现代社会总是一个不可或缺的存在,"不论在何种分权理论或分权实践中,行政权都占有重要一隅。及至现代,行政权已成为一种与每个人息息相关的公权力。人一辈子或许可以不与立法权、司法权直接打交道,却无法脱离行政权而自在地生存。可以说,只要有政治社会单位的地方就有行政权"[1]。作为一种对原有社会形态的强制性改变和调整,当然需要公权力的运用,而公权力的运行必然需要协调权利与权力,公共利益与私人利益,政府的运作状态和运作方式等一系列关系和行为,这些都离不开行政法的保障。当然,和民法一样,行政法在保障和谐社会的建设中,依然有自身的功能边界,而且还会因行政权本身的运行而滋生新的问题,以下详论之。

首先,区域经济协调发展运行过程中内含着行政关系,调整行政关系的法律是行政法。美国著名行政法学者伯纳德·施瓦茨亦曾表示:"行政法是调整政府行政活动的部门法,它规定行政机关可以行使行政权力,确定行使这些权力的原则,对受到行政损害的人给予法律救济。""这个定义把行政法分为三个部分:其一,行政机关所具有的权力;其二,行使这些权利的法定条件;第三,对不法行政行为的救济。"[2] 美浓部达吉也认为,"行政法,如果要用一句话给予定义的话,可以说是关于行政的国内公法"[3]。在区域经济协调发展的过程中,涉及诸多的行政性权利和权力,都需要行政法对其加以设立、规范和

---

[1] 胡建淼. 公权力研究——立法权·行政权·司法权 [M]. 杭州:浙江大学出版社,2005:256.
[2] B. Schwarts, Administrative Law, Boston: Little Brown, 1976, pp. 1-2. 转引自姜明安. 行政法与行政诉讼法 [M]. 北京:北京大学出版社,北京:高等教育出版社,2007:15.
[3] [日] 盐野宏. 行政法 [M]. 北京:法律出版社,1999.

约束。比如，公民的了解权、建议、批评、控告揭发权、复议、申请、诉讼权以及求偿权、获得赔偿权等，都需要行政法加以保障，而公民的财产权、受教育权、劳动权、休息权、择业自由权、行政参与权、社会保障权、平等权等，同样都与行政权密切相关。不管这些权利的来源是什么，一个不容否认的事实是，它们都需要现代行政权的认可和保障。

其次，行政法维护秩序、保障自由、提供服务的目标和宗旨，决定了其在构建区域经济协调发展过程中的不可或缺。行政权是行政法的逻辑起点，行政法以规范行政权的运行为存在理由。区域经济协调发展中的行政权在运行的过程中，能运用优势资源，通过科学筹划维护区域经济发展秩序的优势是一个不容否认的客观事实。区域经济协调发展中的行政权本质上是一种管理，而"管理的目的是按着自然的规律来领导各个个人的能力和欲望的交换，并且给这种交换以一种对于全体的福利与和谐来说是必要的自然的趋向"❶。这里的"交换"类似于社会契约论中的"让渡"，没有行政权，人类可能会陷入像"狼与狼"一样的战争当中，区域经济发展的失衡就与经济管理权的缺位和不当行使有关。就行政权的自由保障而言，在市场经济于资源配置中发挥决定性作用的今天，区域经济协调发展中需要资源的自由流动以达到优化配置，"行政权在运行过程中，不但为人们提供自由选择的机会，而且为自由意志的外化排除人为的不正当的障碍，为平等的自由提供保护机制"❷。前文笔者论述了民法在保障人的自由上的作用，分析了民法保障经济发展中的动力机制，但对人自由的保障，仅仅依托民法是不够的，行政权对自由的保障从来都不应该被忽略。另外，服务型政府是当下对行政机关和行政权力提出的新要求，服务对区域经济协调发展更是不可缺少。所谓服务型政府，是指为社会提供充足的公共产品，为公民生活提供高质量的服务。它以社会公众的需求为出发点，要求各级政府和官员必须摒弃传统的"官本位、政府本位、权力本位"的思想，树立"公民本位、社会本位、权利本位"的管理理念，即人民是国家的主人，政府必须处处为公民最大利益的实现提供各种各样的服务，它强调的不是政府的权力和权威，而是对公民权利的保证和公民最根本利益的实现。因此，服务

---

❶ [德] 威廉·魏特林. 和谐与自由的保证 [M]. 孙则明, 译. 北京：商务印书馆, 1960.
❷ 胡建淼. 公权力研究——立法权·行政权·司法权 [M]. 杭州：浙江大学出版社, 2005：288.

型政府是为民、利民、便民、富民的政府。在笔者看来，区域经济协调发展中，社会对行政权的需求也在不断增加，区域经济协调发展中也应该树立公民本位的思想，区域经济协调不仅仅是一种管理，更是一种服务，应以公民为服务对象，以落实公民权、实现公众利益为目标。将区域经济协调发展中的行政权放置在民主秩序的框架内，通过合理规范公务员、公民、社会的协调运转机制，在政府行政公共服务职能的主导下，完成区域经济协调发展的伟大目标。这种与有限政府、责任政府、法治政府、有效政府紧密相连，内在统一的政府行为模式，为区域经济协调发展所必须。

最后，区域经济协调发展中行政法的功能边界。"人们因为需要克服无序而创造了权力，然而，行政权又反过来破坏人们的自由，甚至造成更大的混乱和无序。"❶ 行政法是区域经济协调发展实施过程中必须仰赖的法律部门之一，但是行政法在运行过程中可能存在的弊端又可能使其在区域经济协调发展实施过程中的功用发生消解，甚至会引发新的、与区域经济协调发展相背离的社会问题和矛盾。在笔者看来，和导致高效率的市场本身隐含着高风险而且自身无法克服的道理一样，行政权在运行中也有自身无法克服的弊端。这种弊端主要表现为政府失灵。所谓政府失灵，是指行政权运行中的一种低效和非理性状态，具体表现在以下几个方面：第一，政府运行中的低效率，由于政府形态及主权的要求，政府是一种自然垄断的形态，其所提供的公共产品缺乏可替代性和竞争压力且没有产权约束，政府行为往往不考虑成本约束，即便降低了成本也不会给自己带来额外的收益，因此政府行为缺少效率上的激励。第二，政府机构的膨胀。英国著名行政学家罗斯古德·帕金森在其名著《帕金森定律及其他有关行政的研究》一书中认为，凡是行政主管都有增加自己的下属的意愿，各级行政人员还会争相效仿，由此导致的结果是机关人员的迅速扩张，他所得出的结论是机关人员年增长会达到65%。❷ 人性的因素决定了一个机构的工作人员不会选择能力超越自己的人成为自己的下属，而是选择两个及以上水平不及自己的人成为自己的下属，作为下属会继续选择能力不及自己的两个及以上水平不及自己的人成为下属，以此类推，政府机构的膨胀和臃肿就在所难

---

❶ 胡建淼. 公权力研究——立法权·行政权·司法权 [M]. 杭州：浙江大学出版社，2005：316.
❷ 谢晖. 行政权探索 [M]. 昆明：云南人民出版社，1995：158.

免。第三，政府的各种寻租、创租等腐败行为，通过不正当的手段运用行政权力来牟取私利的行为，觊觎权力，违法渎职，挥霍浪费。区域经济发展中，国家的宏观调控、产业规划和产业调整，市场准入、资源分配、专营许可等领域，各种受贿、索贿、贪污、侵吞公款现象，都是这种失灵形态的表现。第四，政府决策中的信息不足，所有的决策都依赖于准确和充分的信息，当所依赖的信息不准确、不充分的时候，决策错误就在所难免。在一个万千人互动的世界中，要做到对市场运行的准确把握，对区域经济失衡的合理判断，无疑比个别领域个别产品的监管有更高的信息要求。如果信息匮乏，决策的错误就在所难免，这也是政府失灵的表现之一。

行政权自我救济政府失灵存在机理上的障碍。和市场失灵很难通过市场自身救济一样，行政权运行中的政府失灵也很难通过自身完成救赎。在现代社会中，行政权的扩张是一个不可避免的趋势，而且，与原来的消极行政相比，现代行政权更多地表现为一种积极行政，原有的羁束行政转变为自由裁量，尽管现代法治要求行政自由裁量必须符合法律的精神、理念、目的和范围，但是它终究是一种自行决定行政行为的权力。[1] 心理学和社会学的研究早就证明，作为支配人的力量的权力，总有一种不断扩张和被滥用的趋势。面对复杂的社会现象，行政权的运行永远不可能是机械的、类似于"1＋1＝2"如此简单，自由裁量权必不可少，亦即我们永远不可能因为政府失灵的存在而放弃自由裁量权在现代社会中的运用。

（三）经济法保障区域经济协调发展中的功能优势

（1）经济法的产生基础决定了经济法在保障区域经济协调发展的过程中具有独特的功能优势。经济法的产生基于社会的需要，按照一般的理解，经济法是社会发展到大生产阶段，国家需要对生产进行宏观协调的产物，是国家保障经济协作在社会层面的结果。"早在19世纪中期，随着大工业的发展，生产资料的私有制和经济社会化大生产之间的矛盾就已在西方国家凸显出来，如果缺乏社会层面的协调，经济连同整个社会随时都可能毁于一旦。于是，经济发展和社会运动的规律，终结了市民社会与政治国家的虚幻对立，国家作为社会

---

[1] 章剑生. 行政程序法比较研究 [M]. 杭州：杭州大学出版社，1997：7.

和公共利益的天然代表，从统筹协调、调控监管、提供或组织提供公共产品和准公共产品、市场操作诸方面，逐渐成为一国经济所不可或缺的内在组成部分。"❶ 其次，经济法保障区域经济协调发展的功能与原理，与经济法所预设的制度形态相关联，比如，主体制度，和民法在个人主义上所预设的主体绝对平等不同，经济法在预设主体的时候添加了人的"身份"因素，换言之，经济法在主体预设上，是既重视"契约"又重视"身份"的法律制度形态，比如，在市场规制法中，对消费者和经营者的区分，而不仅仅将其当作合同的当事人，在反垄断法中，将企业区分为大企业和中小企业，在劳动合同法律关系中，将劳动关系界定为劳动者和劳动单位，等等，其本身就包含着权利倾斜性配置的理念和原则，制度设计也始终围绕着社会上强弱有别的主体形态来进行。再次，从行为方式上看，经济法是通过相应的制度，对原本存在的经济社会关系、社会结构、社会形态进行的一次意志的渗透状态和强行改变。置于经济语境中，同样可以理解为"以人为的政策来变更和修改经济循环过程为自身目的"的行动。❷ 这种通过外在的力量对经济生活的一种强制性改变本身以经济的持续发展和协调为目标，本质上体现的是一种实质正义和经济协调的要求。最后，从利益形态上讲，经济法坚持局部利益与全局利益的统一。全局利益是局部利益可持续发展的前提，局部利益的发展带动整体利益的不断实现，二者的关系蕴含着深刻的协调发展的思想。经济法一方面从制度补给上排除市场障碍和经济自发发展的弊端，另一方面又从制度能动上直接推动经济增长过程中的协调。具体而言，经济法自然不会对合法的财产权及收益进行剥夺，但是其可能在二次分配的时候，采取财政、税收和转移支付等手段，对部分主体予以特别保护，克服市场本身的缺陷，促进经济快速协调增长。最后，从经济法的价值取向来看，经济法以弥补形式公平为己任。为弥补形式公平的不足，经济法根据不同禀赋、不同能力和不同条件，具体问题具体分析，谋求人与人之间、地区与地区之间的实质公平。经济法"以现实的不平等为基础建立其公平体系"。❸ 经济法能有效革除个人本位的弊端，在强调个人利益的同时，

---

❶ 史际春，宋槿篱. 论财政法是经济法的"龙头法"[J]. 中国法学，2010 (3)：172.
❷ [日] 金泽良雄. 经济法概论 [M]. 满达人，译. 兰州：甘肃人民出版社，1985.
❸ 侯学敏. 经济法、民商法公平观之比较 [J]. 前沿，2004 (6)：150.

还考虑经济发展过程中的资源保护、生态安全、劳动安全保护、卫生安全等经济安全问题,个体利益最大化受到了一定的制约,以维系人类共同生活的条件得到改善。"经济法既兼顾个体利益,又坚持全局观念,对个体的意志、行为和利益进行平衡协调,从至高点维护社会的整体利益,从而达到社会整体利益与个体利益的平衡,体现对人的终极关怀。"❶

(2) 现代经济法的理念和原则决定了其在保障区域经济协调发展中有独特的功能优势。在我国经济法学界,有关经济法的基本原则是一个众说纷纭的问题,❷ 但一般认为,资源优化配置原则、经济民主原则、经济公平原则、可持续发展原则、国家适度干预原则、社会本位原则、经济效益原则、经济安全

---

❶ 杨三正. 论经济法的人本主义理念 [J]. 云南社会科学, 2004 (4): 24.

❷ 就经济法基本原则的概念而言,有学者认为,经济法基本原则是经济法理论研究和经济法治实践活动中特有的最基本的精神实质和价值追求,是经济法学理研究和实践活动的总的指导思想和基本准则。我们认为经济法的基本原则包括经济合法原则、经济平衡原则和经济发展原则。参见:刘亚丛. 经济法基本原则的法哲学基础 [J]. 山西大学学报·哲学社会科学版, 2007 (4): 36. 有学者认为,经济法的基本原则是指规定于或寓意于经济法律、法规之中,对经济立法、经济执法、经济司法和经济守法具有指导意义和实用价值的根本指导思想或准则。参见李昌麒主编. 经济法学 [M]. 北京: 法律出版社, 2007: 75. 有学者认为,经济法的基本原则是集中体现经济法精神、反映经济法价值,能高度抽象和概括整个经济法的内容、能指导经济法的立法和具体适用的准则。参见: 胡光志. 人性经济法 [M]. 北京: 法律出版社, 2010: 217 – 218. 就构成而言,有学者认为,经济法的基本原则由以下几个方面构成: 经济法的基本原则包括经济合法原则、经济平衡原则和经济发展原则。参见: 刘亚丛. 经济法基本原则的法哲学基础 [J]. 山西大学学报·哲学社会科学版, 2007 (4): 36. 有学者认为,经济法的基本原则有注重维护社会经济总体利益,兼顾社会各方经济利益公平,或者社会总体经济效益优先,兼顾社会各方利益公平。参见: 漆多俊. 经济法基础理论 [M]. 武汉: 武汉大学出版社, 1998: 73 – 79. 有学者认为,经济法的基本原则有: (1) 平衡协调原则; (2) 维护公平竞争原则; (3) 责权利效相统一原则。参见潘静成,刘文华. 经济法 [M]. 北京: 中国人民大学出版社, 1999: 73 – 77. 有学者认为,经济法的基本原则应包括: (1) 资源优化配置原则; (2) 国家适度干预原则; (3) 社会本位原则; (4) 经济民主原则; (4) 经济公平原则; (5) 经济效益原则; (6) 经济安全原则; (7) 可持续发展原则。并认为,这七项经济法的基本原则是相互联系、相互促进、缺一不可的有机体系,它们之间的逻辑联系是,寻求资源的优化配置,是经济法首先追求的目标,在寻求资源的优化配置中,国家干预起着不可忽视的作用,但是,国家干预的范围又不是任意的,它必须以社会公共利益为自己的出发点和归宿;国家对经济实行干预的时候,又必须有利于促进和保障经济民主和经济公平的实现;经济民主和经济公平,是推动和提高经济效益的重要因素;在实现经济效益的同时,还必须防范经济全球化的发展背景下经济风险的产生,确保经济安全。最后,经济法所能做到的或者说经济法的现代化发展趋势,是要促进全球性的可持续发展战略在中国的实施,以及用科学发展观指导我国的经济社会发展。参见: 李昌麒. 经济法学 [M]. 北京: 法律出版社, 2007: 76 – 84. 有学者认为,在人性视角下,经济法的基本原则包括: (1) 生存保障原则, (2) 人性差序平衡原则, (3) 平衡经济发展原则和制约国家干预原则。参见: 胡光志. 人性经济法论 [M]. 北京: 法律出版社, 2010: 230.

原则等七原则说,❶ 获得了更多的共识。在笔者看来,这些基本原则与区域经济协调发展都有着深刻的关联,其中资源优化配置原则、经济民主原则和经济公平原则关联最为深刻。

经济民主是民主法治思想在经济领域的延伸,它的意义和价值与我们常言的政治民主、民主政府、民主国家并无本质不同,亦即经济民主是指在一定的范围内,按照平等和少数服从多数原则来共同管理国家经济事务的制度样式。经济民主的实现方式固然在世界各民主国家之间存在着差异,但其具有的特定原则和运作方式并无本质的差异。民主是由全体公民——直接或通过他们自由选出的代表——行使权力和公民责任的政府。由此,每个人的利益有了被关注的可能,实质正义的实现有了技术支撑。区域经济协调发展需要民主基础上的多数决定,在经济法视域中,区域经济协调发展中的经济民主要求区域经济协调发展政策和法律的生成需要广泛的参与,这种参与体现在宏观和微观两个层面。从宏观的角度讲,经济民主原则意味着国家对区域经济发展形态进行干预时,应该广泛征求意见,关注不同的利益,协调各种利益冲突,政府的区域经济发展的干预行为应建立在充分的对话基础之上,因为只有充分的意见征求,才能保证各利益相关者对国家的区域经济干预行为有充分的了解和理解,从而保证区域经济协调发展政策能得到顺利实施,从而降低政策的执行成本。在微观层面,经济民主原则意味着国家对区域经济发展的调控和干预,一方面要充分尊重各地方政府的意见,尊重各地方企业的经营自由。这种整合了宏观上的经济民主和微观上的经济民主而形成的民主机制,既是现代法治经济运行的基本要求,也是经济法保障区域经济协调发展具有功能优势的直接体现。

另外是经济法的经济公平原则。对于经济公平,经济法也从理念和制度上予以了确认,"经济公平最基本的含义是指任何一个法律关系的主体,在以一定的物质利益为目标的活动中,都能够在同等的法律条件下,实现建立在价值规律基础之上的利益平衡"❷。经济法的经济公平原则主要通过以下几个方面来实现:第一,竞争公平。这是经济法应当实现的经济公平的第一个层次,显然,竞争是市场机制发挥其基本功能的先决条件,而竞争功能的实现程度又主

---

❶ 李昌麒. 经济法学 [M]. 北京:法律出版社,2007:79.
❷ 李昌麒. 经济法学 [M]. 北京:法律出版社,2007:80.

要取决于法律对各竞争主体适用的公平性。因此,有必要确保市场主体的法律地位和竞争机会的均等,对此,经济法通过反不正当竞争法、反垄断法等部门法予以落实和保障。第二,分配公平。分配公平是经济社会发展的伴生物,如果说确保竞争公平主要关注市场主体的竞争机会公平的话,那么分配公平则是在此基础上进一步强调社会成员对资源成果的分享公平,分配公平是经济法应当实现的经济公平的第二个层次。第三,正当的差别待遇。前文已论,现代社会发展已经导致人们相互之间在能力、财富拥有等方面的差距愈加显著,如果法律对这种先天的、后天的不平等状况视而不见,依然一视同仁,那么社会的稳定、持续发展,和谐社会的目标实现等都会成为空中楼阁。因而,导源于人道主义的现代思潮,以及社会福利理念的倡导,有条件的差别待遇原则逐渐被纳入了公平的范畴,作为经济法应当实现的经济公平的第三个层次,差别待遇所表明的社会资源要根据人的情况作具体分配,即权利义务的区别对待,其主旨在于给予社会上处于不利地位的那部分人一定的补偿和救济。[1] 这种理念运用于区域经济的协调发展治理当中,是促成区域经济协调有序发展的关键。

经济法的资源优化配置原则是区域经济协调发展的支柱性理念。所谓资源优化配置,实质上就是资源在生产和再生产各个环节上的合理和有效的流动和配备。经济法将其作为基本原则,是市场经济体制对经济法的基本要求。[2] 资源是指社会经济活动中人力、物力和财力的总和,是社会经济发展的基本物质条件,资源配置是指对相对稀缺的资源在各种不同用途上加以比较作出的选择。较人们的需求而言,资源总是表现出相对的稀缺性,从而要求人们对有限的、相对稀缺的资源进行合理配置,以便用最少的资源耗费,生产出最适用的商品和劳务,获取最佳效益。资源配置合理与否对一个国家经济发展有着极其重要的影响。[3] 经济法作为国家干预经济之法,在优化资源配置的过程中主要是通过以下几个方面来体现的:第一,通过能够反映客观经济规律的宏观调控机制,引导资源的合理配置;第二,通过建立和执行市场规则,规范市场主体的市场行为;第三,通过政府的职能行为,协调竞争性市场可能带来的市场矛

---

[1] 李昌麒. 经济法学 [M]. 北京:法律出版社,2007:81.
[2] 李昌麒. 经济法学 [M]. 北京:法律出版社,2007:76.
[3] 杨盛昌,孙德华. 市场经济下的两大资源配置方式 [J]. 云南行政学院学报,2011(2):170.

盾；第四，通过国家的强制，实现资源的优化配置，解决资源浪费问题。对此，我们一方面需要在各种经济法律、法规中保障市场机制在资源配置中的基础作用，比如，通过制定市场主体规制法，使多种形式的市场主体并存与发展，实现生产要素与生产关系要素的优化配置；另一方面，我们也需要在各种经济法律、法规中确保国家宏观调控措施在资源配置中的作用发挥，比如，通过制定自然资源法、劳动法、财税法、金融法等，保障国家对自然资源、人力资源、财力资源的优化配置。不难看出，只有经由体现市场机制与宏观调控双向互动之法的经济法律、法规，资源优化配置的目标或原则才能得到较好实现。而这是经济法将资源的优化配置作为建构自身理论和制度，指导经济立法、经济执法和经济司法的重要原因。

（3）经济法目标决定了其在保障区域经济协调发展中发挥着重要的作用。首先，经济法以克服市场失灵和政府失灵为基本目标，按照我国法学界的归纳，经济法通过以下方式来克服市场失灵：经济法通过对私人主体权利的直接限制来克服市场失灵，经济法自产生之日起就是限权法，其逻辑起点就是对私权过分扩张所产生的不利社会后果的一种纠正。其中，国家的存在及现代职能，是经济法能对私人权利进行限制的直接原因。国家是一个拥有强制力且这种强制力具备法律上的正当性和合法性的组织，它能够合法地从市场主体那里取走财产，比如，国家的税收，其作为国家存在的物质基础，就是公民财产向国家单向的、无偿的和强制的转移，它不以直接的对价为基础，国家由此拥有了对经济进行干预的财力。其次，经济法可直接调整私人主体之间的利益结构，严格来讲，对区域经济发展的干预也是一种利益调整，在市场经济条件下，人追求自身利益最大化的属性得到了法律的确认，经济人是人性在市场领域最集中的表现，但当这种对自己利益最大化的追求可能威胁到市场经济本身的时候，就有通过法律手段进行纠正的必要。就区域经济的协调发展而言，在我国，由于地方政府存在独立的经济利益，地方政府之间的竞争客观存在，这种竞争在一定程度上可促进经济的发展，但当超过一定的边界成为恶性竞争的时候，其带给整个社会的负效应就显而易见。国家必须对这种利益结构进行强制性的调整和改变。这些因素决定了经济法在克服市场失灵的过程中具有独特的功能和优势。

就政府失灵的国家干预而言，经济法所预设的国家干预是一种有效的干预和均衡的干预，它要求国家对经济的干预要以市场对干预的需求相匹配。就区域经济协调发展而言，国家介入的前提是市场在自发运行中出现的非均衡性，也就是说，国家对区域经济发展失衡的纠正要严格限定在对"失衡"的认知基础上，而且以对这种"失衡"的纠正为界线，当区域经济发展失衡的情形消失后，经济法就没有存在的理由和必要。经济法还包含着有效干预的理念，❶国家干预的前提是市场缺陷导致的市场低效率，这仅仅构成了国家作为干预主体对经济进行干预的必要条件而非充分条件，国家干预行为能有效纠正市场的低效率，才是实施干预行为的必要条件。经济法所包含的有效干预理念通过"成本—收益"分析、干预效果评估等制度设计来确保干预的有效性。其次，经济法所预设的国家干预还包含了对干预者进行干预的理念，所谓的"双重干预"，既干预市场，又干预干预者，这种理念一方面界定了国家干预的范围，另一方面强调国家对市场的尊重，是一种双向互动的制衡关系，从而保证了国家干预的谨慎性和谦抑性，有效预防了政府失灵风险的发生。

（4）经济法的体系构成决定了区域经济协调发展中必须依托经济法作用的发挥。制度可以为主体间的关系设定规则，它通过这种规则所确立的秩序来减少主体行为的不确定性，它是在复杂社会中非人格交往的基础和保证，具有系统性、非随机性和可预测的特点。"制度的关键功能是增进秩序，它是一套关于行为和事件的模式。"❷具有良好意愿的政策并不一定能产出良好的效果，缺乏制度规范的行为容易给执行主体留下随心所欲的空间，诱发执行主体的机会主义行为。制度会对人类非理性行为所形成的刚性约束，限制主体追逐不当利益的可欲空间。在所有的制度形式中，法律制度无疑最为重要，它是所有对政府的规制手段中最值得信赖的力量和方式，"法律是使人类行为服从于规则之治的事业"❸，"人类越走向文明，就越需要法律，因此它就制定出更多的法律"❹。法律是最高的、最根本的行为规范和制度形式，其最核心的价值就是

---

❶ 应飞虎. 需要干预经济关系论——一种经济法的认知模式［J］. 中国法学，2001（2）：137.

❷ ［德］柯武刚，史漫飞. 制度经济学：社会秩序与公共政策［M］. 韩朝华，译. 北京：商务印书馆，2000.

❸ ［英］戴维·M. 沃克. 牛津法律大辞典［M］. 邓正来，译. 光明日报出版社，1989.

❹ ［美］E. A. 霍贝尔. 初民的法律——法的动态比较研究［M］. 周勇，译. 北京：中国社会科学出版社，1993.

秩序的形成。"作为法的价值，秩序意味着某种程序的关系的稳定性、结构的一致性、行为的规则性、进程的连续性、事件的可预测性以及人身财产的安全性。"[1] 而实现这种功能的，无疑是经济法的体系。

我国有关经济法的体系也是一个众说纷纭的话题，市场经济确立以后，有关经济法的体系的学说也有很多种。其中代表性的观点有："需要国家干预说"认为，经济法是国家为了克服市场调节的盲目性和局限性而制定的调整需要由国家干预的具有全局性和社会公共性的经济关系的法律规范的总称。该学说有关经济法体系的论述几经变迁。最新近的主张认为，经济法体系包括市场主体法、市场秩序法、宏观调控法和经济监管法。[2] "国家协调说"认为经济法是调整在国家协调本国经济运行过程中所发生的企业组织管理关系、市场管理关系、宏观调控关系和社会保障关系的法律规范的总称。[3] "社会公共性经济管理说"认为，经济法是调整发生在政府、政府经济管理机关和经济组织、公民个人之间的，以社会公共性为根本特征的经济管理关系的法律规范的总称，经济法的体系具体包括市场管理法、宏观经济管理法和对外经济法三大部分。[4] "纵横统一说"认为，经济法是调整国家机关、社会组织和其他经济实体在经济管理过程中和经营协调活动中所发生的经济关系的法律规范的统一体（总称）。或表述为：经济法是调整经济管理关系、维护公平竞争关系、组织管理性的流转和协作关系的法。[5] "国家调节说"认为，经济法是调整在国家调节社会经济过程中发生的各种社会关系，以保障国家调节，促进社会经济协调、稳定和发展的法律规范的总称。经济调节关系包括市场障碍排除关系（含反垄断和限制竞争关系以及反不正当竞争关系）、国家投资经营关系和宏观调控关系。[6] "调制说"认为，经济法是调整在现代国家进行宏观调控和市场规制的过程中发生的社会关系的法律规范的总称，包括宏观调控法和市场规制法两大方面。[7] 还有学者从人性精神与价值出发，从人性的运行规律即人性

---

[1] 张文显. 法哲学范畴研究 [M]. 北京：中国政法大学出版社，2001：196.
[2] 李昌麒. 经济法学 [M]. 北京：法律出版社，2007：109.
[3] 杨紫烜. 经济法 [M]. 北京：北京大学出版社，北京：高等教育出版社，1999：28-32.
[4] 漆多俊. 经济法论丛（第2卷）[M]. 北京：中国方正出版社，1999：64.
[5] 肖江平. 中国经济法学史研究 [M]. 北京：人民法院出版社，2002：294.
[6] 漆多俊. 经济法基础理论 [M]. 武汉：武汉大学出版社，2003：84.
[7] 张守文. 经济法理论的重构 [M]. 北京：人民出版社，2004：212.

的需要与满足来解读与构建经济法的体系,认为经济法应当由生存保障法、人性平衡法、人性发展法和控制国家干预法构成。[1] 结合学界有关经济法体系的论述,笔者认为,区域经济协调发展中,经济法体系中的主体法律制度、市场规制法律制度、宏观调控法律制度和社会保障法律制度,均与区域经济协调发展战略的实现直接相关,就主体法律制度而言,其对区域经济协调发展中的干预主体的类型及规范化,干预权的取得方式,区域经济协调发展国家干预主体的权限,法律应赋予其何种职权和职责等问题,尤其是当区域经济协调发展中涉及多个部委、中央政府和地方政府、地方政府和地方政府,经济一体化中的不同区域组合的经济体,等等,这些府际关系、经济一体化区域中各个政府关系的协调都需要主体法律制度来加以实现。市场秩序法律制度则重点围绕一国整体市场的建立,尤其是对资源跨区域流动中各种障碍的克服进行规制。现实中,我国基于政治权力所形成的各种行政垄断是造成我国区域经济发展不均衡的重要原因,那么如何认定行政垄断,行政垄断规制的特殊形式,行政垄断规制的原则,行政垄断规制与政治体制改革之间的关系,行政垄断规制特殊的法律责任类型,等等,都需要市场规制法加以调整。还有宏观调控法,毋庸置疑,区域经济协调发展战略实施所依赖的法律制度,更主要的是国家的宏观调控法律制度,宏观调控法律制度是国家从经济运行的全局和整体出发,运用政治、经济和法律等手段,对整个国民经济关系所进行的调节和控制,它尤其关注经济运行的整体性和协调性,其主要包括产业调节法、计划法、财税法、金融调节法、价格调节法、投资法等内容。比如,产业调节法律制度,根据不同地区不同的资源禀赋,确定不同地域之间产业发展的重点和方向,避免市场自发运行造成的重复建设和资源浪费,其重点内容是针对产业结构、产业区域、产业组织的合理化,以及对需要优先发展的产业的保护、促进、鼓励和支持,对产能过剩的产业限制其发展的方式促进产业结构的优化;再比如,计划法,则是通过编制经济社会发展战略、制定重大的经济调控方案、计划编制等问题的法治化,来保证国家计划的民主性、科学性和合理性。再比如,价格调节法,在区域经济发展的过程中,市场机制对价格的自发调节有时并不完备,国

---

[1] 胡光志,田杨. 人性视野下经济法体系的建构——一个尚未被认知的理路 [J]. 郑州大学学报·哲学社会科学版,2011 (3):24.

家会以直接或间接的方式，对市场价格的形成及其运行进行干预，以保证资源及生产要素在全国流动时的合理，实现区域经济协调发展的目标。又比如，社会保障法律制度，毫无疑问，区域经济协调发展中必然包含对欠发达地区的扶贫和救助，社会保障法所调整的社会保障给付关系，社会保障投资关系，社会保障基金形成关系，等等，都与区域经济协调发展直接关联。从当前我国的立法来看，社会救助法、社会扶贫法、社会保险法、社会福利法是社会保障法的重要构成，这些对于区域经济协调发展战略的实施都具有重大的意义。当然，经济法在区域经济协调发展的实现过程中，又以财税法律制度、公共服务均衡法律制度、产业规划法律制度和金融法律制度最为关键。本书将在以下章节中，重点就上述四种法律类型进行探讨，明确它们在区域经济协调发展中的作用。

第四章 区域经济协调发展的财税法保障

公共财政理论认为，政府预算是一种配置资源机制，指在市场主体自行无法克服或解决一些社会问题和社会矛盾时，由中央政府需要通过特定的政治方式和法定程序审查批准，把通过税收等形成的财政收益，在不同主体之间进行合理的划分和分配的过程。其最终目的是资源更有效率地配置和更高效地使用，进而促进社会的公正与和谐，保障整个社会经济状态合理运行。在公共财政理论看来，要建立有效的公共预算、财政和税收制度，就需要进行科学分析，合理规划，保证关于区域经济协调发展中财政转移支付决策的正确与高效。前文已论，区域经济发展中的失衡，不仅影响经济发展的效率，还会对社会的稳定与发展造成严重的影响。因此，不管是基于何种考量，国家在区域经济协调发展中的财政支出，都是一种理应由国家提供的公共物品或者准公共产品，它的受益主体应优先设定为欠发达地区的民众，他们当然应该由国家的公共财政予以保障。

一、我国区域经济协调发展中的财税法律制度梳理

近年来，随着我国社会主义法治建设的不断推进，我国财税领域的立法也在不断完善，其中有诸多涉及财政转移支付方面和税收保障区域经济发展的内容，以下详述之。

（一）我国区域经济协调发展的财政法梳理

早在 2000 年，我国就制定了《中央对地方专项拨款管理办法》，其首先对立法的目的和支出的范围进行了明确，其中第 3 条明确了以下几方面的基本内容：第一，关于适用专项基金的范围，包括企业改造资金、基本建设支出、

科技三项费用、地质勘探费、农业综合开发支出、支援农村生产支出、抚恤和社会福利救济费、各项事业费支出、政策性补贴支出、社会保障补助支出、行政管理费、公检法司支出、城市维护和环境保护支出、支援不发达地区支出、其他支出等一般预算支出中的专项资金，等等，可见，其有诸多内容涉及对区域经济发展的支持。第二，就中央对地方专项拨款的拨付和使用原则进行了明确，规定要坚持客观原则，应根据专项拨款的客观必要性进行适用，要坚持公平原则，以实质公平为核心，兼顾款项拨付中的形式公平，要坚持公正原则，要做到不偏不倚，客观中立，要做到公开原则，款项的使用方式、使用地域、使用方向，要向社会大众公开，接受社会各界的监督，要做到科学、高效的原则，要合理规划、节约使用，物尽所能。同时要做到资金集中，在专项转移支付中择优安排，突出重点，更为重要的是要做到专款专用，预防和克服现实中时常发生的款项被挤占、被挪用情形的发生。另外，专项的财政转移支付还应该和我国的宏观经济政策相结合，通过专项财政转移支付，来引导我国宏观经济的健康发展，作为专项转移支付的工作机构和人员，要严格执法，依法行政，规范转移行为。在笔者看来，"坚持客观、公平、公正、公开、科学、效率的原则"是区域经济协调发展中对财政支付的总括性要求，公平、公正当然是法律所要求的实质公正，而不是形式公正，集中资金、突出重点无疑体现了区域经济协调发展中财政支付的效率要求，尤其是在公共资源有限的情况下。此外，该条例对专项拨款的申请、审批、分配、使用以及执行监督做了明确规定。申请应具备的基本情况、申请主体，申请应达到的预期目标，拨付的程序等都有了明确的规定，同时对不允许支付的情形也予以了明确。该办法对专项经费的使用方式、监管方式都做出了具体的操作办法，我国专项经费使用无法可依的局面得到了改观。

2002年中央出台了《财政部关于一般性转移支付办法》。该办法首先对财政转移支付的一般规定及原则进行了规定，当然，作为政府的一种惯常行为，它的主要目标，是为了就地方政府间财力差距不断拉大的事实了以克服，平衡地方间发展的差距，逐步实现我国地方政府公共服务能力的均等化，提高地方政府完成法律法规规定事项的能力和物质基础，进而推进我国社会经济的健康和持续发展，保持社会的和谐稳定。在当下我国，一般性的财政转移支付，常常是为了缓解财政困难地区在应对地方经济社会发展中的突出矛盾而做出的一种支付方式。该办法规定，一般性转移支付资金的分配遵循以下原则：第一要求公平公正，一般性财政转移支付，要求综合考虑财政收支的各种因素，明确支付的方式和程序，统一规范；第二要坚持公开透明原则，坚持民主理财的理念，测算办法和过程公开透明，让社会各界了解，接受社会各界的监督。第三是稳步推进。由于我国中央财政盈余的逐年增加，前文已论，我国政府中央财政一般性转移支付的项目和数额，也在逐年增加，因此，在该过程中，如何完善转移支付的操作规程，制定科学合理的办法，成为当下较为紧迫的任务。该办法还规定了一般性转移支付的计算方法，应该按照各地标准财政收入和标准财政支出的差额，以及财政转移支付的系数，来确定一般性财政转移支付的数额，具体的公式为"某地区一般性转移支付额=（该地区标准财政支出－该地区标准财政收入）×该地区转移支付系数"，笔者认为，这些对于我国未来专项财政转移支付一般性规范的制定，具有重要的借鉴价值和参考意义。

另外，我国还出台诸如《中央财政现代农业生产发展资金管理办法》《中央财政农民专业合作组织发展资金管理暂行办法》《财政扶贫资金管理办法（试行）》《边境草原森林防火隔离带补助费管理规定》《中央财政飞播种草补助费管理暂行规定》《测土配方施肥试点补贴资金管理暂行办法》《农业科技推广示范项目资金管理办法》《农村劳动力转移培训财政补助资金管理办法》《高致病性禽流感防控基金管理暂行办法》《高致病性禽流感防治经费管理暂行办法》《能繁母猪补贴资金管理暂行办法》《奶牛良种补贴资金管理暂行办法》《生猪良种补贴资金管理暂行办法》《农业机械购置补贴专项资金使用管理暂行办法》《中央财政天然橡胶良种项目资金管理办法（试行）》《中央财政农作物良种补贴资金管理办法》等专门规定，尤其是在革命老区的专项财政转移支付方面，立法的规定较为完备，比如，规定了革命老区专项转移支付资金的用途（革命老区专门事务，包括革命遗址保护、革命纪念场馆的建设和改造、烈士陵园的维护和改造、老红军及军烈属活动场所的建设和维护等；革命老区民生事务，主要是指改善革命老区人民群众生产生活条件的有关事务，包括教育、文化、卫生等社会公益事业方面的事项和乡村道路、饮水安全等设施的建设维护）、革命老区专项转移支付资金的支付原则（突出重点、公开透明、注意实效、专款专用）、分级管理等都做出了明确的规定，这些立法是我国当下财政领域中保障区域经济协调发展均可适用的法律制度。

2014年《中华人民共和国预算法》（以下简称《预算法》）修订通过，并决定于2015年1月1日开始实施，其中第4条规定了国家实行财政转移支付制度，要求政府间的财政转移支付应当规范、公平、公开，主要以推进地区间基本公共服务均等化为主要目标。另外，《预算法》规定，建立健全专项转移支付定期评估和退出机制，意味着财政转移支付应该是动态的，根据具体的经济社会发展情势而设定，当予以转移支付支出的地区或事项发生了变化时，财政转移支付也应该适时退出，以避免造成资金的浪费。另外，《预算法》规定，上级政府在安排专项转移支付时，不得要求下级政府承担配套资金，这对于减轻我国地方政府的财政负担，充分发挥财政转移支付的正能量，当然具有重要的意义。其实，财政转移支付的目的和最初动因，就是地方财政对于完成地方政府辖区事项因资金的不足而表现出的无能为力，如果在转移支付的同时，要求地方政府承担配套资金，显然与财政转移支付设置的初衷不一致，除非是按照国务院的规定应当由上下级政府共同承担的事项。

《预算法》对财政转移支付的方法进行了原则性规定，第38条规定，一般性财政转移支付因为是一种惯常的行为，因此，应该由国务院按照转移支付的基本标准和计算方法进行编制，它主要考虑转移支付的一般性、普遍性要求，专项转移支付应该分别按照不同的地区，以及不同的项目类型来编制，县级以上的人民政府应在规定的时间内，将应当向下级政府转移支付的预计数额予以传达。下级政府应该根据上级政府转移支付的具体数额，编制本级政府的预算，上级政府转移支付的数额应该成为本级预算的一部分。另外，《预算法》还规定，各地一般公共预算要按照本级一般公共预算的1%～5%合理设计应对突发事件的预备费用，主要用于所在辖区内各种突发性的公共事件，以及其他各种类型的难以预计的突发事件的应急和处理费用。

还有，《预算法》对转移支付的审批、到达、执行及其监督进行了规定："全国人民代表大会和地方各级人民代表大会对预算草案及其报告、预算执行情况的报告重点审查下列内容"；"中央对地方的一般性转移支付应当在全国人民代表大会批准预算后三十日内正式下达。中央对地方的专项转移支付应当在全国人民代表大会批准预算后九十日内正式下达。省、自治区、直辖市政府接到中央一般性转移支付和专项转移支付后，应当在三十日内正式下达到本行政区域县级以上各级政府。县级以上地方各级预算安排对下级政府的一般性转

101

移支付和专项转移支付，应当分别在本级人民代表大会批准预算后的三十日和六十日内正式下达。对自然灾害等突发事件处理的转移支付，应当及时下达预算；对据实结算等特殊项目的转移支付，可以分期下达预算，或者先预付后结算。县级以上各级政府财政部门应当将批复本级各部门的预算和批复下级政府的转移支付预算，抄送本级人民代表大会财政经济委员会、有关专门委员会和常务委员会有关工作机构。"这些规定，对于我国区域经济协调发展中的财政转移支付法律制度的规范运行，具有重要的意义。

（二）我国区域经济协调发展的税收法律制度梳理

就税收法律制度而言，直接相关联的制度有2015年我国颁布的《就业促进法》规定，国家实行就业促进的税收政策，对符合条件的人员依法给予税收优惠。2008年制定的《中华人民共和国循环经济促进法》，规定了税收在循环经济运行中的激励和促进的功用，并强调在实践中加以发挥。另外，我国的多个国家建设纲要和经济社会发展规划也多次提及应充分运用税收政策以促进区域经济的协调发展。就我国税收法律制度的实施过程而言，税收优惠制度在区域经济协调发展中无疑承担着重要的激励措施。我国区域经济的税收优惠政策大致可分为两类：一类是适用于全国直接促进我国产业结构调整的税收优惠政策，另一类是适用于特定区域的特定优惠政策，就区域性的优惠政策而言，可以根据当前我国"东、中、西、东北"经济板块来划分，比较各个区域之间的税收优惠政策的重点内容及其各自的差异。[1]

具体而言，自20世纪80年代以来，我国为了加快对外经济开放，吸引外资，促进我国对外贸易的增长，我国对东部沿海地区实施了一系列的税收优惠政策，比如，1984年国务院发布的《国务院关于经济特区和沿海十四个港口城市减征、免征企业所得税和工商统一税的暂行规定》，对沿海14个港口城市，以及对外国和港澳地区的公司、企业和个人，在沿海14个港口城市投资中外合资企业、中外合作经营企业、外商独资企业，给予税收减征、免征的优惠。该政策实施的时间之长和力度之大，是其他地方不可比拟的，这也是导致我国区域经济发展失衡的重要原因之一。在企业所得税方面，我国在现行企业

---

[1] 李玉虎. 经济发展与我国区域税收优惠政策比较分析 [J]. 经济问题探索，2012（8）：25.

所得税实施之前,针对经济特区、经济技术开发区和沿海经济开放区,部分内资企业和绝大多数的外资企业,都可以享受10%、15%和24%的税收优惠。2007年,我国的企业所得税法修订,统一了企业的内外税率。但是,由于安排了过渡性的税收优惠,由此导致的结果是在企业所得税法颁布的很长一段时间内,东部沿海地区的企业依然享受着较低的企业所得税税率。此外,在增值税方面,我国规定对于出口加工区、保税区的企业,可以在商品出口时享有退免增值税的税收优惠,❶ 由于我国出口企业大都集中在东南沿海,因此,这也是我国税收在区域经济发展安排中的一种表现。

有关西部大开发的税收优惠政策。自西部大开发实施以来,我国制定的《国务院关于实施西部大开发若干政策措施的通知》《国务院办公厅转发国务院西部开发办关于西部大开发若干政策措施实施意见的通知》《财政部国家税务总局海关总署关于西部大开发税收优惠政策问题的通知》《关于落实西部大开发有关税收政策具体实施意见的通知》等文件对通过税收优惠的方式促进西部大开发战略的实现有着较为明确的规定,具体包括:首先,针对国家鼓励的产业并设在西部的内资企业和外商投资企业,在2001~2010年,企业所得税按照15%的税率来征收。其次,针对民族自治地方的内资企业,可以定期减征或者免征所得税,与之关联,对于外商投资企业,可以减征和免征地方所得税。再次,对于西部新办的交通、电力、水利、邮政、广播电视等企业,如果上述企业项目的业务收入占总收入的70%以上,可以享有企业所得税的优惠政策。对于西部大开发过程中基于生态保护、退耕还林等行为的特定收入,自获得收入的年份起10年内免征农业特产税。另外,还对西部省份的公路建设、省道建设用地,比照民航和铁路建设用地免征耕地占有税。❷

振兴东北战略的税收优惠。2004年,我国推行增值税的改革,规定从事装备制造业、石油化工业、冶金业、船舶制造业、汽车制造业、农产品加工业的增值税一般纳税人,可以实施新的固定资产抵扣方案。当然,目前这一措施已在全国范围推广。另外,《财政部、国家税务总局关于调整东北老工业基地部分矿山、油田企业资源税税额的通知》对低丰度油田和衰竭期矿山的资源税进行了减免。在企业所得税方面,《财政部、国家税务总局关于

---

❶❷ 齐鹤飞. 促进我国区域经济协调发展的税收政策研究 [D]. 南昌:江西财经大学,2009.

落实振兴东北老工业基地企业所得税优惠政策的通知》对摊销年限和折旧年限作出了新的规定。针对历史欠税问题,颁布了《关于豁免东北老工业基地企业历史欠税有关问题的通知》,对未清缴入库且符合通知规定的欠税予以豁免。❶

中部崛起的税收优惠。《关于中部六省比照实施振兴东北地区等老工业基地和西部大开发有关政策范围的通知》《国务院办公厅关于中部六省比照实施振兴东北地区等老工业基地和西部大开发有关政策范围的通知》等文件,对中部地区的税收优惠等做出了明确的规定。

二、我国区域经济协调发展中财税法律制度存在的不足

(一) 现有的财政体制难以支撑区域经济发展

分税制改革试图去消除包干制下规则的不确定性,尽可能地减少不一致的行动对财政能力的消耗。但稳定的规则必须兼顾中央与地方的财力对比关系,以及区域间的财政均衡,财权的集中化配置是一个必然选择。但我国分税制改革中,财权逐渐上收而事权逐渐下放,导致财权与事权不对称,财政出现"中央占大头、地方占小头"的局面。发达地区与欠发达地区的财政差距逐渐拉大的现状,具体而言,地方政府财政支出压力加大,各地政府通过其他措施来缓解财政压力,欠发达地区经济在此过程中与发达地区经济差距拉大。我国分税制改革后,中央财政总收入中有20%~30%来源于地方财政收入。由于政府的支出责任未改变,地方支出的20%~30%需要通过二次分配即财政转移支付来协调。地方政府财政出现的短缺,同支出自主性受到严重的限制。地方政府为了补足其财政,除了在分税制框架下大力争取财权外,只能不断通过框架外的其他途径来寻求财权和事权的平衡,具体而言,地方政府尤其是欠发达地区地方政府,过分倚重预算外收支,加大欠发达地区政府对社会资源的掠夺。事实上,预算外收支在我国有着较长的存在历史,新中国成立初期,在统收统支体制下,为满足事业单位、农村文教卫生等支出的需要,是国家将机关

---

❶ 齐鹤飞. 促进我国区域经济协调发展的税收政策研究 [D]. 南昌:江西财经大学,2009.

生产等收入下划给地方和单位自收自支的情形下产生的。此后行政单位推行的"经费包干、结余留用"、行政事务性费用增加以及企业利润存留制度等，其客观上推动了预算外收入的增长。分税制以后，由于分税制改革的不彻底，导致欠发达地区财政的严重亏空，在该种情况下，地方政府往往通过扩大其预算外收入来解决其财力短缺的现状。比如，转移预算内资金、加收行政事业费用、扩大基金征收范围等方式来扩大其预算外收入的规模，这些方式不仅使地方政府的财政收入来源多样，缺乏确定性甚至合法性，同时也对社会资源构成威胁，面对日益羸弱的地方财政，欠发达地区政府各种形式的乱摊派、乱收费等情况层出不穷，这一方面加重了当地企业、居民的负担，另一方面也降低了欠发达地区的资源汲取能力，制约了当地经济的发展。

同时，随着地方政府债务的不断膨胀，欠发达地方的债务负担日益严重。从国外的情况看，债务、行政收费与税收是财政收入的基本构成。从数额上看，政府最重要的税外收入就是债务，❶ 在我国，则主要表现为基层政府债务和政府融资平台债务。按照我国的现行规定，中央与地方在基本建设上的支出责任是"中央统管基本建设投资，地方统筹基本建设投资、城市维护和建设"。一个显见的结论是，地方政府的支出责任较中央政府更大，尽管有二次分配作用的财政转移支付制度，但该制度不仅不够完善，而且在省级以下的财政支付制度几近空缺，导致地方政府财力无法通过二次分配得以平衡。另外，欠发达地区政府受到因政府融资平台债务管理缺陷而引发财政风险的概率更大。政府融资平台债务是地方政府为筹集上述经常性支出资金，通过其融资平台公司❷举债而产生的。通过借助私法的手段组织融资平台公司，地方政府可以选择以私法形式来解决其经常性支付缺口等问题，完成国家任务，摆脱公法规范对地方债务的约束。我国目前规范政府融资平台债务的法律法规较少，

---

❶ B. 盖伊·彼得斯. 税收政治学. 一种比较的视角［M］. 南京：江苏人民出版社，2008.

❷ 国务院关于加强地方政府融资平台公司管理有关问题的通知》（2010 年）中规定：地方政府融资平台公司是由地方政府及其部门和机构等通过财政拨款或注入土地、股权等资产设立，承担政府投资项目融资功能，并拥有独立法人资格的经济实体。它是一种区别于作为公法组织的政府的私法组织，产生于 1979 年开始的国家投资体制改革过程中。

《国务院关于投资体制改革的决定》（2004 年）❶、《关于进一步加强信贷结构调整促进国民经济平稳较快发展的指导意见》（2009 年）❷ 对政府融资平台债务仅仅稍作提及；虽然 2010 年《国务院关于加强地方政府融资平台公司管理有关问题的通知》从防范地方财政风险的角度对相关问题进行了规定，但由于管理力度的不足导致地方财政风险的发生概率依然很高，政府违约担保、融资平台公司融资行为不合法等问题时常出现。欠发达地区政府由于过于沉重的地方债务，不仅导致对地方公共产品和公共服务供给的不足，缺乏对地方政府发展经济的应有支持，还导致其通过各种手段加重所在辖区市场主体的负担，导致经济发展速度的进一步放缓。

（二）现行的税权配置无法保证区域经济协调发展的实现

在市场经济条件下，税收是政府的重要收入来源，所谓的"税收国家"，其不仅是衡量一个国家是否是市场经济国家的依据，更是衡量国家经济运行合法性的标准。一个显见的事实是，政府税收的大小决定了政府财政的大小，是政府进行社会保障、宏观调控、提供公共产品和公共服务的重要保障。但是在当下我国，中央和地方的税权配置不够合理，严重影响了其政府的财政收入，加大了欠发达地区经济发展的困难程度。就当下我国的情形而言，中央和地方税权划分和配置不合理的主要表现在以下几个方面：第一，现行财权和事权的配置模式导致我国中央和地方财权和事权划分不清晰、不统一。从理论上讲，财权与事权的匹配可以促进地方的积极性，充分发挥地方政府发展经济的能动性，而我国的现状是"财权上收而事权下放"，中央和地方的事权只有较为笼统的规定，缺乏明确性，这种不明确导致中央和地方在职责上缺少确定性，现实中，诸多本应由中央政府承担的职责却交由地方去行使，比如，有学者就认为，对诸如国际界河的保护、跨地区的污染防治、跨流域大江大河的治理、海

---

❶ 该决定指出，"允许各类企业以股权融资方式筹集投资资金，逐步建立起多种募集方式相互补充的多层次资本市场。经国务院投资主管部门和证券监管机构批准，选择一些收益稳定的基础设施项目进行试点，通过公开发行股票、可转换债券等方式筹集建设资金。在严格防范风险的前提下，改革企业债券发行管理制度，扩大企业债券发行规模，增加企业债券品种。按照市场化原则改进和完善银行的固定资产贷款审批和相应的风险管理制度，运用银团贷款、融资租赁、项目融资、财务顾问等多种业务方式"。

❷ 该意见进一步明确，"支持有条件的地方政府组建投融资平台，发行企业债、中期票据等融资工具，拓宽中央政府投资项目的配套资金融资渠道"。

域和海洋的使用管理、跨地区经济纠纷的司法管辖等事关国家权益,涉及多个地区的事项,理应由中央来管理,但目前是由地方来承担。❶ 与事权和财权的不匹配这一事实相关联,我国的中央与地方税权划分也不科学。2018 年的税收体制改革,尚未对中央和地方的税权划分作出明确的规定,就当下的情形而言,尽管地方拥有多种地方税的固定收入,也有与中央共享的税种收入,但现实中那些税源稳定、易于征收、收入规模大的优质税种基本全被列为中央税或中央与地方共享税,而收入规模小、课税范围窄、征收成本高、税源分散的中小税种则划归给了地方,由此导致中央财力在分税制后大幅攀升,而地方财政则陷入困境,形成中央与地方财政出现巨大反差的局面。

另外,在区域经济发展中,地方政府的积极性尤为重要,但是当前我国地方政府并不享有税收立法权。这在一定程度上严重制约了我国地方政府资源配置的效率。从我国 2015 年修改后的《立法法》规定可以看出,❷ 在与地方性法规的关系上,法律对于税收事项是绝对保留,全国人大及其常委会居于垄断性地位。❸《立法法》并未给地方税收立法提供空间。❹ "拥有完全的税收立法权,不仅可以通过确定税收规模、选择税收结构、设置税收要素等来贯彻政策意图、配置和调度经济资源,还可以在一定程度上控制税收征管权和税收政策制定权"。❺ 地方政府无税收立法权的情况下,无法调动地方政府运用立法手段挖掘当地特有税源的积极性,难以保障地方政府财政收入,也难以形成稳定的财政收入增长机制,难以提高财政资金的使用效率,以促进地方经济的发展。在这种情况下,诚如前文所论,地方政府通过其他途径如收费、基金等形

---

❶ 闫坤,于树一. 论我国政府间财政支出责任的"错配"和"纠错" [J]. 财政研究,2013 (8):14 – 18.

❷ 1992 年的《税收征收管理法》第 3 条规定"税收的开征、停征以及减税、免税、退税、补税,依照法律的规定执行;法律授权国务院规定的,依照国务院制定的行政法规的规定执行"。2015 年修改后的《立法法》第 8 条第 6 项规定,税种的设立、税率的确定和税收征收管理等税收基本制度只能制定法律。第 9 条规定,如果上述税收事项尚未制定法律的,全国人大及其常委会有权作出决定,授权国务院可以根据实际需要先制定行政法规,但并未规定可以授权地方就税收事项制定地方性法规。第 73 条规定"除本法第八条规定的事项外,其他事项国家尚未制定法律或者行政法规的,可以先制定地方性法规"。

❸ 苗连营. 税收法定视域中的地方税收立法权 [J]. 中国法学,2016 (4):159 – 178.

❹ 熊伟. 税收法定原则与地方财政自主 [J]. 中国法律评论,2016 (1).

❺ 陈少英. 可持续的地方税体系之构建 [J]. 清华法学,2014 (5).

式来享有法外的"税收立法权"。按照经济学的解释,当通过正当合法的手段获得收益的路径被限制的时候,非法的交易便会普遍存在,比如,现实中的"药品黑市""外汇黑市",其产生的原因就是正当途径获得某种资源的成本过于高昂,当"法律体制的差别待遇和不稳定性"频繁出现的时候,市场主体便不具备从事正规经济活动的动力或能力,市场主体"对遵守法律规定的代价,以及为此得到的相关权利进行成本评估后,即会做出适合他们自己的选择"。❶

一个具有讽刺意味的现实是,尽管我国的立法规定财税法律制度税法保留原则,基本上没有给地方政府税收立法的可能性,但是当前我国财税领域的立法层次却又较低,并没有符合我国《立法法》的相关规定。我国《立法法》第8条第8款规定,与财政、海关、税收、金融等直接相关的制度,只能制定法律。但是我国区域经济协调发展中的财政制度,更多的是以政策的方式呈现,新修订的《预算法》尽管对财政转移支付制度有一些原则性的规定,但毕竟因立法主题所限,对区域经济协调发展中的财政制度并没有较多的关注。财政法律制度是国家最重要的政治经济制度,财政制度的规范、合法与高效与否,直接关系国家经济、政治的安全,也关系公共产品的供给质量和水平,更关系人民的福祉和权利,以及区域经济协调发展的成效。然而,我国的区域经济协调发展中财政转移支付制度和税收制度,大都以条例、规则的方式颁布实施。这无疑会影响到我国区域经济协调发展中财税制度的权威性,缺乏刚性约束,也会使得我国区域经济协调发展中财税法实施中的随意性加大,确定性减少。

还有保障区域经济协调发展的财税制度衔接性不足。在缺乏统一立法的情况下,为保障区域经济协调发展的政策和制度主要依靠相关政策,未实现统一、衔接、协调,在执行过程中容易导致执行异化,对此,我国学界已有充分的研讨,本书不再赘述。

(三) 促成区域经济协调发展的税收优惠制度不规范

税收优惠制度是从税法的角度促进区域经济协调发展的关键手段,但当前

---

❶ [秘鲁] 赫尔南多·德·索托. 另一条道路:一位经济学家对法学家、立法者和政府的明智忠告 [M]. 于海生,译. 北京:华夏出版社,2007:158.

我国的税收优惠制度并未很好地发挥促进区域经济协调的功能,具体而言,第一,当前我国税收优惠多集中在发达地区,目前我国税收优惠主要涉及的范围有经济特区、沿海经济开发区、经济技术开发区、高新技术产业开发区、沿海开放城市、沿江开放城市、内陆开放城市、边境对外开放城市、国家旅游度假区、苏州工业园区、福建台商投资区、上海浦东等国家级新区、海南洋浦开发区、出口加工区、保税区、中西部及贫困地区、农村税费改革试点地区、东北内蒙等老工业基地、民族地区等,❶从中可以看出,对于欠发达地区,并没有获得更多的税收优惠政策的支持,税收优惠政策本来应该广泛性存在并应该促进欠发达地区经济发展,这样却导致其实际上形成税收洼地。第二,由于地方无税收减免权,导致地方政府为吸引投资发展经济通过其他方式进行变相减免税收,如直接进行减税、退税、免税,为完成引资目标私下给企业承诺,破坏了税法的权威性,进一步加剧了税收促进区域经济协调发展中的乱象,阻碍了税法促进区域经济协调发展功能的发挥。

(四) 财政转移支付制度难以支撑区域经济协调发展

我国的财政转移支付极为随意,缺乏权威性和稳定性。在财政法律制度保障区域经济协调发展的过程中,财政转移支付制度是异常重要的手段必须加以利用,当下世界主要市场经济国家均将财政转移支付制度作为缩小地区经济差异的重要手段,帮扶欠发达地区并取得良好成效。比如,美国政府通过建立完善的财政转移支付制度在促进南部、西部等欠发达地区经济发展的过程中发挥了重要作用,取得了明显成效。❷值得借鉴的是,美国对财政转移支付的规模、结算办法、计算方法、政府责任等有着异常明确的法律规定,但是我国的财政转移支付制度缺乏法律上的确定性。前文已论,《预算法》仅规定了中央和地方收入体制和范围,对财政转移支付的约束力十分有限。财政转移支付的主要依据《过渡期财政转移支付办法》,立法层级较低,且具有浓厚的行政色彩和旧体制烙印,缺乏权威性和稳定性。

更为严重的是,我国省级政府以下财政转移支付制度处于空白状态。众所

---

❶ 熊伟. 法治视野下清理规范税收优惠政策研究 [J]. 中国法学, 2014 (6): 154 – 168.
❷ 石风光, 李宗植. 美国、日本区域协调发展政策实践及启示 [J]. 国际问题研究, 2008 (5): 28 – 33.

周知，财政转移支付不仅是中央对省级政府的转移支付，还有省级政府对以下级别地方政府的转移支付，我国幅员辽阔，省级地方政府所辖范围广大，省级政府以内的地方经济的发展也存在严重不平衡的现象。省级政府对下级政府的财政转移支付同样重要，但是当下我国不够完善的财政转移支付制度还主要集中在中央与省级政府间，省级政府以下的转移支付制度尚未建立，这对我国省级以下地区的区域经济协调发展的负面影响异常严重。

另外，我国财政转移支付内部结构不平衡，专项转移支付比重较小。根据财政部数据统计，2016 年中央对地方财政转移支付总额为 52 573.86 亿元，其中一般性转移支付为 31 864.93 亿元，专项转移支付为 20 708.93 亿元，占总比重的 39.39%。❶ 从区域经济协调发展的视角来看，财政转移支付制度必须要有明确的针对性，以具体项目和政策补助为目标设立的专项转移支付在转移支付中更契合区域经济协调发展的需要，在笔者看来，大幅度提高专项转移支付的比重，才契合财政转移支付的本真价值，一般性的财政转移支付更应该通过合理的税权划分去实现。

我国财政转移支付的设置程序还缺乏规范化，随意性较大，资金分配缺乏公平、合理。实际运行中出现的项目零散、重复，专项转移支付要求过高，专项转移支付使用效率低，政府为争取专项转移支付而出现权力寻租等问题，以及财政转移支付缺乏科学合理的计算方法，等等，都是我国区域经济协调发展在财政转移支付保障不足的典型表现，对此学界已有充分的研讨，本书不再赘述。

(五) 财税法运行中的绩效评价制度缺失和责任制度缺失

法律尤其是行政法的任务，"从某种意义上说，旨在控制和制裁行政违法和行政不当"。❷ 雷德里克·莫舍也曾说，"在公共行政和私人部门行政的所有词汇中，责任一词是最为重要的"。❸ 权力本身的属性及其运行过程的可能形态，以及责任制度具有的惩戒效用、预防功能，决定了责任制度在现代政治构

---

❶ 关于 2016 年中央和地方预算执行情况与 2017 年中央和地方预算草案的报告 [J]. 预算管理与会计, 2017 (4): 2-11.
❷ 应松年. 行政法学新论 [M]. 北京: 中国方正出版社, 1999: 606.
❸ Mosher. F. Democracy and Public Service [M]. New York: Oxford University Press, 1968: 7.

造中的不可或缺——现代国家所谓的"透明政府""责任政府"的口号和实践，都意味着"问责制"已成为政府制度的一个核心存在。因此，如何保证区域经济协调发展中的财税制度能够按照法律法规预设的路径和目标来运行，如何保证公共价值和目标的顺利实现，如何预防权力机关基于自己的私利，或者借助于权力寻租，如何保证区域经济协调发展中的财税制度达到社会期待的实质公平和正义，这就需要给行政权力课以相应的行政责任，并督促其落实。行政问责是保证行政权力扬"善"抑"恶"的有效机制，它能促进区域经济协调发展过程中行政道德的弘扬，以及相关机关的主动作为，同时还能对行政机关的错误行为、不当行为和消极的不作为都予以纠错，从而达到维护区域经济协调发展的目的。在整个过程中，现代国家给付行政的核心理念得以阐释，公共责任得以承担，社会得以健康发展。[1] 同时，现代国家一般是按照法治化的原则来实现自身运行，法律责任无疑具有特殊的重要性——从最根本的意义上来讲，法律责任总是和社会政策以及一部法律所预设的目标相联系的，责任来源于主体的角色，是主体角色的法律预设，它直接导源于相关主体的职责和职权，责任同时与因果关系相联系，它包含某些道义、精神状态、正义相关，是基于主体的社会角色、能力以及法律要求综合后的结果，责任强调是相关主体的应为性，是不履行或不当履行义务的后果，是义务之后确定制裁的主导因素。[2] 突发性灾难应对中的财政转移支付制度运行过程中，唯有责任机制的健全，才能保证其高效和规范，对此，现代法治国家关于法律责任的论述已经相当充分和完备，笔者不再赘述。

三、区域经济协调发展中财政转移支付法律制度的完善

财政转移支付是一国中央政府对该国经济进行宏观调控的手段，也是其调节地方政府行为、平衡各地之间公共服务能力的重要工具。政府间财政关系体系包括中央与地方不同财政主体之间的财政权力与收入的划分、公共事业权力

---

[1] 伍洪杏，吕锡探. 行政问责：权力之善的助推器［J］. 湘潭大学学报（社会科学版），2010（5）：49.
[2] 邓峰. 论经济法上的责任——公共责任与财务责任的融合［J］. 中国人民大学学报，2003（3）：146.

与支出责任划分和政府之间的转移支付等要素,这些要素与制度的安排受制于各国的政治体制、经济结构、文化习俗和历史发展等因素。在现代国家,面对区域经济发展失衡和地方财力的有限,对因财权和税权在一定程度上的分离所形成的地方财力不足的问题,单纯依靠市场无力解决。为应对这个问题,现代国家大都建立了针对区域经济协调发展的财政转移支付制度。其不仅能弥补地方财政的弱势问题,还能促进地方政府职能的充分发挥,从而促进区域经济的系统发展。

从本质上讲,政府的财政转移支付是政府间的一种补助行为,它以各级政府间所存在的财政能力差异为前提,以各地区间的公共服务不均衡、区域间的经济发展存在差异为基础。财政转移支付的目的,是通过一种财政资金的转移或者财政资金的平衡,对现存资源在上下级政府之间和同级政府之间的重新分配。在存在区域差异的情况下,财政转移支付是确保各级政府能够履行职能的一个必要条件,在当今世界各国,国家的财政体制都规定了财政转移支付制度,其也是矫正区域经济发展失衡的一个关键举措。

(一)财政转移支付制度的类型述介——以典型国家为例

从世界的范围来看,一般认为,比较规范的财政转移支付于17世纪产生于澳大利亚,❶ 随后很多国家都开始实行财政转移支付制度。从各国实践来看,财政转移支付制度都基于各国关于政府事权划分和财权划分的相应法律规定而形态各异。基于此,学界对于财政转移支付的分类也有很多种,比较常见的分类是从财政转移支付的方向来划分的,因为从转移支付制度作用目标来看,世界上各个国家在财政转移支付制度设计的过程中,尤其考虑财政方面纵向的平衡和横向的平衡。其中,实现纵向平衡的目的是保障地方政府在管辖、解决本地区事务的过程中,保证其拥有与其事权相一致的财政能力,重点克服财政的初次分配中央财政盈余较大,超过了其所需支付的资金数额,而地方政府所需要的财政资金又无法满足,不能很好地对本辖区经济社会文化事业的发展提供资金保障的问题。实现横向的财政平衡,其目的是通过地方政府间的转移支付,消除地方之间基于地理位置、发展环境、历史传统等因素所形成的发

---

❶ 李达.中国政府间移转支付的新政治经济学分析[D].上海:复旦大学,2006.

展失衡，以及由这种失衡所形成的地方政府在公共服务和公共产品供应上的巨大差异。保障各个地区之间在资本吸引、人才吸引方面大致均衡，以及辖区居民在就业、就学、医疗服务、居住环境、交通服务等方面的机会和条件大致均等。❶ 毋庸置疑，区域经济协调发展中的财政转移支付，既有纵向公平的目的也有横向公平的追求，从纵向来看，是通过中央的财政转移支付及时补足地方政府的财权不足的情况。从横向公平的角度来看，目的在于寻求各个地方经济发展水平的大致相当和平衡。国外的无论是联邦制国家或者是单一制国家，为平衡地域间的财政能力差异、均衡各区域基本公共服务差距，都根据本国自身情况，采取了不同的财政转移支付制度。本章中，笔者将结合各国政府在财政转移支付过程中所依据的手段和主要方式，大致概括出不同类型的财政转移支付制度，并以相应的代表国家为例进行简单的分析。

1. 以补助金制度为主要手段的转移支付模式：以美国为例

所谓补助金手段，是指国家财政基于各种现实需要，对特定主体或特定地区直接实施的金钱补助。该模式的特点可归纳为：第一，财政转移支付类别多样，常常分为分类补助、宽范围用途补助和一般项目补助三个类型。这三种类型中，宽范围用途补助和分类补助是财政转移支付最常用的两种类型，它们构成财政转移支付的主体类型，而一般项目补助所占的比重较小，现实中使用范围和概率较小。第二，中央财政采取财政转移支付之后，要求地方政府拿出相应的配套资金，以确保财政转移支付目标的实现。第三，财政转移支付除了采取拨款的方式之外，还可能会采取联邦贷款的方式，或者贷款担保等信用方式来实施。❷ 现实中，以补助金为基本形式的财政转移支付极为常见。

从适用的条件来看，在中央财政较为充足的情况下，以补助金为主的财政转移支付制度可优先适用。18 世纪末，美国政府为了从财政的角度来巩固联邦中央政府的权力，强化对各州和地方政府的支配权，开始对各州和地方政府实施现金补助，从而开启了美国财政转移支付制度的先河。随着美国经济的进一步发展，中央财政盈余进一步加大，联邦权力进一步集中，美国中央政府对

---

❶ 刘永祯，付伯颖，张海星. 政府间转移支付制度：国际比较与经验借鉴 [J]. 财经问题研究，1997 (4)：63.

❷ 审计署财政司课题组. 政府间转移支付制度的国际比较 [J]. 中国审计，2001 (9)：28.

各州和地方政府的转移支付也在不断增加，财政转移支付逐渐成为美国政府实现地区间均衡发展的主要工具，成为美国政府调控宏观经济发展的主要手段。❶

在政府事权划分上，以补助金制度为主要手段的转移支付模式适用于分税制预算管理体制、财政分权和财政层级制的国家。众所周知，美国依据法律、惯例、服务能力与效率的原则形成自己的基本财政格局，实行的是完全的分税型预算管理体制，财政实行联邦财政、州财政和州以下地方财政三级管理体制，其分别享有各自独立的税权。联邦政府主要负责国家安全、国防、外交事务，以及国际交往中形成的国家与国家之间的事务。另外，类似于邮政、涉及全国性的科学技术等事项，以及关系到全国利益的州与州之间的事务，涉及全国人民的社会福利计划，由中央政府负责实施；而州和地方政府，则主要针对自己辖区范围内的经济、社会、文化发展事务做出管理和服务，比如，州或地方政府的教育、社会福利、公共文化事业、体育等。❷

就补助的对象而言，补助金制度既可用于中央或地方事权所规定的事项的补助，也可补助中央和地方共同行使事权规定事项的补助。一般认为，属于中央的事权包括：一是国防，众所周知，国防是纯粹的公共产品，国家内部任何一个公民，可能享受到的国防公共产品的数量和质量是一样的，是最纯粹的公共产品；二是国际事务的处理和安排，这些事物也应由主权国家来完成，因此必须交给中央政府来实施；三是对经济稳定目标的追求，地方政府的经济稳定和发展固然重要，但其也需要依赖于全国经济发展的状况，一国整体经济的健康发展持续稳定发展，事关地方经济发展的状态和可能性，因此理应由中央政府承担；四是制定科技、教育发展计划，支付科技教育、科技拨款，制定并通过社会福利计划和拨款，实现社会发展和社会稳定；五是提供使全体公民收益的其他各种类型服务。

对于地方政府而言，其主要职责是对中央政府职权范围之外做出管理和服务的事项，具体包括：第一，进行收入再分配，针对本辖区不同层次的人提供救助，或者针对本辖区的特定事件提供的救助。现实中，由于各地方的经济基

---

❶ 倪志龙．财政转移支付法律制度研究［D］．重庆：西南政法大学，2009：6．
❷ 审计署财政司课题组．政府间转移支付制度的国际比较［J］．中国审计，2001（9）：29．

础和发展状态、速度具有较大的差异性，这使得各地方在做出对本辖区的服务和管理时，其作用大于联邦政府的作用。第二，提供本辖区的基础设施和社会服务，比如，对于道路、水利等项目的建设，对于各种文化教育事业的完善和发展，对于警察、消防、治安等基本社会需要的提供。第三，促进本辖区经济社会的发展，提高本地区的社会经济竞争力。

美国政府所建立的财政转移支付制度在美国地区横向公平和纵向公平的实践中发挥着重要的作用，按照美国的财政体制及运行逻辑，联邦财政主要是针对教育、道路等公共设施、医疗卫生、社会福利和社会保险等方面提供各种类型的补贴和转移，❶ 具体方式大致可分为三种：第一种是专项补助，这种方式需要地方政府提出申请并由地方政府筹措相应的配套资金。第二种是无条件拨款，这种形式就是一般意义上的转移支付，无须笔者特别交代。第三种是总额拨款，就是针对特定事由的特定补助。无条件拨款由中央政府每年拿出一定数额的联邦收入并根据各地的具体情况，尤其是各个地方的财政收支情况，人口数量、人均收入、资源情况来制定相应的分配标准，在各州间进行分配。这种支付形式在美国是一种支付常态，各个州或地方政府，只要符合支付标准所确立的类型，就可以接受这种补助金的补助，地方政府无须履行申请程序，中央政府依据自己所认定的标准及地方政府的具体情形就可直接拨款。当然，该决策由国会来实施，地方政府对于此种类型的财政拨款具有完整的支配权，可以用于各种类型的地方建设和地方服务。正是因为这种使用的宽松性，使得这部分资金占财政转移支付资金的比重在整个财政转移支付中较小，最近几年，通常都是标准不到10%。如果从功能上来分析，这种转移支付的主要目的，是为了应对地方之间发展的差异，实现地区间的纵向平衡。❷ 美国的总额拨款，常常用于特定的范围和特定的局域，主要是涉及重大的工程项目建设，这种补助和拨款一般是有条件的补助，它强调地方政府配套的对称性，地方政府要从自己的财政中拿出与之相配套的5%～50%，有时可能更高，用于补助项目的配套。

美国联邦政府对州和地方政府转移支付的首要目标是引导州和地方政府提

---

❶ 胡巍. 财政转移支付制度的国际比较及其借鉴［J］. 商丘师范学院学报，2013（10）：101.
❷ 倪志龙. 财政转移支付法律制度研究［D］. 重庆：西南政法大学，2009：80.

供更高水平的使全体公民受益的服务。❶ 而政府间的转移支付,其实也是以该目标为依归的,只是承担这种责任的主体有所区别而已。无论是社会保障、健康、教育,以及交通等多种公共设施和公共服务,都有可能基于突发性灾难的发生而变得紧迫和必要,此时,这种财政转移支付对于这些公共服务的充实和补救,就变得非常关键。❷

2. 以财政均等化为主要目标的转移支付模式:以德国为例

以财政均等化为主要模式的财政转移支付制度,一般具备以下几个主要特点:第一,该财政转移支付的根本目标,是以向全国人民提供大致相同的公共产品和公共服务为目标,矫正地区之间的发展不均衡。尤其是对后发地区和欠发达地区的救助,构成该种财政转移支付的核心内容。第二,上下级政府间的纵向转移支付,以及同级政府间的横向财政转移支付同时存在,但是横向的财政转移支付制度更为普遍。第三,财政转移支付的制度化更为明显,财政转移支付适用的条件、原则、程序以及责任制度都有明确的规定。第四,在转移支付的具体过程中,地方政府财力的均衡问题,或者是通过财政转移支付制度实现均衡的问题,不考虑地方政府之间需求的差异,是该种模式重点考虑的问题。❸ 德国是这种财政转移支付制度的典型代表。

德国在20世纪50年代建立财政转移支付制度。此后随着国家及地方形式的发展不断得到完善。德国宪法对财政转移支付制度所规定的事权划分做出了原则性规定,具体而言,对于在全国范围内具有普遍利益的事项,由联邦政府来负责,而对于除了具有"普遍利益"之外的其他事务,则由地方政府来负责实施。另外,有些事务还可确定由两级以上的政府来共同承担。❹ 德国基本法要求,在全国范围内,各个地方应该保证大致相当的生活条件和公共服务,❺ 不管基于何种缘由,只要有生活条件和公共服务不均衡,就有财政转移支付实施的必要。德国的财政转移支付包括纵向的财政转移支付和横向的财政

---

❶ 王晓光. 国外转移支付制度的借鉴[J]. 经济研究参考, 2002 (16):46.
❷ 黄工乐. 外国转移支付的作法及其借鉴意义——参加财政部1996财政转移支付高级研讨班学习心得之二[J]. 四川财政, 1997 (4):4.
❸ 审计署财政司课题组. 政府间转移支付制度的国际比较[J]. 中国审计, 2001 (9):28.
❹ 李齐云. 分级财政体制研究[M]. 北京:经济科学出版社, 2003:180.
❺ 杨之刚, 马拴友. 政府间财政转移支付的国际比较[J]. 中南财经大学学报, 1996 (1):65.

转移支付两大类型。其中，纵向的财政转移支付主要是通过共享税来实现，德国的共享税会通过定期的调整来协调联邦和州的财政关系，进而实现财政数额在联邦政府和州政府之间的平衡。另外，对于财力较为薄弱的一些州，联邦政府会直接给予财政支持和资助，有时会通过专项拨款的方式来参与一些州的项目的筹资和建设，州与州之间的横向平衡，则主要针对人均收入达不到联邦水平的地区，直接给予一定的补偿。❶

需说明的是，德国的纵向财政转移支付，包括两个层面的财政转移支付方式，具体包括联邦政府对州的财政转移支付，还有州对地方政府的财政转移支付，也就是说，德国纵向财政转移的支付是按照层级来进行的，转移支付的主体是接受转移主体的上一级政府，而实施转移支付的主体不一定是中央政府。具体而言，第一，联邦对州的财政转移支付，主要通过德国共享增值税来承担，增值税是德国典型的共享税，当一个地区的财政能力——不管是收入本身的薄弱，还是基于特定情势造成的能力不足，达不到全国平均水平的时候，国家就可以对增值税做重新分配，让财政能力较弱的地方政府获得更多的财政收入，从而达到全国的平均水平。第二，对公共事务的财政拨款，当某种事务应该由联邦政府和州共同管理或共同应对的时候，联邦政府就有义务对该地区进行财政拨款。当然，这种拨款是有条件的，它应该根据州的具体情势来决定，还应该综合整个国家的宏观经济情势。第三，无条件的拨款，其不采取公式法的方式进行，也不对用途做非常详尽的规定，地方政府可根据具体的情况灵活使用该款项。德国统一后，东部州的发展现状明显要落后于西部地区，在这种情况下，无条件的纵向转移支付常常针对东部实施。

除了纵向转移支付外，德国的横向财政转移支付制度也是纠正区域经济发展不均衡的关键方式，其对于缩小地区经济差距方面起着十分重要的作用。诚如前文所论，它具体既包括州之间的财政转移支付，也包括州内部的地方政府间的财政转移支付。为了实现发达地区向欠发达地区的财政转移支付，德国规定了一套非常严密、科学和行之有效的分配方式，具体的运行过程包括以下几方面：第一，对欠发达地区的税收能力进行准确的估算，一般情况下，各州的财政收入主要由州独享的税收收入，以及各级政府分享的分享税，地方政府自

---

❶ 薛航. 发达国家财政转移支付制度的借鉴 [J]. 黑龙江省社会主义学院学报, 2005 (3): 34.

己的筹集收入、地方政府征收的增值税等构成,由于地方本身的经济基础、发展规划和资源禀赋等原因导致各州之间要么税收能力有差异,要么各州之间的支出情况有不同,这使得部分州和全国平均水平之间形成一个差额,这个差额构成了向各州之间财政转移支付的确定依据,超出者则有转出的义务和职责,对于未达到平均水平的则有要求转入的权利;❶ 第二,各州的财政支出,按照具体的实践情况,则是由全国人均财政支出和本州人均财政支出来衡量的,当本州的人均财政支出基于各种原因低于全国平均水平时,便有转移支付的需要;第三,对是否需要财政转移支付的计算,具体的计算过程,是将各州的财政收入和财政支出相抵,然后按照一定的标准,决定某一地方是否该受转移支付的补助。按照德国均衡法的规定,当州的财政能力发展滞后,低于全国平均水平的95%后,就有必要进行第二次转移支付。当然其最终标准不是各州之间的绝对平均,但如果某地区的财政能力低于全国平均水平95%的话,就构成了财政转移支付的条件。❷ 一般情况下,财政转移支付的资金来源于财政能力超过平均州的其他州。❸ 这对于德国区域经济发展的均衡化起到了关键的作用。

3. 以税收返还形式为主要手段的转移支付模式:以日本为例

以税收返还为主要手段的财政转移支付模式,具有以下几个方面的特征:第一,实施这种模式的国家一般中央财政集权的程度比较高,但中央财政较为集中的状态并没有否认或弱化地方政府承担的事务;第二,财政转移支付的规模比较巨大,转移支付的方式种类繁多;第三,财政转移支付制度是通过以财政返还的方式来实施的。❹ 其以日本的财政转移支付制度为典型代表。

在事权方面,日本是一个实施了单一制制度的国家,它按照三级行政体制来构建自身的政治制度,也就是中央为最高级别的行政机构,都、道、府、县作为二级行政机构,市、村、町作为最基层的行政机关而存在。实践中,日本为了保证各个政府层级间职责划分的明确,现行法律制度对各级政府承担的事务做了明确的规定:中央政府主要负责的是事关全局性、公共性的事务,比

---

❶ 吕旺实. 公共财政制度 [M]. 北京:中国财政经济出版社,2002:178.
❷ 李齐云. 分级财政体制研究 [M]. 北京:经济科学出版社,2003:187.
❸ 倪志龙. 财政转移支付法律制度研究 [D]. 重庆:西南政法大学,2009:90.
❹ 审计署财政司课题组. 政府间转移支付制度的国际比较 [J]. 中国审计,2001(9):28.

如，国家安全、邮政、金融制度、货币制度，以及对全国物价的调控、物价的管理等事项。地方政府承担的主要职责包括对于当地社会治安的维护，公共卫生事业和文化教育事业的保障职责。另外，一些基础设施的建设和规划，也属于地方政府当为的事项。日本现行宪法规定，凡是属于上级政府应该办理的事项，没有法定的理由，不得交由下级政府办理。具体而言，日本相关法律规定，中央政府承担的事权包括国防、外交、立法、司法、刑法、监狱制度、全国性的高速公路、国道的建设、属于全国性的社会保险、医疗卫生事业中执业主体资质的审批与发放，医疗器械的监管与药品的审批、货币的发行、全国通信邮电事业、国有的林场、全国物价水平的控制、国际收支的平衡，以及产业政策的制定和执行，等等。与当地居民有密切关系的事务则由地方政府承担，如基础设施、治安、教育、社会救助和社会福利事业、医疗卫生事业、地域经济复兴，等等。

与事权规定相匹配，日本法律对地方政府的财权也做出了明确的规定，和其他国家不同的是，日本较少使用共享税的税收分配方式。与日本三级政权的政治体制相适应，日本的财政体系也分为三级，每个级别的政府都设有各自的财税部门，并就自己的收支情况作独立的财政预算，中央政府的财政部门为大藏省，都道府县的财政部门为财政局，市町村政府的财政部门设置为财政课，各级财政部门分别就自己职责范围内的财政问题负责。中央政府通过编制地方财政计划，对地方政府的财政预算、运行进行引导和规划，各级地方政府在自己的职权范围内，管理自己的财政预决算。目前，日本的税种多达 57 个，但是哪些税种属于中央、哪些属于地方，异常明确，不存在分享税种的分配问题，也不能随意变动。目前有 25 个税种属于中央管理，有 15 个税种属于都道府县管理，有 17 个税种属于市町村来管理。❶ 作为一个典型的市场经济国家，它的税收收入构成了各级政府财政收入的主要来源。当地方政府的财政收入小于支出并符合财政转移支付的条件时，中央政府会对各级地方政府实施财政转移支付。

日本的财政转移支付方式大致有三种类型。第一种属于国家让与税，国家会基于特定的事由，把本来属于中央政府征收的税收，按照一定的标准转移给

---

❶ 李齐云. 分级财政体制研究 [M]. 北京：经济科学出版社，2003：196.

地方。目前共有5个税种可以通过国家让与的方式来补给地方，分别为：液化石油让与税、航空燃料税、特别吨位税和地方公路让与税。❶按照现行的做法，中央可以将中央征收的地方道路税的全部用于对地方政府的转移，液化石油的一半可以用于对地方政府的转移支持，特别吨位的全部，以及汽车重量税的1/4，可让与地方政府。但由于这些税种的税源在各个地方的分布极端不平衡，地方政府征收这些税种的难度大，征收效率低，所以将这些税种列为国家征收的内容由中央政府来统一征收，然后再根据具体的需要通过财政转移支付的方式将之转移给地方。

日本财政转移支付的第二种形式是国家下拨税，和国家让与税一样，也是先由中央统一征税，然后按照一定的标准在全国统一分配。这种下拨的理由，依然是中央政府给予纵向的公平而做出的一种财政转移支付。当前，日本的中央政府会基于各地经济的均衡发展，或者对特定地区基于特定事由进行直接的下拨补偿。按照当前的做法，国家将所得税、法人税和资源税按照32%的比例拨付给地方政府。❷设立国家下拨税的目的，是解决地区之间财政收入的不均衡，或者地方支出存在巨大差异的问题，由于地区之间的经济发展不均衡，或者某些地区基于特定的事由，在当年甚至一段时间内的财政支出呈现出巨大的波动性，就很难保证当期的财政收入能应对基本的财政支出，日本中央政府正是基于这种方式来确保地方政府有足够的资金来履行基本的财政职能。

日本财政转移支付的第三种形式是直接的国库支出。国库为了保证地方的特定支出，中央国库就自己的收益而支出相应的财政资金给地方政府，这种资金的使用要按照一定的目的和条件进行用于特定事项，支出应具备特定的事由。❸在国库支出可分为两大类：一是当中央将本属于中央政府的部分事权交给地方政府时，应给予地方政府一定的财政补贴，该类型本身属于一种委托；二是由于公共产品和公共服务的外溢性，当地方政府提供的公共产品或公共服务的受益主体不为一个行政辖区所独有，扩展至其他地区时，中央财政也要给予财政转移支付。具体又可分为两类：一类是用于中央政府规定由地方政府提供的公共产品补贴，由于其来源于国库，因此又叫国库负担金。这些公共产品

---

❶❷ 付伯颖. 外国财政 [M]. 北京：经济科学出版社，2003：283.
❸ 付伯颖. 外国财政 [M]. 北京：经济科学出版社，2003：284.

具有全国范围内的整体受益和联合消费的特点,因此它常有财政援助的性质。另一类是中央财政对特定产业的补助,比如,地方政府依据《农业基本法》《生态保障法》《土地改良法》《义务教育法》等法律直接申请的财政转移支付。❶

(二)我国区域经济协调发展中财政转移支付制度的完善路径

1. 我国区域经济协调发展中财政转移支付的模式选择

前文就当前世界主要国家在财政转移支付中的模式进行了系统介绍,每一种财政转移支付模式都有自己功能优势。笔者认为,从模式上讲,我国在区域经济协调发展的财政转移支付制度的完善,应根据具体的经济发展情势,综合以上三种模式来实现制度优化,这是由我国区域经济协调发展中财政转移支付的内容、特点和要求所决定的。具体而言,在我国区域经济协调发展的过程中,横向财政转移支付和纵向的财政转移支付均为我国所必需,这就意味着以财政均衡为目标的财政转移支付模式在我国有存在的必要,而当前我国较为充沛的中央财政,以及税收收益高度居中于中央的实施,决定了补助金和税收返也是我国区域经济协调发展中应该重视的财政转移支付模式。

我国地区间的经济水平和财政能力存在非常大的差异,由此造成的结果是不同区域公共产品和服务水平存在显著的不同,在经济发展的过程中,"马太效应"使得欠发达地区的经济水平因原本存在的先天竞争劣势而处于更加不利的地位。在这种情况下,单纯依靠纵向转移支付显然力不从心。在我国,横向转移支付事实上已经积累了较为丰富的经验。比如,2008年,我国汶川地区发生地震之后,兄弟省份对地震灾区的援助以及取得的成绩,就说明我国横向财政转移支付具有非常确定的实践意义。在区域经济协调发展的过程中,如果能通过建立有效的横向转移支付管理机制,建构完备、科学的横向转移支付制度,实现地区间经济利益的共享,尤其是对经济联系比较密切的省份和区域,一方面通过横向转移支付制度实现利益的共享和公共产品的共用,另一方面引导落后地区在公共服务水平均等化上采取有效的竞争策略,从而保证经济

---

❶ 宋槿篱、谭金可. 外国经验对我国财政转移支付立法的借鉴与启示 [J]. 财经理论与实践, 2008 (2): 123.

资源在整个区域内合理流动。❶

同时，我国中央财政较大的盈余，以及上级政府的财政总体好于下级政府的事实，决定了我国纵向转移支付的必要性。政府间纵向的财政转移支付主要是为了平衡各地区由于社会、历史因素或者经济发展的速度和水平不同而产生的政府收入差距，以保证各地区的政府能够有效地为社会提供充足的公共产品和服务。纵向财政对地方财政和履行政府职能的意义重大。❷ 当前我国纵向转移支付中存在的问题主要是制度的稳定性较差，随意性较大，转移支付的科学性和民主性缺乏保障，前几年被社会所广泛诟病的"跑部钱进"，正是财政转移支付和项目建设缺乏刚性约束下的一种表现。纵向财政转移支付是公共服务均衡化的重要路径之一，其能有效避免财政收入的纵向失衡，缩小地区间的经济发展差异，对经济起到重要的收敛作用。从类型上看，纵向财政转移支付可分为中央政府对省级政府的转移支付和省级政府以下的财政转移支付两种类型。笔者认为，在未来政府的纵向财政转移支付运行过程中，需着力完善的重点是，要进一步调整财政转移支付的结构，由于税收返还和补助金制度对于地方政府的有效竞争的提升作用不明显，因此要重点提高一般性的财政转移支付比例。同时，完善省级以下的财政转移支付制度，理顺资金运转，提高资金使用的透明度和公开度，并将全部转移支付行为纳入预算管理体系，建立转移支付的监督机制，避免寻租行为，❸ 实现区域经济协调发展中纵向财政转移支付的规范运行。

2. 提升我国区域经济协调发展中财政转移支付的立法质量

首先，就我国的财政转移支付立法而言，针对一般性的财政转移支付，立法有《一般性转移支付办法》；针对专项转移支付的立法，有《中央对地方专项拨款管理办法》，这些都属于财政部制定的部门规章，立法层次低，导致法律权威的缺失，而且，在平时的具体支付领域，我国的制度更是常常以"通知"和"决定"的方式来规范。众所周知，"通知"和"决定"尚未达到部门规章的层级，严格来讲，其属于系统内部的公文。其尽管能及时回应社会现

---

❶ 陆军等. 税收竞争与区域城镇化——以京津冀为例 [M]. 北京：商务印书馆, 2011：289 - 290.
❷ 陆军等. 税收竞争与区域城镇化——以京津冀为例 [M]. 北京：商务印书馆, 2011：287.
❸ 陆军等. 税收竞争与区域城镇化——以京津冀为例 [M]. 北京：商务印书馆, 2011：288 - 289.

实,能灵活有效地解决现实中的问题,但是使得整体的财政转移支付的整体立法层次更加低下。按照法理学的解释,较低的立法层次会影响到法律的权威性和稳定性,减少制度预期,影响法律的科学性。

其次,构建统一、规范的财政转移支付制度体系。当前我国的财政转移支付立法除了层次较低外,还存在体系混乱的弊端。无论是国务院的立法,还是地方各级政府的立法,采取财政转移支付的条件、理由和方式,均没有统筹全面考虑的制度安排,导致的结果是财政转移支付中头痛医头,脚痛医脚,不同地方制定的财政转移支付制度形式多样,五花八门,缺乏统一的模式和标准,这种财政转移支付的运行模式,不仅可能导致法律上的冲突,还会给执行带来诸多冲突和不便。[1] 因此,建构体系和谐、内容完整的财政转移支付法律体系,是完善我国财政转移支付法律制度的当务之急。

再次,完善财政转移支付制度的程序法约束。程序是法律为特定的主体提出的行为方式、行为顺序、行为过程、行为时空等方面的要求。在哈贝马斯看来,所有的正义都是程序的而非实质的,可见程序对于正义实现的重要意义。在法治社会中,程序的意义早已不限于司法范畴,在所有的政府行为中程序都承担重要的功用。财政转移支付作为国家在经济领域中的一种干预行动,有着自己独特的运行方式和机制,为保障区域经济协调发展的财政转移支付的主体、决策、执行、监管等问题,都应该通过程序来加以控制。但当前我国有关财政转移支付的程序立法几近空白。因此,在未来财政转移支付立法中,通过程序法治的完善,规范我国财政转移支付的项目设定、预算编制和审批、执行程序和监督程序,是提升我国区域经济协调发展中财政转移支付的立法质量的重要内容。

3. 优化我国区域经济协调发展中财政转移支付的结构

笔者认为,依托财政转移支付制度来实现区域经济的协调发展的关键,在于财政转移支付的支出结构,在有限的资源下,如何做到"好钢用在刀刃上"就异常重要。笔者认为,无论是纵向的财政转移支付,还是横向的转移支付,抑或补助金的发放,其使用领域应重点围绕以下几方面来展开。

首先是基础设施建设和社会保障体系建设。基础设施建设是推进地区经济

---

[1] 马骁. 我国政府间纵向财政转移支付法律制度研究 [D]. 北京:首都师范大学, 2011.

增长、优化地区经济结构的关键。基础设施建设具有明显的生产性功能和经济服务功能，良好的基础设施建设不仅能够降低经济运行中的生产运营成本，加速资本流转的便利，实现经济结构的外部均衡，还会对投资和消费带来良好的拉动效应，吸引劳动力等资源流入，实现区域经济发展的内部优化和均衡，它构成财政转移支付最核心的领域。同时，必要的社会保障体系的建立是区域经济持续、协调发展的关键。财政的转移支付是一种分配性质的行为，不以取得商品或者劳务作为补偿的非购买性的财政支出，因此它又被称为政府对企业或个人的补贴性支出。❶ 一个合理完善的社会保障体系的建立，不仅是区域经济协调发展的实现路径，也是衡量区域经济协调发展实现程度的关键依据。完善的社会保障体系事关区域内人群的生存状态，也事关辖区内社会成员的生活和生产的安全保障，前文已论。悬殊的贫富差距导致部分主体的生存无法保障的时候，会威胁到所在地区的社会稳定，当贫困者"穷到要饭和饿肚子的时候，蔑视一切社会秩序的倾向也就愈来愈增长了"，因而作为蔑视社会秩序最极端表现的"犯罪行为"也随着赤贫现象的增长而增长。❷ 过分悬殊的贫富差距会影响社会心理，影响社会秩序，影响社会结构，影响社会制度的公正和权威。❸

其次是教育和人力资本建设领域的支出。随着我国经济的发展以及对教育和人力资本建设重要性认识的不断提高，近年来我国教育领域的投资逐年增加。据统计，我国在1992年全国的财政性教育经费的支出是728.75亿元，到2005年，我国财政性教育经费支出上升至5 161.08亿元，到2007年，这一数据上升至7 122.32亿元，但是我国教育经费支出占GDP的比重没有发生明显的变化，和发达国家相比，我国的教育经费支出的比重仍然处于较低的水平。❹ 教育不仅事关经济发展的持续性、协调性，更关乎国家和民族的未来，教育是开发人力资本、提高我国科学技术水平和国民素质，增强我国自主创新能力的关键。作为一种具有公共属性的投资，财政转移支付应着力于教育事业

---

❶ 陆军等. 税收竞争与区域城镇化——以京津冀为例 [M]. 北京：商务印书馆，2011：220.
❷ 马克思恩格斯选集（第1卷）[M]. 北京：人民出版社，1975：367 - 368.
❸ 胡联合，胡鞍钢. 贫富差距是如何影响社会稳定的负面影响及趋向 [J]. 江西社会科学，2007（9）：142 - 151.
❹ 陆军等. 税收竞争与区域城镇化——以京津冀为例 [M]. 北京：商务印书馆，2011：229 - 230.

的建设和人力资本的开发。实践中，应结合教育规律，充分发挥财政转移支付的功能，重点针对欠发达地区的基础教育和人力资本建设，建立规范的教育财政投入机制，强化对财政转移支付资金的管理和使用，通过教育的投入和人力资本的建设，拉动欠发达地区的经济增长。

最后是公共医疗服务的支出。人的一生中，疾病和死亡永远无法避免，公共医疗服务是人自身生活不可或缺的社会公共服务。医疗服务具有明显的公共产品属性和准公共产品属性。❶ 在现实中，国家的公共医疗服务保障程度，会影响到社会经济发展的效率和持续性。一般说来，医疗卫生支出的内部结构会影响到支出效率，医疗卫生支出的方向决定着医疗支出的公共性和社会效应，公共性更强和社会效益更大的领域，应该是财政转移支付的重点，具体包括防治防疫事业和妇幼保健事业。❷ 从应然的角度讲，一个国家的公共医疗卫生保障体系应该和经济发展水平相适应。改革开放以来，我国的经济取得了极快的增长，多年来的增长速度超过10%。经济进入新常态以来，也保持着7%左右的增长速度，但是，1991~2013年，我国的人均医疗费用则以17.49%的增长速度在不断攀升，医疗费用的过快增长意味着居民对医疗公共服务的利用在下降，生活福祉在下降。❸ 因此，通过财政转移支付提供公共医疗服务，直接关系社会稳定、经济发展与国家安全，也决定着我国区域经济的协调发展战略的实现。

四、我国区域经济协调发展中税收法律制度的规范运行

前文已论，区域经济协调发展是为了解决地区经济发展不平衡、资源配置不合理、收入差距过大等问题。地区与地区之间发展不平衡、人与自然之间的矛盾日趋突出，严重制约了我国经济的可持续发展，区域经济协调发展作为国家战略便成为必要。究其原因，这与我国实施的经济政策以及资源的分布有关，但最根本的原因是我国区域经济协调发展的体制不健全，缺乏统一性、系

---

❶ 陆军等. 税收竞争与区域城镇化——以京津冀为例 [M]. 北京：商务印书馆，2011：238.
❷ 刘勇政，张坤. 我国医疗卫生领域的公共财政支出问题研究 [J]. 经济师，2008 (2).
❸ 杨燕绥. 医疗保障与经济发展相适应的治理机制 [J]. 国家行政学院学报，2016 (5).

统性、长效性的区域经济协调发展机制，致使政策的整体性、连续性、约束性较差所造成的。区域经济协调发展追求的价值目标是社会的整体利益以及公平正义。建立统一、完善以及长久的协调机制最有效的方法和科学合理的法律体系是实现区域经济协调发展的基本保证。其中，税收法律制度作为国家宏观调控的重要手段在保障区域经济协调发展、实现区域内的资源配置以及各主体之间的协调与合作方面发挥了不可或缺的作用。在笔者看来，我国区域经济协调发展中的税法保障制度的完善，应从以下几个方面来实现。

(一) 完善税收优惠制度

"税收优惠是国家利用税收杠杆调控经济的重要手段，是国家为实现一定的社会政治或经济目的，通过制定倾斜性的税收法规政策来豁免或减少税收负担的行为。它是为了实现国家阶段性政策目标服务的"，❶ 是指税法对某些纳税人和征税对象给予鼓励和照顾的特殊规定。国家利用税收负担上的差别待遇，给予特定纳税人以税收利益，以期利用纳税人趋利避害的心理，直接或间接影响纳税人在经济、社会领域的行动计划，❷ 进而影响资本流动和资源配置，成为国家实施宏观调控以及地方政府吸引投资的主要工具之一，在经济社会发展中起着重要的导向作用，是区域经济协调发展不可或缺的税法手段。

税收优惠的内容相当广泛，主要包括免税、减税、退税、优惠税率、起征点与免征额、缓交税款、税额扣除、加速折旧、盈亏互抵等。其分类也是多种多样，按性质分类为税基优惠、税额优惠、税率优惠和时间优惠；按税种可以分为增值税、消费税、营业税等优惠；按纳税人分类为本国和外国人享受的税收优惠；按享受期限分类为长期和定期税收优惠；按程序分类为自然享受和经批准税收优惠；按法律地位分类为法定、特定和临时税收优惠，等等。按照我国《税收征收管理法》第 3 条的规定："税收的开征、停征以及减税、免税、退税、补税，依照法律的规定执行；法律授权国务院规定的，依照国务院制定的行政法规的规定执行。任何机关、单位和个人不得违反法律、行政法规的规定，擅自作出税收开征、停征以及减税、免税、退税、补税和其他同税收法

---

❶ 李海云，陈智杰. 税收优惠的合理性界定和行使限制 [J]. 中国商业，2008 (12)：1.

❷ 刘继虎. 税收优惠条款的解释原则——以我国《企业所得税法》相关条款的解释为例 [J]. 政法论坛，2008 (5)：61.

律、行政法规相抵触的决定。"由此可以看出,我国的税收优惠权的行使高度集中于中央,其对于税收优惠的统一性具有一定的作用。但是,目前税收减免权高度集中于中央政府导致以下后果:由于过分严格地限制,地方政府无法因地制宜地利用税收优惠权来调控经济,而且造成诸多意外的后果,比如,有的地方政府为了吸引投资、发展经济,往往变相地进行税收减免,一些地方将税收政策当作招商引资的主要手段,给予的税收政策方式混乱无序,违规行使,还存在政府为完成引资目标私下给予企业允诺,类似于合同法中签订的"阴阳合同"。税收优惠成为实质上的"政策之治",❶ 税收法律的空洞化,税法的统一性、精确性、持续性以及普适性不足从而导致税法的控制力不足。区域税收优惠政策的隐性运行以及不合规情形的过多过滥,使原本统一的大市场形成一个个税收洼地,资本流动与资源配置不再取决于市场,产生制度套利现象。

"税收优惠政策需要在税法层面加以规定,达到统一、完善的税收优惠政策法律体系,真正实现税收优惠的法治化。进而实现下述目标:作为规范体系,税收优惠法律符合较上位阶的宪法上价值秩序;与其他相同位阶的规范体系相调和;其本身也没有相互矛盾。"❷ 笔者认为,从最一般的意义上讲,税收优惠制度应按照统一税制、公平税负和促进公平竞争的原则来构建,对此,党的十八届三中全会通过的《中共中央关于全面深化改革若干重大问题的决定》已作出了明确的规定。同时,在具体的运行中,加强对税收优惠特别是区域税收优惠政策的规范管理,清理规范税收优惠政策,赋予地方政府一定的权限,经由法律确认地方政府实施税收优惠的范围和幅度,实现税收优惠政策法律化,促进税收优惠制度在区域经济协调发展中功用的充分发挥,是完善我国区域经济协调发展中税收优惠制度的重要内容。

税收优惠当然要注重实质正义,但形式正义也不能完全被忽略。税收优惠的内容尽管丰富多样,但税收优惠的本质特征为一种租税特权,其打破了税法中量能课税的平等原则,其存在的合法正当性要求它必须以某种更为公平和正义的价值承载为目标,而这种价值追求对税收优惠本质属性的揭示也最为直

---

❶ 邢会强. 政策增长与法律空洞化——以经济法为例的观察 [J]. 法制与社会发展, 2012 (3): 117.
❷ 陈清秀. 税法总论 [M]. 台湾元照出版公司, 2010 (4): 14.

接，❶ 否则就是税收正义的缺失。税收优惠中的正义缺失会导致政策的公信力受损，难以为社会所接受，而且当税收优惠的政策众多、覆盖面广、透明性低、变动性大的时候，面对形式多样且缺乏明确的制度指引的税收优惠措施，市场主体会无所适从，纳税人的遵从成本由此增加。一定的形式正义可以保障税收优惠的明确、确定和透明，因此，实现税收优惠中的实质正义与形式正义并举，是完善区域经济协调发展中税收优惠制度的又一关键举措。

(二) 规范量能课税原则

量能课税是税法上的一个重要原则，其基本要求是税收应根据纳税人的负担能力来课征。量能课税最早可以追溯到亚当·斯密时代。亚当·斯密在其名著《国富论》中阐述道："每一个国家的国民都应该尽可能地按照各自功能的大小，即是说按照他在国家保护下所获得的收入的比例，对维持政府作出贡献。"❷ 从中可以看出，税收的重要特征就是公平。当然，税法所强调的公平并不是纳税人缴纳的税款要与其从国家所获得的收益成比例，所谓的受益原则是一种宏观、笼统的制度设计原理，而不是意味着税款的缴纳有相应的对价。量能课税作为公平原则在税法上的体现，要求在税法上每个纳税人的地位平等，以纳税人的支付能力为征税标准来课以税收，这不仅是税收在实质正义层面的具体体现，也为税收在伦理和政治上的正当性提供了支撑。"量能课税既是一种重要的财税思想，也是税法一项结构性原则，对税收立法、执法和司法都具有重要的作用。"❸

量能课税原则之所以能保障区域经济的协调发展，是因为量能课税原则的充分实现，可保证经济主体之间的公平竞争。区域经济的协调发展中要贯彻量能课税的原则和理念，对区域内具有相同纳税能力的纳税人应当要求它们缴纳相同的税负，不得歧视对待。量能课税能反映现代宪法理念，本身包含法治、民主和人权的价值和追求，"'量'是一种客观存在，'能'是一种主观意

---

❶ 刘继虎. 税收优惠条款的解释原则——以我国《企业所得税法》相关条款的解释为例 [J]. 政法论坛, 2008 (5)：61.

❷ 亚当·斯密. 国富论 [M]. 莫里, 译. 北京：中国华侨出版社, 2013：274.

❸ 葛克昌. 量能原则为税法结构性原则 [J]. 月旦财经法杂志, 2005 (1). 转引自熊伟. 法治视野下清理规范税收优惠政策研究 [J]. 中国法学, 2014 (6)：157.

态"。❶ 其实税收公平的体现,是宪法所确立人人平等原则在税法领域的具体化。这种公正、平等的观念及政府征税行为,会作为一个地区重要的政治法律环境被投资者所重视,其对于吸引资源向本辖区流入的意义重大。因此,量能课税的充分实现,是我国区域经济协调发展的重要路径。

在保障区域经济协调发展的过程中,通过实施量能课税原则防范税收累退的可能性,也是量能课税原则承担的一大功用。"在观察一项收入或所得的税负负担能力时,不能仅着眼于形式层面的数量多少,更要从实质合理性的角度进行衡量。"❷ 量能课税的宗旨绝非形式意义上的公平,维护实质公平才是量能课税的核心指向。税收制度运行中的累退情形,是税收制度形式公平要求下的典型表现。所谓税收的累退情形,是指纳税人的税负随着收入的增加负担变小,收入越高纳税数额越少的一种形态,其当然不符合量能课税的原则,对此需要在税收制度设计中加以注意并解决。就当下我国的情况而言,我国的税制结构是以增值税、消费税为主的间接税,以 2017 年我国税收收入情况来看,仅增值税、消费税两项间接税收入就占全年税收收入总额的 47.85%。❸ 仅这两项间接税就占全部税收收入的半壁江山。这种以间接税为主的税制结构在保证税收收入方面发挥了重要作用,但是在缩小贫富差距方面显得乏力。由于间接税具有转嫁性,其和量能征税的原则更不契合,因此,逐步调整我国的税收结构,实现以直接税为主的税收体系,是充分体现量能课税原则的根本路径,也是税法在保障区域经济协调发展中的重要举措。

另外,在量能课税实现的过程中,还应结合市场主体的具体情势来统筹规划,举例讲,如以同一行业的两个企业为例,一个入市早、规模大,一个刚刚起步,当他们获得相同收入时,从形式上看它们具有相同的税收负担能力,但是二者的市场份额差距悬殊、应对风险的能力不同,从实质上看入市早、规模大的企业在税收负担能力上要远高于小企业,如果它们因一定时段收入的相同而承担绝对相同的税收,从税收的实质正义层面看这显然是不公平的,因此,

---

❶ 曹明星. 量能课税原则新论 [J]. 税务研究, 2012 (7): 67.
❷ [日] 北野弘久. 税法学原论 (第四版) [M]. 陈刚, 杨建广, 等译. 北京: 中国检察出版社, 2001: 105 – 109.
❸ 财政部国库司. 2017 年财政收支情况 [EB/OL]. (2018 – 08 – 11). http://gks.mof.gov.cn/zhengfuxinxi/tongjishuju/201801/t20180125_2800116.html.

量能课税原则应综合税收的减免和优惠等多项措施来实施,最终实现实质意义上的税收公平。

(三) 防范国家征税权的不当行使

国家的征税权对应的是私人的财产权,财产权具有"自然权利"的属性,面对强大的公权力,如何防止公权力的滥用,是税法保障区域经济协调发展过程中必须认真对待的问题。在公法领域,为防止权力的滥用,制度创设了比例原则,其在税法中也被学者所关注。有学者认为,在税法视域中,比例原则是指公法主体在行使公权力时,要在保护与平衡的意义上,对个人利益与公共利益仔细斟酌,尤其是要具体斟酌国家与公民利益在冲突情况下的失衡度,以得到较为合理的结果,防止过分、错误的立法与行政决定。❶ 其又被称为行政合理性原则,具体包括妥当性原则、必要性原则、均衡原则三个子原则。

比例原则在税法上的内涵主要表现在两个方面:一是税收征收行为;二是税收分配结果。前者所讲的是行政机关在税收征收活动中的行为要受到比例原则的限制,即限制征税权,要实现"征税权—公民权"之间的平衡。后者是指在税收收入的分配上,中央政府和地方政府要按照特定比例分配。比例是公法中的普遍适用的法律原则,被德国学者奥托·梅耶誉为行政法的"皇冠原则",类似于民法上诚实信用原则,具有"帝王条款"的地位。"正像税收法定原则在对羁束征税行为审查中的重要性一样,比例原则是对裁量征税行为进行规制和审查的主要法律手段,是税收程序与实体共同的一项核心原则。"❷ 区域经济的协调发展离不开税法上的保障,税法在保障区域经济协调发展中离不开自由裁量权的运用。比如,为缩小区域发展差距,给予欠发达地区或者弱势企业相应的税收优惠,实质上是在税法上创设的一种税收特权,是政府行使税收自由裁量权的体现。税收优惠是国家调控区域经济协调发展的工具,在区域经济协调发展战略的实施过程中,该项政策必将持久、广泛存在。但是,税收优惠作为一种特权,极有可能造成公权力的滥用,损害实质意义上的税收公平。

笔者认为,在国家征税权的运行上应坚持以下几个原则:第一,妥当性原

---

❶ 施正文. 论税法的比例原则 [J]. 涉外税务, 2004 (2): 26.
❷ 施正文. 论税法的比例原则 [J]. 涉外税务, 2004 (2): 30.

则，该原则要求国家的税收征管行为要达到法定的目的，将其放置于区域经济协调发展视域中，应该以保障区域经济发展的协调性为目标。第二，必要性原则，要求为维护区域经济协调发展的所有税收措施以必要为原则，比如，税收优惠措施，必须以实质上的必要为要求，以达到促成欠发达地区的经济发展的目标。第三，均衡性原则，要求在区域经济协调发展的税收措施中，既要实现公益性目标，又不能对合法的私人利益造成损害，尤其不可"杀鸡取卵"，为保障欠发达地区的利益而造成新的不公平。总之，在税法中，比例原则是涉及税收实体法和税收程序法的一项共同性原则，比例原则通过合理规范目的和手段的关系，规范国家征税权的行使，既保证国家征税目标的实现，又防止征税权过分损害纳税人的财产权，达到两者之间的平衡。❶ 比例原则除具有将税收裁量权关在"笼子"里的作用外，其在平衡公共利益与个人利益、整体利益与局部利益层面也具有重要意义。对基本权利与公共利益的"度衡功能"，使比例原则"可以有效地限制国家公权力的行使，达到最大限度地保护公民私权利的目的，并且通过利益衡量的方法，使比例原则在公共利益与私人利益之间进行协调，打破绝对的私人利益至上和绝对的公共利益至上的观念，从而使二者处于具体情境中待分析的状态"，❷ 区域经济协调发展需要就一国整体和各个地区的经济情势进行具体分析，税法在保障其实现的过程中无法以一种确定的方式来实施，运用自由裁量权根据具体的情境来确定具体的制度安排，是税法保障区域经济协调发展中的惯常形态，比例原则为其规范化运行提供了基本的框架，现实中应对其加以充分运用。

（四）实现税权的合理划分

税权是指一国政府对本国范围内实施税收征收、管辖权，是国家依法行使各种税收权力的总称。❸ 主要包括税收政策制定权、税收收入支配权和税收管理执行权。中央与地方税权的合理划分，是中央和地方之间事权和财权均衡化的关键，也是保证我国区域经济协调发展的关键。按照我国《税收征收管理

---

❶ 姜昕. 比例原则研究——一个宪政的视角［M］. 北京：法律出版社，2008：18.
❷ 叶金育，顾德瑞. 税收优惠的规范审查与实施评估——以比例原则为分析工具［J］. 现代法学，2013（6）：172-173.
❸ 许善达. 中国税权研究［M］. 北京：中国税务出版社，2003.

法》规定，只有全国人民代表大会及其常委会以及享有法律授权的国务院才是税收法律制定的权力主体。亦即，即便是最理想的状态，当前的税收立法是中央政府从全局出发，着眼于资源在全国范围内的配置以实现整体利益的协调，但是，由于我国各地区之间经济发展水平的不平衡，各地对税收政策的需求并不统一，税权高度集中于中央的事实无法保证地方政府通过税收灵活调控经济的实现，无法满足地方政府对税收制度需求多样化的要求，税法在保障区域经济协调发展中也无法达到调控经济的最优效果。

"税收立法权实质上就是一种资源配置决策权。"❶ 地方税收立法权的缺失，与目前中央和地方的事权与财权关系配置失衡有着密切联系。就我国的具体情势而言，自 1994 年分税制改革至 2018 年国务院机构改革将省级和省级以下的国税地税机构合并，20 余年来我国中央财政占财政收入的比重不断提高，税权高度集中中央，是我国税收体制的基本形态。另外，由于中央和地方的事权与财权的不匹配和不清晰，加剧了基层政府尤其是县级政府的财政压力，这在欠发达地区表现得尤为明显。为发展本地区经济和完成上级政府预设的经济社会发展任务，很多地方不得不举债度日，地方政府的举债行为在现代国家并不鲜见，但超过一定边界的举债行为则蕴含着诸多风险。2008 年以来，地方政府的债务规模急剧膨胀，地方政府债台高筑直接导致经济建设乏力。❷ 不具备税收立法权的地方政府很难真正实现地方财政自主，在缺乏稳定财政收入的情况下，各地方政府不得不依靠土地财政，加剧了地方财政收入与支出的畸形化，并最终成为地方经济发展的障碍。

从区域经济协调发展的角度而言，欠发达地区要实现经济的繁荣、增长，需要投入大量资金，采取税收激励机制引导经济增长是重要路径。所谓税收激励，是指通过税法措施的运用，给予现实中某些特定的活动、资产和组织形式，以及市场主体的融资方式、经营活动以更优惠的待遇，对纳税人的经济活

---

❶ 张守文. 财税法学 [M]. 北京：中国人民大学出版社，2007：209.

❷ 根据国家审计署和财政部的数据，2012—2014 年，我国地方政府性债务分别为 15.89 万亿元、17.89 万亿元和 24 万亿元。有外媒称我国地方政府的债务规模已超过 40 万亿元，数量惊人。截至 2018 年 6 月底，我国地方政府债务总额为 16.81 万亿元，虽有所下降，但规模依旧庞大。巨大的债务压力导致政府无力进行经济建设，越是经济欠发达地区政府债务规模越庞大，地方政府的外债已成为地方经济发展的"定时炸弹"。

动产生直接的影响，最终引导社会经济活动在方向、方式上发生变化的一种激励效应。这种激励方式通常有两种表现，一种是通过税收制度来实现的，比如，税种的设计、征税对象的选择、税基的确定、税率的调整、征税范围的变化，等等。另一种是在税收征管过程中实现的，比如，对部门纳税人基于特别的优惠规定和特别的税收优惠待遇，以鼓励特定的经济活动和投资意愿。❶ 但是诚如前文所论，我国税权高度集中于中央的事实，意味着地方政府借助于税收激励来拉动经济增长的可能性极为有限。

因此，赋予地方一定的税收立法权，是通过税收激励手段实现区域经济协调发展的关键。在区域经济协调发展战略的实现中，应根据事权与财权相匹配的原则，在税制统一的前提下，中央政府通过授权、委托的方式给予地方政府在税种调整、税收减免、税率调整等方面相应的税收裁量权，因地制宜采取税收激励措施，发展本地区经济。通过赋予地方政府更多的税收权限，可以让地方政府根据本地实际配置资源，更好反应纳税人的不同偏好，制定出更具区域特色的税收政策，使区域间的资源能够有效配置，实现帕累托最优，实现社会福利的最大化，保障区域经济的协调发展。在笔者看来，通过地方性的税收立法，确立区域税收政策，配置区域财政资源，调控区域经济发展，其有效性不证自明。根据最优税收理论，地方政府拥有适当的税收立法权，根据当地情况实行差别化税率，既可以提高税收效率，也是平衡中央政府和地方政府事权、财权关系的重要手段。税收的地方性立法包括两种实现路径，一种是地方自主性立法，即地方人民代表大会及其常委会根据区域特色决定是否开辟新税种以及如何征收；另一种是授权性立法，是在协调区域与区域之间的经济发展中，中央为下好"全国一盘棋"将全国人大及其常委会的税收立法权下放给地方人大及其常委会。❷ 让税收立法更具针对性和灵活性，发挥立法对区域内资源配置和协调区域经济发展的引领和保障作用。党的十八届三中全会《决定》中提出了完善立法、明确事权、改革税制、稳定税负、透明预算、提高效率、建立现代财政制度，发挥中央和地方两个积极性要求，以及提出要深化税收制度改革，完善地方税体系。我们期待这一决议方案能够尽快实施，通过细化的

---

❶ 樊迪. 我国区域经济协调发展的财税机制研究 [D]. 哈尔滨：哈尔滨商业大学，2017.
❷ 苗连营. 税收法定视域中的地方税收立法权 [J]. 中国法学，2016 (4)：172.

制度措施加以落实。

(五) 规范中央和地方的税收分成

自分税制以来，我国经历了几次重大的税收比例分成改革。在 2018 年我国税收体制改革之前，我国将税种大致划分为中央税、地方税和中央地方共享税。将发挥维护国家的权益、在经济领域具有宏观调控功能的税种划归为中央税，中央税包括消费税、关税、海关代征的增值税和消费税，中央企业所得税，地方银行和外资银行及非银行金融机构企业所得税，铁道部门、各银行总行、各保险总公司等集中缴纳的收入，包括所得税、利润和城市维护建设税等。将与经济发展直接相关的税种确定为中央和地方共享税，具体包括增值税、资源税、证券交易税（2016 年 1 月 1 日已划为全部归中央收入）。增值税中央分享 75%，地方分享 25%（营改增后，中央、地方各分享 50%）；资源税按不同的资源品种划分，大部分资源税作为地方收入，海洋石油资源税作为中央收入；将适合或者便于地方征收管理的税种划为地方税。地方税包括地方企业所得税（包括上缴利润），城镇土地使用税，个人所得税，城市维护建设税（不含铁道部门、各银行总行、各保险总公司等集中缴纳的部分）、房产税，车船使用税，印花税（不含证券交易印花税），屠宰税，农牧业税，农业特产税，耕地占用税，契税，土地增值税，国有土地有偿使用收入等。[1] 这种税收收益的划分方法，是按照中央相对集中、地方适度分权的思想，在不影响地方"既得利益"的情况下所作出的一种"增量调整"，其所产生的积极意义固然值得肯定，但是其所引起的弊端也是显而易见的，对此我国理论界已有充分的概括。正是基于此，2018 年我国进行了自 1994 年以来力度最大的一次税收体制改革，原有的国家税务局和地方税务局合并，成立国家税务局。

国家税务局和地方税务局的合并，并非简单意义上的两个机构的整合，整合的过程也绝非仅仅是人员重新安排、办公机构、场所合并这么简单，在笔者看来，其中最核心的问题之一，就是中央和地方的税收分成如何划分，它一方面事关中央权威以及中央对经济的调控能力，另一方面也决定着地方政府事权和财权的匹配程度，决定着地方政府自主性和灵活性的发挥。

---

[1] 李勇彬. 中央与地方税收收入划分问题研究 [D]. 北京：中央财经大学, 2017.

当前我国尚未就中央和地方税收的收成划分从制度上进行明确，但笔者认为，确立中央和地方税收划分的原则，对于未来制度的设计异常重要，结合当前我国的经济发展情势和区域经济协调发展的要求，笔者认为应以下几个方面为依据：第一，根据针对对象可能发挥的效用、承担的宏观调控功能，以及税基的流动性和地区分布状态，并结合税收征管的难度，合理调整中央和地方的划分。第二，税收收成的划分应结合中央和地方的事权来进行，保障中央和地方的经济调控行为和社会管理行为有足够的经费支撑。第三，按照受益原则来确定中央政府和地方政府税收收入的划分比例，所谓受益原则，实质税收的占有和政府提供的公共产品之间的关系是一种受益上的联系，比如，如果某种公共产品由中央政府提供，那么支付该公共产品的费用应缴纳给中央政府；如果某种公共产品由地方政府所提供，那么支付该公共产品的税收就应该由地方政府所享有。第四，体现行政职能分工原则。由于中央政府更多地承担了经济稳定和收入分配的功能，税收收入的分配应合理估算实施经济稳定和调控收入分配的费用并将之划分给中央政府，与之同理，地方政府也应在完成各项事权的费用进行估算的基础上确定税收收入的比重。❶

总之，区域经济协调发展的税法保障应坚持两大理念：一方面保证区域内的财税收入的组织能力；另一方面中央政府在税收上对欠发达地区的税收扶持。从两个方面增强地方政府财政收入的输血、造血能力。实现区域经济协调发展的持久性、稳定性，需要不断完善和健全税法机制，在税收法定原则、量能课税原则的指导下，保证区域经济间税法机制的灵活性，通过在税法制定相应政策以法律的形式保障区域经济的协调发展，使得国家对区域经济的调控行为合法化、明晰化、正当化。这也是建设法治国家的应有之义与内在要求。

---

❶ 李勇彬. 中央与地方税收收入划分问题研究［D］. 北京：中央财经大学，2017.

第五章 区域经济协调发展战略实施的金融法保障

在现代经济的运行过程中，金融资源对于经济的发展起着决定性作用，它事关经济发展的内外均衡，也决定着经济资源的合理配置。一个不容否认的事实是，金融资源在地区间配置的总量、配置的方式和配置的效率，决定着地区经济发展的水平和状态，占有优质资源的行业、地区和群体，必然有着更好发展经济的可能性和条件，金融资源在区域经济协调发展中的重要性日益凸显。借助于金融手段实现区域经济的协调发展，是当下市场经济国家的惯常做法，它构成了区域经济协调发展中的主要工具和手段。前文已论，区域经济之所以需要协调发展的现实依据是区域经济之间的发展差异的客观存在，无论是微观上人均收入的差距还是宏观地区之间发展的不同步都指涉这样一个事实：区域发展的不平衡、经济水平差距的扩大已成为我国经济持续发展过程中的一个障碍。由于"市场"的固有缺陷，市场机制不仅不能最大限度地保证区域经济协调发展，还会导致区域间经济失衡状态愈发严重。[1] 经济发展不均衡既是导致社会发展不均衡、公共服务不均等的重要原因，也是导致当下我国土地财政、基层财政危机、农村空心化等诸多问题的直接诱因。[2] 由此，区域经济协调发展战略的实施就显得尤为必要。然而，无论在何种领域，某项"战略"的确立、实施、成就都不是随意的，而是一项缜密、系统、协作的工程。我国区域协调发展战略的成功推进，除了其本身战略体系的合理和恰当之外，更需要一系列其他相关制度、政策与之匹配。区域协调发展战略的最终实现，必须要有相关制度保障，其中，金融法是区域经济协调发展不可或缺的制度类型之

---

[1] 徐现祥，王贤彬，高元骅. 中国区域发展的政治经济学［J］. 世界经济文汇，2011（3）：26.
[2] 于文豪. 区域财政协同治理如何于法有据——以京津冀为例［J］. 法学家，2015（1）：32.

一,其对于区域经济协调发展的促成具有不可替代的作用。

一、金融法在保障区域经济协调发展战略实施中的价值

金融法是调整金融关系的法律规范的总称,[1] 或者是调整金融关系的各种法律规范的集合。[2] 金融法既是规范金融交易、金融合同的市场行为法,更是为保障金融市场规范发展而对金融市场、金融行为、金融组织进行干预,以防范金融风险、协调金融运行、促进经济发展的国家干预之法。这种政府干预在早期表现为对于金融欺诈行为和金融危机现象的遏制,后来发展为防范金融业风险、预防金融危机,以及促进经济发展和社会协调等功能。[3] 在区域经济战略实施的过程中,金融法以金融政策和金融手段等为中介,引导、调节和控制区域间金融资源的合理配置,以实现区域经济健康稳定发展、区域间公平竞争的战略目标。[4] 金融法以及以金融法为根据的金融宏观调控工具的运用,能够有效地调节金融支持区域间发展的不均衡状态,能够合理地引导金融支持的流向,并最终助益于区域经济的协调和均衡发展。

（一）金融法的效率价值

"金融市场失灵"的本质在于金融资源配置的非效率——金融市场未达到金融资源配置的帕累托最优,一个不具有失灵情形的金融市场应具备以下形态:经济金融信息的完全、充分和对称;充分竞争的金融市场;规模报酬不变或递减;不存在外部性,公共产品供给充分;交易成本可以忽略不计;当事人具有完全理性,等等。[5] 但显而易见,这种完全的金融市场在现实中不可能存在。由于金融资源趋利的本性,任由金融市场的自由发展,必然会导致区域间金融市场发展水平差距过大,并破坏金融市场的整体性阻碍区际贸易发展,扩大区际经济差异,进而影响整体国民经济增长的质量和速度,甚至会引发社会

---

[1] 刘少军. 金融法原理 [M]. 北京:知识产权出版社,2006:6.
[2] 汪汪鑫. 金融法学 [M]. 北京:中国政法大学出版社,2002:7.
[3] 蓝寿荣. 论金融法的市场适应性 [J]. 政法论丛,2017 (5):13.
[4] 刘明非. 区域经济协调发展的金融法控制研究 [J]. 特区经济,2010 (7):249.
[5] 孙月平,刘俊,谭军. 应用福利经济学 [M]. 北京:经济管理出版社,2004:39-40.

危机。❶ 为了达到社会生产的帕累托最优以实现社会效益的最大化，国家干预的运用就尤为必要。在现代法治社会，法律必然包含以有利于提高效率的方式分配资源，并以权利和义务的规定保障资源的优化配置和高效使用的价值内涵。❷ 而现代金融法是金融规制之法，规制是现代金融法的基石和支柱。❸ 由于金融法是调整金融交易关系与金融监管关系的法律，金融规制在很多情况下需要通过重塑或再造金融交易关系和金融运行状态来表达和实现其价值，金融法的效率价值由此凸显。金融法的效率价值主要表现在对金融交易市场的维护和金融市场失灵的纠正上，一方面，为金融市场在金融资源配置中的基础地位提供法律保证，在保护金融市场自治、自由交易、竞争的一般民商法基础之上，针对金融交易的特殊性，制定相关法律制度，确保金融市场机制的有效发挥；另一方面，金融法律制度旨在纠正金融市场垄断、外部性等一系列失灵现象，譬如，对金融市场的反垄断规制，金融商品交易中说明义务的规定，金融商品交易欺诈行为的规制等，从而保证金融市场的规范、高效运行。金融法效率价值的发挥，一方面，有助于金融市场的帕累托最优均衡的实现，形成有效率的市场竞争体系；另一方面，有助于消解由金融资源分配不公所引起的社会矛盾，保证整个社会公平分配体系的建立。

（二）金融法的公平价值

金融法的价值理念始终围绕何谓正义以及如何实现正义，其目的就是从人性关怀的视角，探讨金融法如何更好地实现人类社会对真善美的永恒追求。❹ 金融资源配置的区域差异是市场运行的结果，其具有一定的合理性。❺ 但是，当这种不均衡超过一定的边界，成为经济协调发展的严重障碍时，便会产生严重的危害性。有学者认为，该问题的解决除需更新金融法的价值理念——放弃"金融安全与金融效率"的二元价值观，改采"金融安全、金融效率与

---

❶ 郑长德. 区域金融学刍议 [J]. 西南民族大学学报（人文社科版），2005 (9): 46.
❷ 公丕祥. 法理学 [M]. 上海：复旦大学出版社，2005: 99.
❸ 韩龙. 现代金融法品性的历史考察 [J]. 江淮论坛，2010 (4): 93.
❹ 张书清. 金融法理念论纲 [D]. 重庆：西南政法大学，2009.
❺ 王修华，黄明. 金融资源空间分布规律：一个金融地理学的分析框架 [J]. 经济地理，2009 (11).

金融公平"的三元价值观，以此加强金融资源的公平配置。❶ 在笔者看来，对金融法公平价值理念的重申，不仅是为了强调公平价值的重要，更是为了强调金融公平在保障民生中的作用，以及保障区域经济的协调发展的关键价值。

事实上，对于金融公平的探讨，早有学者做出了比较系统的研究，并主要从实体公平（进入公平、竞争公平、利益分配公平、依法监管等）和程序公平（明确主体进入程序、监管程序、救济程序等）两方面对金融监管法的公平价值进行了具体论述。❷ 纵使如此，仍然不能否认无论在学界还是实践中，金融公平被长期忽略的现实。长久以来，无论金融法价值理念是"二元论"（效率与稳定）、"三元论"（效率、稳定和公平），抑或金融法价值应进行"新二元论"（金融效率、稳定分别具有公平、安全面相）构造。❸ 在我国，金融资源配置的不公平，集中体现在城乡金融资源配置的不公、东西部地区间金融资源配置的不公、国有与非国有经济体之间金融资源配置的不公等情形。❹ 下文中，笔者仅以城乡金融资源配置的不公为例来予以分析。城乡金融资源配置的不公主要表现为金融市场呈现出"双重二元金融结构"的对立形态，即城市金融体系与农村金融体系的对立。❺ 具体而言，第一，基础性金融资源配置的城乡差异，如农业和乡镇企业信贷供给的不足，相对于城市地区基本建设和企业生产、流通以及居民消费的借贷资金支持而言，专门针对农村经济发展提供的资金支持比重非常低，农村金融资源供给严重缺乏，由此导致的结果是农村农业问题的解决缺少金融的支持。❻ 第二，机构性金融资源配置的城乡差异，如四大国有商业银行对欠发达地区县级分支机构的裁撤，集中优势资源占领大中城市和经济发达地区，1998～2001年国有商业银行撤并境内金融机构和营业网点4.4万个。❼ 第三，金融商品资源配置的城乡差异，由于受经济发

---

❶ 田春雷. 金融资源公平配置的法学分析——兼论中国金融法的新价值 [J]. 法学评论，2013（3）：112.
❷ 张忠军. 金融监管法论——以银行法为中心的研究 [M]. 北京：法律出版社，1998：38-41.
❸ 宜頔. 金融法价值的"新二元化"均衡构造 [J]. 河南社会科学，2015（12）：102-105.
❹ 田春雷. 金融资源配置公平及其法律保障研究 [D]. 武汉：武汉大学，2012.
❺ 王曙光. 金融发展理论 [M]. 北京：中国发展出版社，2010：165.
❻ 陈刚，尹希果. 中国金融资源城乡配置差异的新政治经济学 [J]. 当代经济科学，2008（5）.
❼ 钟笑寒，汤荔. 农村金融机构收缩的经济影响：对中国的实证研究. 清华大学中国经济研究中心工作论文 No200312.

展程度、乡镇农户经营能力和知识水平、金融机构的商业化逐利效应等因素影响，如商业性保险、证券、担保、信托投资、租赁等金融机构在农村地区，特别是中西部地区农村的业务供给基本处于空白状态，金融产品的城乡分布呈现严重的非均衡状态。金融资源配置的不公会造成诸多危害性后果。城乡金融资源配置的非均衡直接影响了农村经济的发展和农民收入的增加，进一步加剧了城乡收入差距。同时，由于落后地区、弱势行业、贫困群体的金融资源需求在正规金融体系中无法得到回应与满足，从而导致游离于法律规制之外的非正规金融——民间金融异常活跃，❶但民间金融常常游走于非法的边缘，成为金融诈骗、非法集资的温床。各地区金融发展的非均衡状况对各地区的经济发展差距有着显著的影响，各地区金融发展的非均衡状态会延缓整体经济的增长速度。❷如果任由区域金融发展差异的加速扩张，将会加剧区域间经济发展的不平衡，进而影响我国经济社会的协调发展。

上述金融资源配置不均的事实，是金融市场自发运行的结果，作为国家的干预制度，金融法以矫正金融资源的配置不公为己任。金融干预固然不是代替金融市场，它在对金融资源市场配置的基础性地位加以确认的基础上，❸首先保障市场在金融资源配置中的基础性地位，然后才通过政府的强制性矫正，促进金融体制包括其体系、工具和机构等的发展，加速实物资本的形成并改善其配置的公平性。❹在此基础上，通过金融宏观调控法律制度、增加供给倾斜性金融政策，推进差异化金融宏观调控法律制度，并着力完善能够有效促进区域发展的商业性金融、政策性金融等方面的法律制度，实现对金融资本的聚合功效，实现金融资源的公平配置，金融法的公平价值由此得到彰显。

(三) 金融法的民生价值

党的十九大报告着重指出，中国特色社会主义进入新时代，我国社会主要矛盾已经转化为人民日益增长的美好生活需要和不平衡不充分的发展之间的矛盾。而发展不平衡不充分的突出问题之一就是民生领域仍存在短板，主要表现

---

❶ 高晋康. 民间金融法制化的界限与路径选择 [J]. 中国法学, 2008 (4): 36.
❷ 慕丽杰. 中国区域金融非均衡发展研究 [D]. 沈阳: 辽宁大学, 2009.
❸ 刘大洪, 段宏磊. 谦抑性视野中经济法理论体系的重构 [J]. 法商研究, 2014 (6): 45.
❹ 爱德华·肖. 经济发展中的金融深化 [M]. 上海: 三联书店, 1988: 2.

为"脱贫攻坚任务艰巨，城乡区域发展和收入分配差距依然较大，群众在就业、教育、医疗、居住、养老等方面面临不少难题"。"城乡区域发展和收入分配差距依然较大"的现实正是区域经济非均衡发展的真实写照。关注民生、重视民生和保障民生离不开强有力的金融支持，金融法也应当积极回应民生诉求以强化其时代适应性品格。[1] 无论从金融法内含经济法平衡协调理论出发，还是从探讨金融法高效配置资源的角度出发，都能够得出金融法具有天然的民生保障作用。从这个角度而言，金融法是促进区域经济协调发展战略顺利推进与实施的关键路径、必然要求与最终归宿。

金融法归属于经济法的事实决定了其必然以民生保障作为其核心理念。由于金融法在本质上是属于经济法的范畴，尽管在金融法调整的对象和范围中也包含民商法、行政法的因素，但其最基本因素是经济法。[2] 经济法针对现实中存在的各类突出差异及其造成的负面影响，通过外力的干预以解决导致发展不均衡、不协调的各类问题，促进经济的可持续发展。面对城乡二元结构、区域发展不平衡等问题，经济法依据财政、税收、金融、价格、产业等具体制度以促进区域经济发展问题的有效解决。[3] 此外，经济法注重社会本位理念，以维护社会整体利益为基本原则，民生保障是其应有之义。再者，从经济法产生的经济、政治及法哲学思潮来看，民生问题一直都是经济法关注的首要问题。有学者认为，保障人的基本生存、平衡人与人之间的强弱差异、追求经济与社会的共同发展是经济法民生价值的三大基本目标。[4] 在经济法体系中，金融法对解决社会主要矛盾具有杠杆作用，竞争法对解决社会主要矛盾发挥基础性作用，消费者权益保护法、产品质量法和价格法直接为满足人民美好生活的需要服务。[5] 金融法作为经济法的下位法，其保障民生的作用显然毋庸置疑。

事实上，伴随着金融在社会经济中所起的主导作用日愈凸显，人类已经别无选择地走进了一个问题丛生和风险重重的"金融社会"，几乎所有的社会资

---

[1] 冯果，李安安. 民生金融法的语境、范畴与制度 [J]. 政治与法律，2012 (8)：2.
[2] 张学森. 金融法学 [M]. 上海：复旦大学出版社，2006.
[3] 张守文. 经济法学的发展理论初探 [J]. 财经法学，2016 (4)：23.
[4] 胡光志，张美玲. 法律与社会的互动：经济法的民生价值及其展开 [J]. 西南民族大学学报（人文社科版），2016 (1)：105.
[5] 徐孟洲. 经济法如何适应中国社会主要矛盾之变 [J]. 经济法论丛，2018 (1).

源都要通过金融的中介作用在社会各部门、各群体、各组织之间进行流动,与人的生命(如人寿保险)、住房、医疗等重要的民生活动也被纳入金融活动中。❶ 在"社会金融化"与"金融社会化"的"金融社会"时期,金融及其金融法制度将是服务民生发展、解决民生困境的关键。但是,金融发展也可能脱离社会化轨道,沦为"恃强凌弱"的工具和"劫贫济富"的帮凶,为权贵资本主义所利用。刚刚过去的全球金融海啸,某种意义上就是金融过于追求"富贵化"而偏离社会化的后果。❷ 民生问题虽然是一个经济问题,但是具有超越经济之上的政治与法律内核。"民生"本身属于政治学范畴,是指民众的基本生存和生活状态,涉及民众的教育、医疗卫生、就业及社会保障等基本问题,关系着人民群众最基本、最直接、最现实的核心利益,事关民众生存权、发展权等基本权利的实现程度。❸ 比如金融领域的融资权,其是最能体现民生诉求和实现民生利益的权利,兼具发展权、平等权和社会权的人权属性,是宪法赋予公民的应有权利,与宪法规定的民生权利具有高度的耦合性。❹ 实践也已多次证明,融资权是贫困群体摆脱贫困走向发展、富裕的最重要权利之一,诚如亚洲开发银行通过总结过去十几年微型金融活动的经验后指出,在一定时期内持续地向贫困人口提供多种金融服务,能够推动金融系统及全社会的进步。❺

  金融是现代经济的核心,金融业要在保增长、促民生和保稳定中发挥更大的作用,就要积极探索适合保障和改善民生领域的金融服务模式,通过在具体的金融制度中贯彻民生理念、落实民生机制,使金融活动能够真正地服务于民众、惠及民生。❻ 总而言之,民生金融是当今金融业发展的重要方向和主要着力点,也是保障区域经济协调发展的必由之路。为此,需要加强金融及金融法制度的"社会本位"属性,强化其民生属性,发掘其民生价值,如在立法中应体现民生普惠的理念,在具体法律条文中规定金融权利倾斜性配置的制度设计,同时应加强金融机构的社会责任防止金融机构的经营变异;在具体的金融

---

❶ 丁瑞莲. 现代金融的伦理维度 [M]. 北京:人民出版社,2009:12.
❷ 邢会强. 金融法的二元结构 [J]. 法商研究,2011 (3).
❸❻ 周昌发,张成松. 民间金融的理论证成、民生诉求及秩序重构 [J]. 创新,2014 (4):78.
❹ 冯果,李安安. 民生金融法的语境、范畴与制度 [J]. 政治与法律,2012 (8):2.
❺ Asia Development Bank, Finance for the Poor: Microfinance Development Strategy [R], 2000.

法宏观调控制度嵌入民生保障机制,切实发挥商业性金融和政策性金融的民生促进作用。[1]

二、我国金融法在保障区域经济协调发展战略实施中的问题

(一) 金融宏观调控法律的不完备

在当下各国,有关区域协调发展的立法,都以宪法和法律为基础,注重以法律来规范和保障政府在区域经济协调发展中行为的规范化。美国是世界上最早重视区域开发并以法律形式促进欠发达地区发展的国家,并逐步形成一套以基本法为核心、辅助于多个单边法的区域法律体系。[2] 但是,到目前为止,我国至今没有制定有关区域经济协调发展的基本法,也尚未出台促进特定地区、区域经济协调发展的金融促进法案。我国区域经济的增长和协调发展的推进主要依靠国家的政策性规划和计划,以及一些区域性政策、规划来实施。[3] 事实上,长期以来,这种以"指导文件和发展规划"为主的区域管理制度虽然具有可调适性和灵活性的优势,但同时也存在位阶较低、随意性大的弊端,"人亡政息"、实施效果低下等情形常常会出现。而且,由于国家在鼓励区域经济协调发展的问题上仍然停留在所谓的"政策承诺"阶段,表述多为抽象的"优先安排项目""实行投资倾斜""加大金融支持力度"等,那么就给具体的实行时留下了很大的主观随意性和讨价还价的余地。[4] 中央政府制订的政策,不仅容易被地方政府以各种手段变相扭曲,或任意添附或修改,而且与地方政府的发展政策在利益分配上的矛盾和冲突将直接影响区域政策的有效性。[5]

近年来,我国经济法学界侧重研究区域协调发展法律制度基础理论的建构,多数学者都指出了中国区域经济立法、宏观调控领域基本立法的重要性,

---

[1] 冯果,李安安. 收入分配改革的金融法进路——以金融资源的公平配置为中心 [M]. 北京:法律出版社,2016.

[2] 邵芬. 美国西部开发立法及其经验教训 [J]. 法学家,2002 (5):119-124.

[3] 陶呈成,华国庆. 我国区域协调发展基本法立法刍议 [J]. 辽宁师范大学学报(社会科学版),2009 (6).

[4] 罗泽胜,罗澜. 区域经济协调发展的经济法基础 [J]. 经济研究导刊,2008 (3):137.

[5] 杨薇. 中国区域经济政策的法律考量 [D]. 长沙:湖南大学,2006.

同时强调还应完善各个宏观调控专项法，使不同的宏观调控方式在分工、衔接、配合和矛盾处理方面有统一的思想和原则做指导。❶ 然而，学界对促进区域经济协调发展的重要法律制度——金融法律制度的研究并不多见。当下，就我国促进区域经济协调发展的金融宏观调控法律而言，其问题主要在于金融宏观调控基本法法律规定不足与金融支持法律供给的不足，以下详述之。

1. 金融宏观调控基本法的缺失

实践中，《中国人民银行法》在事实上承担着我国的金融宏观调控基本法的功能，2003年修订的《中国人民银行法》相当程度上满足了当时金融监管体制深化改革的需要，但是，随着世易时移，其法律适用中"稳定性""可行性"和"一致性"的问题逐渐凸显。❷ 具体表现为：第一，"稳定性"不足，"稳定性"不足主要体现在央行的金融宏观调控权来自于国务院的授权，而国务院的授权往往具有随意性、滞时性、非专业性，导致货币政策制定的合理性欠缺，加之该授权没有得到法律的确认和保障，从而影响《中国人民银行法》在适用中的稳定性。第二，"可行性不足"，《中国人民银行法》对中央银行的权责规定多为宏观方面指导性规范，缺乏相应的可具操作性的具体规定，且法律条文中不乏空洞的条文存在，如《中国人民银行法》第31条规定："中国人民银行依法监测金融市场的运行情况，对金融市场实施宏观调控，促进其协调发展。"但如何将金融市场协调发展落到实处，在条文中不曾体现，具体实施起来缺乏一定的可操作性。❸ 第三，"一致性"不足，《中国人民银行法》对总行与分支机构的"独立性"规制不一致。根据《中国人民银行法》第13条规定，"中国人民银行分支机构根据中国人民银行的授权，维护本辖区的金融稳定，承办有关业务"。但总行一直没有明确赋予人民银行分支机构在地方金融管理体系中的牵头权、协调权，也未进一步作出具有指导意义的方向性和框架性规定，致使人民银行分支机构在地方金融中充当何种角色不明朗。这无疑会影响货币政策的有效贯彻执行，影响中央政府在区域金融管理体系中的权

---

❶ 孟亚男. 完善我国金融宏观调控法律制度的对策思考[D]. 济南：山东大学，2012：13.
❷ 中国人民银行南昌中心支行法律办课题组.《中国人民银行法》法律适用性的理性评判与完善构想[J]. 金融与经济，2013（3）：88.
❸ 李依凭. 解读中央银行[M]. 吉林：吉林大学出版社，2003.

威地位。❶

2. 金融支持制度供给存在不均衡

无论是1978年年初确立的"一部分地区先发展起来,先富带动后富"区域非均衡发展战略,还是1996年确立的"东中西互动、优势互补"区域非均衡协调发展战略,都体现出我国集中优势力量、优先发展东部沿海地区的战略意图和战略布局。在国家集中力量进行东部沿海的开发、开放发展进程中,国家给予东部沿海诸多倾斜性政策的支持,主要集中在财政、税收、金融政策等方面。而且,东南沿海受到许多金融政策的倾斜性扶持。比如,早在20世纪80年代中期,特区各银行进行过重大改革,如深圳特区各银行的资金总行不调走,实行分行和总行切断联系,深圳特区各银行的信贷资金与吸收的存款除中央国库存款和缴纳存款准备金外,全部留给深圳特区使用,为深圳经济的快速发展打下了良好的资金基础。此外,深圳特区的银行还享有存款利率和存款准备金调节权、金融机构准入审批权等。❷ 然而,在东部沿海地区享受国家大规模投资和优惠政策的同时,我国中西部地区却因投资减少而导致经济增长缓慢。❸ 在实行西部大开发、中部崛起等区域开发战略中,尽管中央给予了中西部地区税收、财政等诸多方面的优惠政策,比如,国家积极采取财政转移支付、对口项目建设、投资优惠政策、扶持资源开发、优先安排基础设施建设等政策措施,不断改善西部地区的投资环境,使各种资源在市场机制和国家宏观政策调控的结合下自发地流入中西部,❹ 但缺少倾斜性的金融政策。基于金融政策在整个经济政策中的重要性,缺少倾斜性金融支持的中西部经济发展,必然会受到限制和制约。

资本作为一种稀缺程度最高的生产要素,其最大特征就是趋利性,从而使得资本流动不会自然而然地流向西部。相对而言,由于东部沿海地区经济环境、法律与政策环境有着比较明显的优势,反而会聚集大批资金。❺ 当务之

---

❶ 中国人民银行南昌中心支行法律办课题组.《中国人民银行法》法律适用性的理性评判与完善构想 [J]. 金融与经济, 2013 (3): 90.

❷ 袁孝宗. 区域协调发展的金融法调控研究 [D]. 合肥: 安徽大学, 2007.

❸ 袁新敏. 我国区域经济发展战略回顾与评述 [J]. 湖南科技大学学报(社会科学版), 2010 (6): 95.

❹ 范恒山. 国家区域政策与区域经济发展 [J]. 甘肃社会科学, 2012 (5): 78-80.

❺ 王维强. 我国区域金融政策问题研究 [J]. 财经研究, 2005 (2).

急,要使中西部地区的经济真正发展起来,重要的手段是进行大量资本的投入。故而,金融支持政策供给的非均衡现状是促进资本流向中西部地区的主要桎梏之一。

(二) 金融宏观调控手段的"一刀切"

我国金融宏观调控实行的是全国统一的运行模式,各地区金融机构无论在资金计划还是信贷安排上,抑或在金融政策的执行、具体业务操作技术标准上,都受到上级的控制。通常情形下,上级的政策规定又很少顾及区域经济的协调发展。[1] 原因在于,我国宏观金融调控政策的制定更多的是以东部沿海经济发达地区的经济运行为参照系,其考量因素主要在于我国东部沿海发达地区是推动国民经济高速增长的引擎和主力,其经济波动与我国整体经济的波动基本呈现一致性,出于政策制定的便利,而制定统一的金融政策。然而,由于政策传导性在不同区域间的差异,整齐划一的金融政策可能有利于某些区域而不利于另外一些区域,按照一个标准、一个目标、一个模式制定的"一刀切"式宏观政策不仅没有使落后地区资金短缺、金融市场发育缓慢的状况得到改善,甚至还"雪上加霜"。[2] 即如果在不同的区域采用统一的金融宏观调控政策,往往会加剧金融资金流动的马太效应,进一步扩大区域间经济发展的差距。

1. 统一的存款准备金政策使落后地区资金更加匮乏

存款准备金政策是各国中央银行推行其货币政策的主要工具,主要通过提高或降低存款准备金率来减少或增加金融机构的超额储备,进而间接地调节货币供应量,以达至相应的宏观调控目标。它对于保证商业银行经营的流动性,提高银行的清偿能力从而保证存款人、债权人的利益以及加强信用规模的宏观调节均具有重要意义。[3] 但是,在经济运行区域化的条件下,统一的存款准备金在客观上不利于地区经济的协调发展。其原因在于基础货币投放的差异、通货—存款比率的差异、存款准备金比率的差异以及中西部资本的外流倾向明显

---

[1] 彭芳梅. 论促进区域经济协调发展的金融法律制度的完善 [D]. 长沙:湖南大学,2011.
[2][3] 田春雷. 金融资源配置公平及其法律保障研究 [D]. 武汉:武汉大学,2012:85.

等诸多因素导致东部发达地区的货币乘数❶高于中西部等欠发达地区。即统一的存款准备金对中国东部发达地区经济的影响效果将显著大于中西部欠发达地区。❷ 因此，按统一准备金率交存准备金必然会加剧西部落后地区资金匮乏的状况，使之难以摆脱经济发展的"低水平均衡陷阱"，陷入资金短缺的恶性循环。❸

2. 统一的再贴现政策在欠发达地区的作用有限

再贴现是金融机构为了取得资金，以未到期的合格票据向中央银行贴现，中央银行买进票据让渡资金，商业银行卖出票据获得资金，是中央银行与商业银行之间的票据买卖和资金让渡的过程。❹ 现行的贴现利率、再贴现利率是由国家统一规定的，在一定时期内固定不变，缺乏弹性，且未能形成有效的再贴现利率体系。此外，对不同的行业和企业没有实行差别利率，这在客观上要求有一个全国性的票据市场与之相适应。❺ 然而，我国既没有形成合理的再贴现利率体系，也未形成全国性的票据市场。我国的票据市场具有明显的"地域性"，区域间的阻隔效应明显。其突出表现是，承兑、贴现和再贴现的商业汇票大都是当地或邻近地区企业签发的票据，承兑行、贴现行或再贴现对象多数为当地金融机构等。❻ 因此，统一的再贴现票据在跨系统、跨地区办理时，会存在诸多困难。鉴于我国中西部地区票据市场还远没有东部地区发达，实行全国统一的再贴现政策，可能会加剧资本市场的集聚效应，进一步拉大东西部的经济发展差距。

3. 统一的利率管制客观上形成对东部地区的利率优惠

资金具有趋富嫌贫的天然本能。由于地区经济发展不平衡，在客观上形成资金与其收益率的地区差异，如果利率水平是由市场供求关系决定的，那么，

---

❶ 货币乘数是金融学里的术语，概括而言：在货币供给过程中，中央银行的初始货币提供量与社会货币最终形成量之间客观存在数倍扩张（或收缩）的效果或反应，即所谓的乘数效应。货币乘数主要由通货—存款比率和准备—存款比率决定。通货—存款比率是流通中的现金与商业银行活期存款的比率。

❷ 王丹. 货币政策区域效应乘数模型及在中国的应用［J］. 重庆大学学报（社会科学版），2011 (5)：2-3.

❸ 范祚军. 区域金融调控论［M］. 北京：人民出版社，2007：221.

❹ 强力. 金融法［M］. 北京：法律出版社，2004：244.

❺ 张春，张迎军. 实现货币政策工具在区域上的优化配置［J］. 中国金融，2001 (10)：30.

❻ 王鹤元. 区域经济发展在财税金融政策下的影响分析［J］. 时代金融，2017 (24)：71-72.

由于东部地区对资金需求相对较多，市场利率水平就应较高；反之，中西部地区利率水平就会较低。这样看来，中央银行对不同地区实施同一利率，实际就是对东部发达地区投资行为的一种变相补贴，或者说是对中西部欠发达地区投资行为的一种变相征税。[1] 不考虑东西部经济发展的差异，执行统一的官方利率将会增加欠发达地区的资金外流倾向，加剧欠发达地区资金紧张的局面。在完全由市场决定利率的条件下，利率高低受到当地资金利润率的影响，用资金边际利润率来表达，则边际利润率越高，对资金的吸引力越大，西部地区资金的边际利润率明显低于东部地区，但在利率管制的条件下执行统一的存款利率，客观上便造成东部实际在享受"优惠"利率，其政策结果自然就使中西部地区资金流向东部。[2]

4. 统一的再贷款政策对欠发达地区的支持效果不明显

中央银行再贷款，是指中央银行对金融机构发放的贷款，是中央银行调控基础货币的重要渠道和进行金融调控的传统政策工具。[3] 再贷款在中国人民银行的资产中占有很大的比重，是我国基础货币吞吐的主要渠道和调节贷款流向的主要手段。对于经济欠发达地区而言，由于受区域经济环境的影响，金融机构筹集资金的能力较弱，对人民银行各类再贷款依赖性较大，人民银行投入再贷款对推动当地经济结构调整，满足"三农"资金需要，改善金融机构经营状况，化解辖区金融风险，促进地方经济发展都会发挥积极的作用。然而，再贷款政策工具的功能从最初的扮演注入流动性和经济结构调整的主渠道角色，到政策性融资功能为主，再到不良资产的货币化，其功能有较大的变化。[4] 近年来，再贷款政策主要用于对清偿力不足的金融机构提供融资，以实现"不良资产的货币化"，从而间接导致再贷款政策对欠发达地区的支持力度不够，其突出表现便是在欠发达地区，支农再贷款的使用出现明显萎缩。[5] 此外，再贷款政策在落地实施中，出现许多问题，以支农再贷款政策为例。一是利率上浮幅度偏高，农村信用社的盈利能力在支农再贷款的支持下逐年增加，而农民

---

[1] 杨涛. 促进我国区域协调发展的金融政策研究 [J]. 上海金融，2010（12）.
[2] 范祚军. 区域金融调控论 [M]. 北京：人民出版社，2007：223.
[3] 侯丽艳. 经济法概论 [M]. 北京：中国政法大学出版社，2012.
[4] 汪洋. 中国人民银行再贷款：功能演变与前景探讨 [J]. 广东金融学院学报，2009（1）：45.
[5] 付俊文. 完善欠发达地区支农再贷款政策的思考 [J]. 区域金融研究，2009（9）：21.

的利息负担显而易见;❶ 二是支农再贷款关于期限的规定,也在很大程度上限制了支农再贷款政策效应的释放。❷ 此外,还存在农业担保及保险体系不健全、农村金融服务功能仍然较为落后、信贷经营机制限制等诸多问题。❸

(三) 商业性金融法律实施状态不利于区域经济的协调发展

在我国,有必要就商业性金融法律实施的不足进行格外关注。商业性金融是一国金融的主体部分,如果商业性金融机构垄断现象集聚、商业性金融机构布局差异过于显著,会造成产业结构的地区性垄断、阻碍区际贸易发展、扩大区际经济差异等危害,从而影响整体国民经济增长的质量和速度,甚至有引发社会危机之虞。❹

第一,商业性金融机构存在垄断现象。在我国,商业性银行市场垄断现象严重。银行业市场是竞争性还是垄断性的,其区分根据在于银行业的市场结构是否合理。银行业的市场结构是指在银行业市场中银行之间在数量、份额、规模上的关系并以此决定的竞争形式。❺ 按照竞争程度的不同,可以大致将我国银行业结构划分为集中的(垄断的)和分散的(竞争的)银行业结构两大类。当整个银行市场由几家大银行控制时,即为集中的(垄断的)银行业结构;而当银行市场中由很多中小银行组成时,即为分散的(竞争的)银行业结构。❻ 从历史沿革来看,自新中国成立之初到改革开放以来,我国银行业市场结构发生了巨大的变化,从典型的完全垄断到四大国有专业银行高度垄断再到目前竞争性较强的寡头垄断,我国银行业结构的竞争程度逐渐增强。❼ 但是从区域空间分布来看,在我国东部地区,除了集中分布有四大国有大型银行外,

---

❶ 张强. 欠发达地区支农再贷款使用效益情况调查 [J]. 时代金融, 2017 (33): 31.
❷ 根据《人民银行对农村信用合作社贷款管理办法》的规定,支农再贷款期限最长不得超过1年,但随着近年来农业产业结构及支农范围的拓宽,对支农再贷款的整体需求时间相对延长。如果严格按 12 个月的期限使用支农再贷款,农村信用社运用支农再贷款支持农业经济的难度就会加大,降低了支农再贷款这一货币政策工具的作用。
❸ 刘亚平. 对运用支农再贷款支持"三农"经济发展的思考 [J]. 黑龙江金融, 2018 (6): 48.
❹ 郑长德. 区域金融学刍议 [J]. 西南民族大学学报 (人文社科版), 2005 (9): 46.
❺ 郁方. 中国银行业垄断与规制研究 [D]. 广州: 华南理工大学, 2010.
❻ 邓淇中, 张晟嘉. 区域金融发展规模、结构、效率与经济增长关系的动态分析 [J]. 统计应用研究, 2012 (1): 43 – 44.
❼ 严卓. 我国银行业结构对区域经济增长的影响——基于省级面板数据的实证研究 [D]. 上海: 复旦大学, 2013.

还广泛分布有各类新兴的中小型民营银行和外资银行；而在我国中西部地区，主要以四大国有银行的布局为主，以及一些较大的股份制商业银行、较小规模的城商行和农商行等。❶ 即在我国中西部欠发达地区，银行业垄断性还很强，其垄断行为的主要特征在于制约银行业市场公平竞争，例如，在纵向金融产品与服务的供给领域，民营企业、中小微企业等金融弱势群体因金融排斥无法享受到与国有企业、大型企业同等的金融信贷服务；在横向金融协作领域，国有银行、大型银行对中小型银行的市场排斥。❷ 总之，金融垄断行为会破坏金融市场的竞争机制、影响金融资源的有效配置、导致货币政策传导机制不畅以及损害消费者利益等，从而影响金融业的运行效率以及整体经济效益。❸

第二，商业性金融机构的差异性布局显著。我国东部、中部和西部地区金融机构布局存在较大的差异。我国东部地区不仅是四大国有商业银行的总行所在地，而且是11家全国性股份制商业银行总行所在地，国有商业银行、全国性股份制商业银行的分支机构数量也要多于中部和西部地区，而设在中西部地区的全国性股份制商业银行分支机构不仅数量少，而且贷款权限较低，大多将吸收的存款上存总行，对当地经济的贷款支持力度不大。❹ 此外，中西部地区的城市商业银行和城乡信用合作社主要是为当地服务的，但这些金融机构本身的资金实力有限，对当地经济的支持显得"心有余而力不足"。相对而言，东部地区的金融机构种类丰富齐全，分布密度大，相对适应不同经济类型企业及居民的资金需要。总的来讲，我国金融机构和金融服务主要还是围绕大企业、大城市开展，对于广泛存在的中小企业和农村经济、欠发达地区的金融机构和金融服务，供给相对比较薄弱，金融资源的配置存在一定的问题。❺

究其原因，一是在于商业性在金融市场机制逐利性作用下自发流动或外

---

❶ 严卓. 我国银行业结构对区域经济增长的影响——基于省级面板数据的实证研究 [D]. 上海：复旦大学，2013.

❷ 刘乃梁. 规制语境下银行业垄断的问题澄清——从经济学到法学的逻辑演进 [J]. 甘肃政法学院学报，2018（3）：42-43.

❸ 邓秋艳. 我国金融业反垄断问题研究 [D]. 厦门：厦门大学，2008.

❹ 周孟亮，李明贤. 我国金融机构布局区域差异与货币政策效应研究 [J]. 金融与经济，2009（2）：18.

❺ 郭柏杨. 金融支持区域发展的路径选择 [J]. 福建金融，2009（11）.

逃。在区域经济发展中，经济发展强劲的地区会产生更多的金融需求，并刺激当地金融服务的供给，[1] 而作为金融发展主体和主要承担者的商业性金融，基于自身趋利性动机和风险性考虑，更倾向于在经济发达地区设立分支机构，对欠发达地区或落后地区的金融布局设置显然没有多大动力。[2] 二是历史沿革的原因。从1998年开始，根据国务院和中国人民银行的要求，国有独资商业银行在全国范围内开始进行下属分支机构的撤销与合并工作，主要内容是把国有商业银行长期以来经营状况不佳、负担沉重、没有发展潜力的基层县域分支机构采取撤销、降格与合并的办法进行优化组合，从而提高国有商业银行的整体竞争力。[3] 但结果表明，这一撤并工作，实际上就是国有商业性金融机构从落后地区的逐步退出，进而减弱了金融对落后地区支持的力度，出现区域金融的功能性缺失和失调。20世纪90年代以来，随着经济金融的市场化转轨和各种改革举措的不断深化，中国的区域金融结构也相应地出现了若干新的变化，集中表现为区域金融结构进一步由行政均衡型向市场非均衡型过渡和转化，东部和中西部的资本形成能力和区域金融发展差距也进一步拉大。[4] 从这个发展趋势来看，今后中国的区域金融结构会更加趋于非均衡化，并最终完成由均衡型区域金融结构向非均衡型区域金融结构的全面转换。届时，欠发达地区的金融支持将会进一步被削弱。

第三，外资金融机构的差异性布局也很显著。外资金融属于商业性金融，只是投资主体是外国资本。2015年修订的《外资银行管理条例》，适当放宽了外资银行准入和经营人民币业务的条件，为外资银行设立运营提供了更加宽松、自主的制度环境。[5] 然而，由于中西部地区基础设施建设、市场经济环境、对外开放政策等方面的缺陷，外商投资企业无论在数量、规模还是产业化

---

[1] 粟勤，肖晶. 中国银行业市场结构对金融包容的影响研究——基于区域经济发展差异化的视角[J]. 财经研究，2015（6）：33.

[2] 阿拉腾高娃. 行政性与非政策性金融悖论——西部地区金融组织体系研究[J]. 金融研究，2002（7）：122-128.

[3] 王伟. 政策性金融视角下的区域金融协调发展研究[J]. 辽宁大学学报（哲学社会科学版），2013（2）：70.

[4] 王伟. 各国欠发达区域金融发展比较——兼谈我国西部大开发之金融观[J]. 贵州财经学院学报，2001（6）：42-46.

[5] 黄倩蔚，谢梦. 外资银行在华布局或将全面提速[J]. 中国外资，2015（1）：28.

水平等方面都远远落后于东部，因此中西部地区对外资银行还没有足够的吸引力。❶ 总体而言，全国的外资银行分支行或者外资银行代表处绝大部分都集中在东部地区，主要分布在北京、上海、广东、浙江、山东、福建、天津等东部沿海省区，而且集中在省会城市和一些经济较为发达的非省会城市，如青岛、厦门、苏州、无锡等。而在中部地区，只有武汉、昆明、西安、沈阳等少数省会城市有外资金融机构设立。❷

（四）政策性金融法律功能有限

第一，我国对政策性金融定位不够清晰。长期以来，随着金融市场改革的深化，政策性金融已经过时，希望商业性金融能够覆盖所有融资需求的呼吁越来越凸显，有学者主张通过改革将政策性银行逐步转型为以商业性业务为主的运营模式，甚至可以直接将政策性银行转变为商业银行。❸ 这种想法存在偏差，如若付诸实践，将对我国经济社会发展以及金融体系的完善带来不利影响。一是在政府主导的金融发展环境中，将政策性金融转变为商业性金融，那么，大量的政策性业务将不得不由商业金融系统负担，这显然不利于商业性金融体系的充分发展；二是政策性金融服务的供给出现断层，大量的政策性融资需求无法得到规范化和持续性的满足，将会严重制约经济结构优化和社会进步。❹ 总而言之，政策性金融定位不清晰，会产生严峻的不良影响，无论是对金融体系效率的损伤，还是对经济社会发展的侵蚀，在经济全球化的国际竞争环境中，这些负面效应都可能被放大，甚至危及经济繁荣和社会安定。

第二，政策性银行立法存在空白。自我国 1994 年成立 3 家政策性银行以来，在立法方面就存在巨大的空白，完整的政策性金融法律体系并不存在，以至政策性银行在日常运作以及执行金融调控政策过程中面临没有明确的法律作为支撑的尴尬局面。❺ 相对而言，国内的商业性金融法律体系比较完善，不

---

❶ 万方. 外资银行进入西部金融市场的策略引导 [J]. 中南民族学院学报，2001 (4).

❷ 马聪聪，范黎波，原馨. 外资银行在华省级区域区位选择研究 [J]. 国际商务（对外经贸易大学学报），2016 (2)：84.

❸ 贾康，孟艳. 我国政策性金融体系基本定位的再思考 [J]. 财政研究，2013 (3)：4.

❹ 王广谦. 金融体制改革和货币问题研究 [M]. 北京：经济科学出版社，2009.

❺ 王伟. 中国政策性金融与商业性金融协调发展研究 [M]. 北京：中国金融出版社，2006：180.

仅有商业银行法，还有相关的保险法、证券法等。事实上，早在 1993 年，国务院《关于金融体制改革的决定》中就明确指出了各政策性银行要根据自身的具体情况制定分别的管理条例，但这一工作到目前仍没有进展。相关立法的滞后，不仅会导致政策性银行的经营方向、管理者制约等方面随意性较大，其经营效率低下也是难免的。此外，由于政策性金融法律主体地位缺失，没有明确的法律来规定政策性银行职能范围，政策性金融与商业性金融之间的恶性竞争频发，而且往往使得行政过多干预政策性银行，导致政策性金融自身合理运作难以把握和发展，对政策性金融的制度约束和完善经营机制不利。❶

第三，我国政策性银行运营机制不够规范。其一，业务范围随意调整，业务范围设置不科学。以中国农业发展银行为例，在成立之处，农发行的主要任务是按照"国家的法律、法规和方针、政策，以国家信用为基础，筹集资金，承担国家规定的农业政策性金融业务，代理财政支农资金的拨付，为农业和农村经济发展服务"。❷ 1999 年，根据党中央、国务院制定的方针政策，其工作重点转为"按照粮食、棉花流通体制改革的要求，以收购资金封闭运行为全行工作的中心，全力以赴做好收购资金供应和管理工作，积极促进粮食流通体制改革"。❸ 由于农发行经营范围都是由政府直接规定，其业务调整也是政府根据形势的需要来重新划定，政府干预的过度导致农发行的"无所作为"，农发行的能动性大大降低，这与设立农发行的初衷渐行渐远。其二，融资渠道单一，融资成本高。我国政策性银行资金主要通过国家财政拨付的资本金、人民银行的再贷款、发放金融债券等途径筹集资金。总的来看，国开行的资金获得资本金的途径在很大程度上依赖于金融债券发行，进出口银行资金主要来源于发行金融债券和国家的财政拨款，农发行则更多地依赖于人民银行的再贷款。❹ 可见，资金来源的政府性很强，融资渠道较为单一。此外，筹资成本较

---

❶ 杨浩坤. 中国政策性金融发展问题研究——基于政策性银行的分析 [D]. 北京：中共中央党校，2017.
❷ 全国人大常委会法制工作委员会民法室. 银行法全书 [M]. 北京：法律出版社，1995：231.
❸ 中国金融学会. 中国金融年鉴 2000 [M]. 北京：中国金融年鉴编辑部，2000：28.
❹ 贾康，等. 战略机遇期金融创新的重大挑战：中国政策性金融向何处去 [M]. 北京：中国经济出版社，2010：80.

高，尽管国家给了政策性银行融资方面诸多优惠，与同期商业银行通过储蓄等方式获得的资金成本相比，政策性金融机构的融资成本仍然显得较高。资金来源不足将对其自身业务发展和作用发挥产生刚性制约，严重时将使银行失去存在的能力。目前，我国政策性金融机构不同程度上正面临"无米之炊"的困境。[1] 其三，政策性银行的信贷发放，区域间差异明显。国家设立政策性银行的主要目的是执行国家产业政策和区域政策，调控区域经济的发展，但在实际运作过程中政策性银行并未很好地起到推动区域经济发展的作用。[2] 我国的三大政策性银行，因为种种原因，难以将资金用在欠发达地区的开发上。以《国家开发银行2017年年度报告》中贷款净额地区分布为例说明，2017年国开行对我国经济最发达的东部地区发放的贷款最高，约占42.61%；对东北老工业基地的贷款额最低，仅占7.02%；对中部地区贷款额占比18.04%，对西部地区贷款额占比29.98%。[3] 由此观之，政策性银行在实际运作过程中并未很好地起到推动区域经济发展的作用。

第四，政策性金融机构的监督机制不健全。其一是缺乏政策性金融监督的法律依据。一方面是我国没有专门的政策性银行法来指引相关监督、监管机制的建立健全；另一方面是现存的《政策性金融监管条例》位阶较低、滞时性明显。其二是未能有效地将道德风险放入政策性金融的监督之中。对于政策性金融监督来讲，一个重要的方面是对政策性金融机构和相关负责人员进行有效监督，防止其在经营管理过程中产生道德风险。[4] 道德风险的存在会对政策性金融机构的运营带来严重影响，降低其资产质量。其三是缺乏有效的监督体系。由于政策性金融机构的业务种类繁多，涉及范围广泛，专业性强，机构特点突出，而且不同政策性金融机构的政策性目标也不一致，为此需要有一套协调有效的监督体系来发挥功效，而我国政策性金融监督体系实施的有效性，有所欠缺，往往成为可有可无的摆设。

---

[1] 白钦先，李军. 我国政策性金融立法及相关问题研究［J］. 上海金融，2005（11）：4.
[2] 王培华. 发挥政策性银行的作用调控区域经济发展［J］. 全国商情，2006（6）.
[3] 国家开发银行2017年年度报告［R］.
[4] 白钦先，王伟. 政策性金融监督机制与结构的国际比较［J］. 国际金融研究，2005（5）：37.

三、我国金融法在保障区域经济协调发展战略实施中的完善对策

（一）明确金融法宏观调控的目标与原则

1. 金融法宏观调控的目标

区域经济协调发展战略的推进，以及区域经济协调发展的最终实现，格外需要金融法的助力，金融法能在促进区域经济协调发展中发挥显著的推动作用。

第一，促进区域协调发展是金融法宏观调控应当遵循的首要目标。[1] 事实上，缩小区域发展的不平衡现状，需要国家综合运用多方面的法律、政策等，然而无论采取何种面向，其出发点和最终目标都是促进经济的增长，以调适不平衡的发展局面，最终实现区域经济协调发展。作为宏观调控法重要组成部分之金融法，则在协调区域经济平衡发展中发挥着不可或缺的作用。金融法本身就是为了促进整体金融产业效率的提高而存在的，没有金融产业效率的提高，也很难有整个社会经济效率的提高。[2] 只有社会经济效率的整体性提高，才能够更加有效地调适区域间经济发展不协调的状态。为此，需要充分重视区域经济发展差距，妥善处理金融与区域经济发展的关系，充分发挥金融法在区域经济发展中的调控作用。[3] 第二，促进区域间公平竞争也是金融法宏观调控的目标。公平竞争目标的实现，需要国家为当事人创造一个公平的竞争环境和竞争条件，使他们能够在相同的条件和外部环境中参与竞争，促进竞争机制在市场中发挥积极作用。[4] 由于区域经济发展的客观差异，区域间竞争实力存在显著差别。对于区域间市场主体的强弱差别，市场机制往往起到助推作用，并导致落后地区因竞争实力的差异而在市场竞争中处于更加不利的地位，最终加剧经济社会的不公平结果。金融法是国家宏观调控的重要手段之一，促进区域间公

---

[1] 彭荣胜. 区域经济协调发展内涵的新见解 [J]. 学术交流, 2009 (3).
[2] 刘少军. 金融法的基本理论问题研究 [J]. 经济法论坛, 2008 (10): 321.
[3] 江世银. 论区域金融调控 [J]. 中央财经大学学报, 2003 (9).
[4] 王继军, 张钧. 论市场规制法的基本原则 [J]. 山西大学学报（哲学社会科学版), 2003 (3): 48.

平竞争是金融宏观调控法的目标之一。❶ 金融法通过调控金融市场主体的行为来达到公平竞争的实现。金融市场主体是平等的民事主体，其法律地位是平等的，其经营活动要坚持公平竞争的原则，不能允许国有金融机构倚仗自己的市场支配地位垄断市场，限制竞争，剥削消费者，也不能允许金融市场主体从事不正当竞争活动。❷ 公平竞争既是竞争群体利益的要求，也是国家规制竞争活动的指导思想。只有公平竞争，才能达到通过市场实现资源优化配置的目的，从而促进社会经济的发展和持久繁荣。❸

2. 金融法宏观调控的原则

除了对区域经济协调发展的金融法调控目标的强调，还应明确金融法调控的基本原则。笔者认为，应当遵循以下几个原则：调控法定原则、适度调控原则、尊重市场机制原则、防范金融风险原则。❹ 亦有学者扼要地总结到，需遵循合法性原则和市场原则。❺ 总之，学界对此已有颇多论述，在此仅就金融法区域调控的调控法定原则进行展开。

调控法定原则是金融调控主体依法对金融活动的调节和控制，调节和控制活动应当符合法律的规定，具有法定的依据。在宏观调控日益成为当代各国政府突出的经济职能，政府参与、干预和调控经济的范围比以往更为广泛的当今，更应强调权力法定原则。❻ 宏观调控权是政府的重要经济职能，调控对象是国民经济整体，针对的是社会产品和服务的总供给和总需求，对经济的影响是全面的和长期的。因此，宏观调控具有极大的外部性，其实施应当相当谨慎和理性。❼ 调控法定原则主要包括两个方面，一是调控主体法定。目前，我国具有金融宏观调控权的主体是国务院、中央银行，对此应当没有争议。中央银行在各国职能与地位颇有差异，但作为货币的发行者和货币供应量的最终调节者，通过对货币及运行的调节，实现对宏观经济的强有力调控，进而使之成为宏观调控的主要机构的特征却是一样的。❽ 二是调控程序法定。在市场失灵的

---

❶ 于慎鸿. 可持续发展与金融法之价值调适 [J]. 河南社会科学, 2005 (3).
❷ 倪振峰. 危机背景下金融法基本原则的重新定位 [J]. 探索与争鸣, 2010 (6).
❸ 崔勤之. 简论市场公平竞争环境 [J]. 甘肃社会科学, 2005 (4)：64.
❹ 袁孝宗. 区域协调发展的金融法调控研究 [D]. 合肥：安徽大学, 2007.
❺ 徐澜波. 宏观调控法治化研究 [D]. 长沙：中南大学, 2013.
❻❼ 谢增毅. 宏观调控法基本原则新论 [J]. 厦门大学学报（哲学社会科学版）, 2003 (3).
❽ 刘志云, 卢炯星. 金融调控法与金融监管法关系论 [J]. 西南政法大学学报, 2005 (4).

情况下，国家干预经济固然重要，但国家的宏观调控也可能失败，为了防止国家因官僚主义和决策失误等而导致的调控失败，有必要制定宏观调控的法定程序。从经济上讲，并不适合将具体的调控内容详尽无遗地规定在法律中，而必须保持宏观调控行为一定的弹性，使政府可以及时和灵活应对变幻莫测的国内外经济形势而采取措施。因此，程序的完善更显得重要。国家干预既然应当在法治语境内运行，也必然要满足程序明确的要求，因而，在国家干预过程中的程序必须明确。❶

总之，为更好地保障区域经济协调发展战略的实施，应明确一定的金融法宏观调控的目标与原则，并以此目标和原则贯彻于金融法宏观调控的完善对策中去。

（二）加强区域性金融基本法立法与倾斜性金融法律供给

1. 金融宏观调控基本法法律规定的完善

其一，提升《中国人民银行法》的"稳定性"。为此，首先，要顺应国际思潮的转变，重新审视、重视、回归中央银行应有职能和新增职能，在法律中予以充分体现和加以巩固确认，解决人民银行职权法定的问题。其次，为人民银行未来可能新设的职责和权限预留空间，减少频繁修改法律的次数，从而实现法律的稳定性。❷ 再次，提升央行的相对独立性地位，以此保障《中国人民银行法》的"稳定性"。央行对政府既要具有一些独立性，又要听从于政府。央行制定的货币和利率政策要结合政府的财政政策，只有这样才能促进经济的稳定健康发展。❸ 其二，提升《中国人民银行法》的"可行性"。为此，应当在法律条文中少规定一些空话套话，对保障履职所需要的有效配套措施或手段进行明确化、具体化，如建立区域金融协调机制，加强对《中国人民银行法》第31条的落地实施。❹ 其三，提升《中国人民银行法》的"一致性"。为此，不仅需要推进中央银行法律体系与整个金融法律体系的融合与一致，还需要在

---

❶ 李昌麒，张波. 论经济法的国家干预观与市场调节观［J］. 甘肃社会科学，2006（4）.
❷ 中国人民银行南昌中心支行法律办课题组.《中国人民银行法》法律适用性的理性评判与完善构想［J］. 金融与经济，2013（3）：90.
❸ 刘子龙，余明. 央行对政府的相对独立性分析［J］. 时代金融，2015（18）：195.
❹ 《中国人民银行法》第31条规定："中国人民银行依法监测金融市场的运行情况，对金融市场实施宏观调控，促进其协调发展。"

法律条文中赋予人民银行分支机构足够的权限和履职空间，以保证总行的决策能够执行到位。❶

2. 加强倾斜性金融支持政策的供给

在金融资源配置公平指导下进行一系列法律制度的构建，其任务之一便是进行倾斜性金融资源配置立法。❷ 加强倾斜性金融支持政策的供给，是保障金融法公平价值在促进区域经济协调发展中有效实现的关键步骤，是倾斜性金融权利配置的主要依据。首先，应根据各地经济金融差别及发展不平衡的现实，实行因地制宜、分类指导的金融支持政策，以增加金融政策执行的灵活性。其次，为了扩大商业银行对欠发达地区开发的信贷支持力度，可适当降低欠发达地区商业银行的存贷款准备金和备付金率。在资金规模上，要向欠发达地区倾斜。再次，还可以实行差异化的货币政策和信贷政策，使其向重点地区、重点行业略有倾斜。对国家重点扶持发展的基础设施建设、技术改造及产品结构调整项目，可适当降低贷款利率。为吸引区域内外部资金，可赋予欠发达区域人民银行调整利率的权限，适当提高欠发达地区的存款利率，以引导更多社会闲散资金转化为欠发达地区开发建设资金。最后，还可以对欠发达地区外汇管理采取优惠政策等。

（三）差异化金融宏观调控法律制度的构建

为了便于差异化金融调控的实施，应该构建相应的权力实施主体。有学者建议，可借鉴二元式中央银行体制，即在一国国内建立中央和地方两级中央银行机构，设在中央的中央银行是最高决策机关，负责金融政策的制定，设在地方的区域中央银行作为独立存在的一级组织，在执行中央银行决策的同时可以自主地组织管理区域内的金融活动，也有其独立的权力。❸ 但考虑到我国的中央集权传统以及制度推行成本，继续保持一元式的中央银行有其合理性，推翻现有制度重建二元式中央银行体制有很大的难度。比较可行的做法是考虑在一

---

❶ 中国人民银行南昌中心支行法律办课题组.《中国人民银行法》法律适用性的理性评判与完善构想 [J]. 金融与经济, 2013 (3): 91.

❷ 田春雷. 金融资源公平配置的法学分析——兼论中国金融法的新价值 [J]. 法学评论, 2013 (3): 112.

❸ 慕丽杰. 中国区域金融非均衡发展研究 [D]. 沈阳: 辽宁大学, 2009: 204.

元式中央银行制度内部进行制度改良。❶ 目前，我国人民银行实行的是"总行—大区分行—中心支行—支行"的四级组织体系，这为实行区域性的差异化货币政策提供了组织制度条件。鉴于大区分行能够随时掌握本区域内金融发展的具体情况，又具备一定的金融政策制定与执行能力，因此可考虑赋予大区支行区域金融调控权。具体而言，首先，中央银行总行集中行使货币发行权、基准利率调节权、信用总量调控权等权限，在制定金融调控政策时充分考虑地域差别，制定有差别的金融调控政策。这种差别体现为中央银行只就利率、再贴现率、存款准备金率等宏观调控工具的一般水平及浮动范围作出规定，具体的选择权交给大区支行，由大区支行根据自己所在地区的经济发展情况选择具体数值。其次，大区支行在制定区域性货币金融政策方面，要加强与总行的沟通，确保区域货币金融政策的正确制定。再次，在货币金融政策实施方面，应明确划分央、地之间的权责，区域分支行要做到定期对区域货币政策的运行状况进行评价总结，并及时反馈给中国人民银行，并由其根据具体反馈的问题进行专项的、专业的指导。最后，应在法律条文中明确规定区域分支行、区域分支行负责人违反相关职责而需承担的法律责任，增加相关负责人的注意义务，以加强区域性金融法律、政策的实行到位。除此之外，还可借鉴欧美等域外发达国家的做法，推出促进区域性金融法律、政策切实施行的相关配套法规或者具体的指导性文件。

（1）差异化存款准备金政策的完善。笔者试图建立的差别准备金制度是设想根据发达地区与欠发达地区基础货币供应量的不同实行差异化的存款准备金率。比如，对发达地区的存款准备金率可以规定得高一些，欠发达地区可以规定得低一些，落后地区最低，甚至考虑对地区性商业银行、农村信用社等地方性金融机构给予更宽松的政策，以便增加欠发达地区与落后地区的基础货币供应量，缩小因实行统一存款准备金率导致的货币供应量差异，使存款准备金真正起到调节地区间资金平衡的作用。❷ 在内容上，结合不同区域经济发展差异性要求、不同产业发展特点，综合利用差别存款准备金率不同类型，对其内

---

❶ 田春雷. 金融资源配置公平及其法律保障研究［D］. 武汉：武汉大学，2012.
❷ 范祚军，洪菲. 统一货币政策框架下区域性金融调控机制构想——基于广西的实证分析［J］. 经济科学，2005（2）.

容进行动态调整，并且，加入商业银行支持特定区域和产业发展等相关指标，增强差别存款准备金制度的经济结构调整功能；在执行机制上，建立信息披露、共享和反馈机制，人民银行及时向社会公众公布需要执行差别存款准备金率的金融机构的相关信息，将市场机制引入金融监管，引导市场预期，增强风险防范和约束功能；在操作环节上，增强与窗口指导等政策工具的协调配合。❶

（2）差异化再贴现政策的完善。再贴现业务开展的基础是充足的商业票据和较为完善的票据市场。目前我国票据化程度较低，票据市场的区域差异明显，社会信用等基础环境建设还有待强化。为此，可在完善现有区域性票据市场的基础上，逐步建立全国性的再贴现市场，并建立全国统一的票据网上查询系统和信息服务电子商务平台，促进票据流通环节的无纸化和高效化。❷ 具体包括，一是针对不同地区规定不同的再贴现率。由于西部地区的经济发展水平和金融市场发育程度较低，使得西部地区的票据业务量低于全国平均水平。为了扩大商业银行的票据业务量，进一步发展西部地区的票据融资，中央银行可以对来自西部地区的票据以低于全国平均水平的再贴现率进行再贴现，以增加西部地区商业银行进行票据再贴现的积极性。❸ 二是适度放宽落后地区可贴现票据的种类，放宽再贴现条件扩大票据贴现业务，这有助于发挥资金的导向和结构调节功能。三是可以考虑适当增加欠发达地区中小金融机构的再贴现限额。

（3）差异化利率政策的完善。为了发展区域经济，特别是落后地区的经济，发达国家在区域经济的开发中往往采用有差别的利率政策，各国采用最多的是低利率政策。如法国在20世纪80年代初期为了复兴老工业地区经济，提出"再工业化"计划，并且专门设立"再工业化"贷款基金，以优惠的利率发放贷款。对于直接发放给企业的贷款，通常利率为16%，而这种区域性优惠利率约为10%，对于间接发放的贷款，利率一般为13%～14%。❹ 借鉴国外经验，我国可以考虑在继续推动利率市场化的过程中，适度实行区域差别的存

---

❶ 汪洋. 中国货币政策工具研究 [M]. 北京：中国金融出版社，2009：10.
❷ 郭立平. 货币政策的区域效应 [J]. 中国市场，2013（19）20-24.
❸ 范祚军. 区域金融调控论 [M]. 北京：人民出版社，2007：257.
❹ 范祚军. 区域金融调控论 [M]. 北京：人民出版社，2007：228.

贷利率。❶一方面提高落后地区商业银行的存款利率，以吸收更多的社会闲置资金，提高存款利率同时还可以防止中西部地区的资金过度外流；另一方面在落后地区设置一定的贷款优惠利率，降低企业的融资成本，使其与西部企业的经济效益和承受能力相适应。❷

（4）差异化再贷款政策的完善。实施差异化的再贷款政策意指央行可以适当扩大欠发达地区、落后地区的再贷款数量，增加再贷款品种、降低再贷款率、适当延长再贷款期限，以此优化金融资源的区域配置。❸以支农再贷款为例，不能实行"一刀切"的全国统一政策，应当因地制宜地作差别化调整。首先，改进支农再贷款期限，可以设置短期、中期、长期等不同期限的贷款，以适应不同农业产业的需求。其次，扩大支农再贷款范围，贷款范围从农户贷款扩大到种植业、养殖业、农副产品加工等产业领域。再次，人民银行应建立支农再贷款需求的监测、评价体系，及时全面掌握当地农业信贷需求状况、农村信用社信贷供给能力和对支农再贷款的需求，为优化支农再贷款的地域配置和提高效率提供指导。人民银行在考虑到中西部地区农业的基础地位上，可以根据农民平均收入水平、农村人口比重、金融机构贷款余额中农业贷款的比重等指标，合理确定各地区支农再贷款的规模，实行对中西部欠发达地区适度倾斜政策。最后，改进支农再贷款的分配方式，从农业较为发达、农村金融机构资金实力较强的地区适当退出，重点支持农业基础薄弱、增长缓慢、当地金融机构资金实力较弱的地区，以提高支农再贷款的使用效率和调控效果。❹

（四）优化商业性金融法律的实施

一般规律来看，越是不发达地区，其调动金融资源的能力就越差，金融效率就越低，经济发展也就越难以取得有效进展，从而导致区域间的差距就越大。❺如何通过发挥金融在区域经济发展中的调整作用，以解决区域经济协调发展时所必须面临的难题，商业性金融在其中发挥着不可替代的作用。商业性金融是各国金融体系的主体，要实现区域经济协调发展，必须充分发挥商业性

---

❶ 米莎莎. 区域经济的经济法思考[J]. 重庆科技学院学报, 2011 (4).
❷❸ 田春雷. 金融资源配置公平及其法律保障研究[D]. 武汉：武汉大学, 2012.
❹ 林飞, 孙丰山. 支农再贷款的调控效应及改进思路[J]. 济南金融, 2006 (5).
❺ 郑长德. 区域金融学刍议[J]. 西南民族大学学报（人文社科版）, 2005 (9).

金融的主体性作用，通过市场实现资源优化配置。一般而言，商业银行应该根据不同区域的经济发展状况，妥善、合理地配置信贷资金，为各区域经济的协调发展、缩小区域经济差距做出应有的贡献。❶

第一，促进银行业市场公平竞争，提升欠发达地区商业银行的市场竞争力。银行业垄断的存在使得政府对金融业进行必要的规制显得正当且合理，为此，政府应该着力加强规制制度——金融法与反垄断法的建设。对于银行业存在的垄断现象，需要两种不同的规制：放松规制和加强规制。一方面，要放松规制，如放松或取消影响市场结构和经营行为的规制措施；❷另一方面，要加强规制，如政府制定一些促进市场公平竞争的配套规则以保障竞争的开展，如加强防范和化解银行业风险的审慎监管措施等。然而，"打铁还需自身硬"，银行业公平竞争的实现与否，主要取决于欠发达地区商业银行的市场竞争力是否足够。商业性金融是讲求市场效应的，商业性金融的特性主要包括：经营活动追求利润最大化；经营决策主体是金融企业自身而非政府；经营决策由企业分散自主做出；充当信用中介，实行有偿借贷；以资金的营利性、安全性和流动性为主要经营原则。❸前文已述，在中西部欠发达地区，商业性金融资源配置不足以及商业银行分布匮乏的原因在于市场机制的固有缺陷。既然商业性金融、商业银行逃脱不了市场机制的作用，那么寻求提升欠发达地区商业银行的市场竞争力，就尤为必要。竞争力是市场参与方在相互竞争中体现出的一种综合能力。世界经济论坛组织认为企业竞争力是企业目前和未来在各自环境中比其他竞争者在产品质量、价格、服务水平等方面更有吸引力的能力。❹为此，需要做到：其一，追求有质量的规模增长，实现规模效益。抓业务增长、增加业务规模仍然是增强竞争力，实现商业银行经营安全性、流动性、营利性持久平衡的最好选择。其二，推动商业银行转型，提高经营效率。对于大型国有商业银行而言，规模优势固然是提升竞争力的有力方式，但在激烈的市场竞争中不可持续，一味地依赖规模优势只会逐渐损失客户资源和市场份额。对于中小型商业银行而言，在短期内这些银行难以迅速扩大到国有商业银行一样的规

---

❶ 王维强．我国区域金融政策问题研究［J］．财经研究，2005（2）．
❷ 韩龙．世贸组织与金融服务贸易［M］．北京：人民法院出版社，2003：109．
❸ 陈华．我国农村商业性金融发展研究［D］．北京：财政部财政科学研究所，2012．
❹ 穆志超，水冰．西部城市商业银行竞争力评价研究［J］．西部金融，2014（5）：52-57．

模，要与大型银行相竞争，只能另辟蹊径以弥补规模上的弱势。因此，无论是大型商业银行还是中小型商业银行，转型是在竞争中求得生存与发展的关键。❶ 其三，突出服务小微企业和实体经济的重点，寻求差异化经营的定位。其四，强化组织运作管理。现代企业的竞争，最根本的还是管理水平和商业模式的竞争。❷ 其五，加强人力资源管理，提高核心竞争力。银行作为知识密集型企业，人力资本对于提升竞争力有着至关重要的作用，这就要求欠发达地区的商业银行要更充分地做好人力资源的培养与储备。

第二，大力发展区域性商业金融机构。大力发展区域性商业金融机构是促进区域经济协调发展的重要举措。我国目前已经成立的一些区域性银行为本区域经济发展发挥了重要作用。一般来说，区域性的商业金融机构比之全国性的金融机构，更倾向于支持当地经济发展，并且，地方金融机构建立的初衷，就是以服务地方经济发展为目的的。❸ 对此，许多国家都采用的方法就是设立地方银行来促进地方经济发展，如日本就建立了完善的地方银行制度。日本的地方性银行是当地都道府县或市区指定的金融机构，地方性银行吸收本地的存款再将存款用于支持本地经济发展，这样既保障了地方自治机构财政资金的稳定供给，为经济发展提供了必要的金融支持，在促进区域经济协调发展方面也起到了十分重要的作用。❹ 对于我国的现实而言，欠发达地区多以四大国有商业银行为主导，其倾向于为大企业服务，致使中西部欠发达地区中小企业融资困难。中小型企业的举足轻重，不复多言。在中西部地区，可考虑建立专门为中小企业融资提供服务的区域性金融机构，为中西部地区的经济发展提供有效的金融支持。

第三，引进外资银行是适应对外开放和发展经济的现实需要。外资银行进入欠发达金融市场，无疑将推动欠发达地区利用外资的进程，并且外资银行在带来先进的金融技术和管理经验的同时，还可以引入国际竞争机制，从而加快

---

❶ 方先明，苏晓珺，孙利. 我国商业银行竞争力水平研究——基于2010~2012年16家上市商业银行数据的分析［J］. 中央财经大学学报，2014（3）：37-38.
❷ 雷友. 西部地区城市商业银行竞争力比较［J］. 改革，2014（11）：72-73.
❸ 谢丽霜. 西部开发中的金融支持与金融发展［M］. 沈阳：东北财经大学出版社，2003：127.
❹ ［日］鹿野嘉昭. 日本的金融制度［M］. 北京：中国金融出版社，2003.

西部地区金融国际化步伐。[1] 为充分发挥外资银行在区域经济发展中的作用，建议进一步修订相关条例，对外资银行在中西部欠发达地区设立分行放宽机构准入和业务准入限制。

第四，要想扭转当前金融资源配置过度集中于东部沿海发达地区、过度集中于城市的局面，需要拓展金融资源配置的运作空间，疏通、引导社会资金流向，还需要改善、优化欠发达地区的金融生态，防范、控制发达地区的金融风险。[2] 为此，商业性金融资源的配置，应紧紧围绕国家区域产业政策，合理配置金融资源，以提高虚拟经济服务实体经济的功能。[3] 商业金融机构要积极支持国家继续大力推进西部大开发的战略，重点对西部地区的基础设施、特色优势产业、生态环境建设等提供金融支持；金融资源配置要与振兴东北老工业基地密切结合起来，重点加大对东北地区装备制造业、原材料加工业、高新技术产业和农产品加工业等方面的金融支持力度；金融资源配置要与中部地区崛起战略密切结合起来，加强对中部地区的能源、重要原材料基地、综合交通运输体系建设、先进制造业和高新技术产业等方面的金融支持力度。此外，还应充分发挥证券市场的资源配置功能，引导社会闲散资金投向现代装备制造业、高新技术产业等领域，以扩大金融资源配置的产业领域。[4] 除此之外，完善国有商业银行总分行管理制度、推进国有商业银行信贷资金管理体制、破除金融机构准入门槛的统一性规定等方面，亦是促进区域金融合理配置、协调区域经济协调发展的有力保障。

（五）完善政策性金融法律运行机制

第一，明确政策性金融的定位。一般而言，政府参与资金配置的规范途径主要有：一是政府直接通过预算安排，实现财政性资金以支出方式流向市场失灵领域；二是政府可以发展政策性金融机构，通过以预算为后盾的一部分财政投入安排或者政府优惠政策，借助于市场化的运作机制，调动、引导更多的社会资金进入政府支持和鼓励发展的领域。[5] 比如，"三农"领域，相关农户和

---

[1] 万方. 外资银行进入西部金融市场的策略引导 [J]. 中南民族学院学报，2001（4）.
[2] 韩大海. 商业银行流动性过剩与区域金融资源配置失衡 [J]. 金融论坛，2007（7）：24.
[3] 刘震，张惠. 解决银行业流动性过剩的根本——改善金融生态 [J]. 财经科学，2006（7）：9.
[4] 李成，姜柳. 从汇率制度视角看我国商业银行的流动性过剩 [J]. 金融论坛，2006（9）：56.
[5] 白钦先. 白钦先集 [M]. 北京：中国金融出版社，2009.

农业企业获得商业性资金的能力一般更低,带有明显的"市场失灵"特征,更加迫切需要获得政府政策性资金的大力支持。政策性金融的基本特征是介于财政资金直接投入与商业性资金融通之间的资金融通方式,就利率水平和风险承受能力而言,政策性金融比商业性金融具有优势,并且可以更加有针对性地帮助实现政府产业政策和经济发展规划;就效率、规模和灵活性而言,政策性金融比财政直接投入方式更具优势。总而言之,应通过进一步的金融体系改革,将政策性金融建设作为我国社会资金融通的一个重要组成部分,合理填充补足财政直接支出和商业性融资之间的"中间地带",依靠政策性金融完成单纯依靠市场和商业性金融无法办到的事情,促进经济社会协调发展。❶

第二,加快制定政策性银行法。国外政策性银行设立的成功经验是先制定法律,明确需要设立的政策性银行的范围、经营机制、业务规则、资金来源等,然后根据法律设立政策性银行。比如,韩国进出口银行成立于1976年,韩国政府在其成立之前就出台了《韩国进出口银行法》(1969年7月)和《韩国进出口银行法施行令》(1969年10月),从制度上保证了韩国进出口银行法治、透明、创新和稳健。❷ 发达国家普遍实行"一行一法"的做法,结合我国政策性金融机构业务种类繁杂、机构特点不一致的实际情况更应针对各行不同的特点分别进行立法,国务院可以先行制订《国家开发银行条例》《中国农业发展银行条例》和《中国进出口银行条例》,以明确各类政策性银行的法律地位、确定资金运用和业务范围性质、业务范围等,为政策性银行规范运作提供直接的法律保障。

第三,规范政策性金融机构的运营机制。政策性银行作为专门承担政策性金融业务的机构,是国家对社会金融资源的配置进行有效干预、保证国家经济协调、稳定、持续发展的有力工具,是政府运用经济手段优化经济结构,促进社会进步,调适区域经济协调发展的重要工具。为了更好地规范其发展,需要重视以下几个方面。其一,完善政策性银行资金来源渠道。资金来源是政策性银行正常运营的基本保证。我国政策性金融机构资金来源渠道非常狭窄,其中财政拨付资本金是主要的来源渠道,而国家自身财政困难时,就会在一定程度

---

❶ 贾康,孟艳. 我国政策性金融体系基本定位的再思考[J]. 财政研究,2013(3):2.
❷ 杨康. 韩国进出口银行法律制度研究及对我国的启示[J]. 金融读物法评论,2016(10).

上制约政策性银行的发展。所以，欲要充分发挥政策性金融促进区域经济发展的功能，就必须拓宽其资金的来源渠道。首先，政策性银行加大金融债券的发行力度，以弥补资本金的不足。金融债券一般被认为是政府债券，风险小，对社会资金具有很大的吸引力，因此，发行金融债券不失为政策性银行的一项重要资金来源渠道。其次，国家财政专项基金应当给予大力支持。政策性银行执行国家宏观调控职能，所进行的投资大都是国家基础设施和重点项目，因此，其资金运用的政策性当然要求国家要对政策性银行给予充足的财政专项基金支持。❶ 最后，可以效仿日本政策性金融机构的负债业务方式。长期以来，日本政策性金融机构的资金主要来源于邮政储蓄和邮政简易保险，其政策性金融机构资金来源的主管部门就专门设立一个融资管理机构——财政投融资特别会计窗口，把筹措的资金集中起来，再贷放到每个政策性金融机构。有鉴于此，我国可以考虑把邮政储蓄筹集的资金用于政策性金融业务，❷ 还可以考虑将保险资金、社保资金和住房公积金等资金作为政策性金融机构的资金来源。其二，明确政策性银行的资金运用范围与业务范围，强化其促进区域经济发展的功能。对政策性金融机构的业务领域、服务对象及行为原则的规定，是各类政策性金融法的重要内容。建立在精准定位和科学界定基础上法律体系，以其长效性和制度性保障了政策性金融的可持续发展。其三，完善政策性银行管理制度，提高其经营能力。政策性金融机构虽不追求利润最大化，但必然追求项目的有效性、贷款的可偿还性以及现在和将来的持续性健康发展。❸ 根据日本政策性金融法，政策性金融机构中应明确法人治理结构、明确各个行的管理层级。❹ 有鉴于此，我国政策性银行应当建立完善的公司治理结构，成立董事会和监事会，加强经营管理，借鉴公司治理模式，推行内部激励机制等。政策性金融是"政府与市场的巧妙结合体"，它始终面临如何协调社会性与赢利性的问题，而这个协调问题的最终解决必然需要设计科学合理有效的内部激励机制。❺ 除了以上几个方面，政策金融机构监督检查机制的建立健全、政策性金

---

❶ 余跃泉. 优化欠发达地区县域金融资源配置的思路 [J]. 中国金融, 2007 (4).
❷ 白钦先, 曲昭光. 各国政策性金融机构比较 [M]. 北京: 中国金融出版社, 1993.
❸ 王伟. 政策性金融与开发性金融之辨析及其转型定位研究 [J]. 广东金融学院学报, 2006 (3).
❹ 白钦先, 王伟. 政策性金融监督机制与结构的国际比较 [J]. 国际金融研究, 2005 (5).
❺ 谭庆华, 毕芳. 中国政策性金融发展的再考察 [J]. 广东金融学院学报, 2005 (6).

融机构的负责人及职员法律责任的明确等,亦在政策性金融机构运营机制的完善之列。❶

第四,建立健全政策性银行监督机制。其一,合理借鉴域外立法经验,总结我国实践经验,在建立专门性政策银行法的基础上,完善政策性银行法体系,建立健全相配套的、能够切实实施的《政策性银行监督法》。其二,建立健全对政策性金融机构及其负责人道德风险的监督检察机制,提高其违法责任成本,防范寻租、腐败现象的发生。❷ 其三,建立健全有效的监督体系。一方面,要加强政策性金融机构的内部控制体系的建设,政策性金融机构也要定期向社会公众公开、公布财务报表和业务活动情况,增加透明度,以尽可能地防止"内部人控制"和寻租现象;❸ 另一方面,要注重发挥国家审计监察和新闻媒介的社会舆论监督作用。❹

第五,可考虑建立专门的区域性政策性金融机构。从国际经验看,解决区域不平衡发展问题,客观上需要政策性金融机构的扶持。例如,日本政策性金融主要特点是政策性金融不与商业性金融竞争,日本的政策性金融机构通常设立在那些不易得到商业性金融机构融资的领域,如《日本输出银行法》《中小企业金融公库法》,都只是针对需要进行政策性融资的进出口贸易、中小企业而立法。❺ 鉴于我国现有政策性银行对中西部金融支持力度有限的情况下,有必要设立促进区域开发的政策性金融机构。❻

---

❶ 白钦先,李军. 我国政策性金融立法及相关问题研究 [J]. 上海金融, 2005 (11): 5-7.
❷ 王华. 发展政策性金融有待解决的三大难题 [J]. 中央财经大学学报, 2007 (2): 39.
❸ 张泽. 世界政策性金融发展趋势探析 [J]. 农业发展与金融, 2007 (5): 27.
❹ 王伟,陈阳. 国外政策性金融监督制度比较与启示 [J]. 经济纵横, 2009 (5)
❺ [日] 鹿野嘉昭. 日本的金融制度 [M]. 中国金融出版社, 2003.
❻ 刘新华,线文. 政策性金融支持西部开发研究 [J]. 西安金融, 2006 (8).

第六章　区域经济协调发展战略实现公共服务均衡化的法律保障

基本公共服务均等化是区域协调发展的基本目标之一，是指政府为社会公众提供基本的、机会均等的公共物品和公共服务。实现公共服务均等化是现代政府的普遍追求，自19世纪末开始，公共服务供给不足和非均等问题在西方国家日益严峻，政府开始尝试进行制度改革和财政改革等措施，以提高公共服务质量和均等化水平。在中国，改革开放30年以来，经济迅速发展，国民经济总量跃居世界第二位，居民收入和消费水平大幅提高，国家财政能力显著提升，基本公共服务供给也不断优化；尽管如此，公共教育、医疗、养老、住房保障等基本公共服务发展仍然相对滞后，总体供给不足、区域发展差异较大等问题日益凸显。公共服务供给区域间的巨大差距背离了公平、公正、共享的社会主义价值观，也给进一步深化改革、推进经济建设造成阻碍，如何缩小区域差距、实现区域间公共服务供给均等化成为当前亟须解决的重要问题。

一、我国公共服务均等化法律制度梳理

一般认为，基本公共服务是政府提供的、保障公民基本人权所需的公共教育、住房、就业、医疗卫生、文化体育等方面的公共服务。这一概念有一些基本特征：首先，服务是为了满足公共需求，也就是全体公民的需求，满足少数个体或私人需求的服务不能称为基本公共服务；其次，基本公共服务是满足公民生存、发展基本需求的服务，而非满足更高追求的服务；最后，基本公共服务需由政府干预提供，也就是政府主导或政府参与。[1] 国务院制定的《国家基

---

[1] 李拓. 基本公共服务均等化与区域城乡差距研究 [D]. 长沙：湖南大学，2017.

本公共服务体系"十二五"规划》中,以列举式的方式将基本公共服务概括为基本公共教育、劳动就业服务、社会保险、基本社会服务、基本医疗卫生等五个方面,这一描述即是上述基本公共服务概念及特征的具体化。本节以《国家基本公共服务体系"十二五"规划》为参考,从基础教育、医疗卫生、养老、就业促进、住房五个方面着眼,考察当前我国的基本公共服务法律保障制度的现状。

（一）基础教育类法律制度的演变

十一届三中全会后,我国政府开始重建义务教育法律制度,国家颁布《宪法》《义务教育法》和《教育法》等重要法律,明确规定公民不分民族、种族、性别、财产状况均依法享有平等接受教育的权利,义务教育进入全面普及的进程,如表6-1所示。[1]

表6-1 基础教育法律制度的内容与发展脉络

时间	文件	内容
1982年12月	《中华人民共和国宪法》	规定公民的受教育权,普及初等义务教育,规定国家发展各种教育设施
1985年5月	《中共中央关于教育体制改革的决定》	实行九年制义务教育,实行基础教育由地方负责、分级管理的原则,是发展我国教育事业、改革我国教育体制的基础一环
1986年4月	《中华人民共和国义务教育法》	制定政策,统筹规划资源保障适龄儿童、少年接受义务教育的权利
1993年2月	《中国教育改革和发展纲要》	九年义务教育开始有计划、分阶段地实施,确定全国基本普及九年义务教育的目标
1995年9月	《中华人民共和国教育法》	中华人民共和国公民有受教育的权利和义务,公民不分民族、种族、性别、职业、财产状况、宗教信仰等,依法享有平等的受教育机会
1996年4月	《全国教育事业"九五"计划和2010年发展规划》	"九五"期间确立以普及九年义务教育和扫除青壮年文盲为重点的教育事业发展目标

---

[1] 柳欣源. 义务教育公共服务均等化的制度构建 [D]. 上海：华东师范大学, 2017.

续表

时间	文件	内容
1999年6月	《中共中央国务院关于深化教育改革全面推进素质教育的决定》	地方各级政府继续将"两基"作为教育工作的"重中之重",确保2000年"两基"目标的实现和达标后的巩固与提高,为全面推进素质教育奠基
2001年5月	《中国儿童发展纲要(2001~2010年)》	儿童教育在基本普及九年义务教育的基础上,大中城市和经济发达地区有步骤地普及高中阶段教育
2005年5月	《关于进一步推进义务教育均衡发展的若干意见》	为有效遏制城乡之间、地区之间和学校之间教育差距扩大的势头,将推进义务教育均衡发展摆上重要位置
2006年6月	《中华人民共和国义务教育法》	义务教育是国家统一实施的所有适龄儿童、少年必须接受的教育,是国家必须予以保障的公益性事业。对义务教育的管理体制和投入体制做了新规定,明确了中央、省、自治区、直辖市、县级等各级政府的义务教育责任
2010年1月	《关于贯彻落实科学发展观进一步推进义务教育均衡发展的意见》	明确提出了义务教育均衡发展的目标,将推进均衡发展作为义务教育改革与发展的重要任务
2010年7月	《国家中长期教育改革和发展规划纲要(2010~2020年)》	到2020年,全面提高九年义务教育普及水平,基本实现区域内均衡发展。建立城乡一体化义务教育发展机制,在财政拨款、学校建设、教师配置等方面向农村倾斜
2013年11月	《中共中央关于全面深化改革若干重大问题的决定》	明确提出义务教育均衡发展的目标,集中反映了今后教育领域以改革推动发展、提高质量、促进公平、增强活力的总体思路。统筹城乡义务教育资源均衡配置,推进考试招生制度改革

由表6-1可知,中国义务教育制度在30年间实现了从无到有,并不断完善逐步实现均等化的历史性跨越,当前已基本建立保障入学机会均等、城乡教育均等、扶助弱势群体和贫困地区的义务教育公共服务法律制度。

(二)公共健康类法律制度的制定

从1980年开始,政府相继出台一系列医疗卫生服务改革政策,推行各种形式的承包责任制,扩大医疗机构自主权;公立医院收入由曾经规定的政府补助、服务收费、药品加成转变为医院创收、以药养医、检查诊疗费等。医疗卫生服务改革不断走向商业化，计划经济时期的免费医疗、农村合作医疗等制度瓦解，到20世纪90年代末，计划经济时期人人享有的低水平基本医疗卫生服务不复存在，半数以上城镇居民、八成以上农民没有任何医疗保障，个体医疗支出过高、医疗卫生服务城乡和区域间严重不均等等问题逐步显现。

为解决日益严重的医疗制度问题，1998年国务院出台《关于建立城镇职工基本医疗保险制度的决定》，尝试推行医疗保险制度，医疗保险由用人单位和个人共同缴费，保险基金由社会统筹和个人账户组成。2002年，国务院出台《关于进一步加强农村卫生工作的决定》，要求建立和完善农村合作医疗制度。之后政府相继推出一系列法律法规完善医疗保险制度，积极探索将基本医疗保险和商业医疗保险结合，划分政府和市场边界，倡导政府购买医疗服务、将市场机制引入公共医疗服务领域。在不断推进医保全覆盖的同时，政府不断推行医疗机构体制改革，推进基本医疗设施建设，如表6-2所示。2009~2012年，国家财政对医疗卫生累计投入22 427亿元，占财政支出比重由4.4%提高到5.7%。2012年，覆盖城乡的医疗卫生服务体系基本形成，城市建立了社区卫生服务中心，农村建立了以县医院为龙头、乡镇卫生院为骨干、村卫生室为基础的三级医疗卫生服务网络，启动了疾病应急救助试点等；全面实施国家基本公共卫生服务项目，包括疾病预防控制、妇幼保健、健康教育等项目，服务项目扩展到10大类41项；基本药物制度初步建立，基本药物制度覆盖80%以上村卫生室。❶

表6-2 医疗卫生法律制度的内容与发展脉络

时　间	文　件	内　容
1982年12月	《中华人民共和国宪法》	规定国家发展医疗卫生事业，鼓励和支持农村集体经济组织、国家企业事业组织和街道组织举办各种医疗卫生设施
1994年10月	《中华人民共和国母婴保健法》	规定国家发展母婴保健事业，提供必要条件和物质帮助，使母亲和婴儿获得医疗保健服务，对边远贫困地区的母婴保健事业给予扶持

---

❶ 石培琴. 我国区域基本公共服务均等化研究 [D]. 北京：财政部财政科学研究所，2014.

续表

时间	文件	内容
1998年12月	《关于建立城镇职工基本医疗保险制度的决定》	规定城镇所有用人单位及其职工都要参加基本医疗保险，实行属地管理
2002年10月	《关于进一步加强农村卫生工作的决定》	建立和完善农村合作医疗制度和医疗救助制度。对农村贫困家庭实施医疗救助，对象主要是农村五保户和贫困农民家庭。2003～2005年，中央财政每年安排3亿元资金用于支持中西部地区建立农村医疗救助制度
2006年6月	《医药行业"十一五"发展指导意见》	提出至2010年全民享有基本医疗保障的目标
2007年7月	《关于开展城镇居民基本医疗保险试点的指导意见》	开展城镇居民基本医疗保险试点，到2010年在全国全面推开
2009年3月	《关于深化医药卫生体制改革的意见》	提出建立中国特色医药卫生体制，逐步实现人人享有基本医疗卫生服务的目标。要求积极发展商业健康保险，提倡政府购买
2011年7月	《中华人民共和国社会保险法》	规定用人单位职工应当参加医疗保险，其他形式就业人员可以参加医疗保险，国家建立和完善新型农村合作医疗制度和城镇居民基本医疗保险制度
2015年9月	《关于推进分级诊疗制度建设的指导意见》	要求到2017年分级诊疗政策体系逐步完善，到2020年基本建立符合国情的分级诊疗制度，实现合理配置医疗资源、促进基本医疗卫生服务均等化
2016年1月	《关于整合城乡居民基本医疗保险制度的意见》	整合城镇居民基本医疗保险和新型农村合作医疗两项制度，建立统一的城乡居民基本医疗保险制度
2016年10月	《"健康中国2030"规划纲要》	将"共建共享、全民健康"作为建设健康中国的战略主题，并提出"强化覆盖全民的公共卫生服务"

（三）养老保险类法律制度的框架

十一届三中全会后，国家对企业、机关事业单位及农村养老保障进行了许多积极的探索，也进行了大量制度改革。由于社会经济环境因素，国家在最初对企业、机关事业单位及农村三大群体的养老保障问题进行了分别的制度设计，以有针对性且低成本地解决不同群体的养老问题。但在实施过程中，三种不同的养老保险制度在养老金缴纳数额、比例、养老金待遇、领取条件等标准上差距过大，在客观上加剧了不同人群间养老公共服务不均等的局面，并由此产生两个突出问题：一是由于制度模式不同，机关事业单位与企业之间养老保险关系相互转移接续困难，制约了人力资源合理流动和有效配置；二是机关事业单位与企业之间的退休费（养老金）待遇确定和调整难以统筹协调，同类人员之间的待遇差距拉大，产生不平衡。

为解决这些问题，国家不断试点、积极创新，推行一系列改革措施，完善农村养老保险制度，扩大养老保险覆盖范围，推进机关事业单位养老制度改革。2014年国务院出台《关于建立统一的城乡居民基本养老保险制度的意见》，整合城镇与农村养老保险制度；2015年出台《关于机关事业单位工作人员养老保险制度改革的决定》，将机关事业单位人员纳入养老保险制度范围，正式废除长期以来饱受诟病的养老金"双轨制"，从制度上推进养老保险均等化，如表6-3所示。

表6-3 养老保险法律制度的内容与发展脉络[1]

时间	文件	内容
1978年6月	《关于安置老弱病残干部的暂行办法》和《关于工人退休、退职的暂行办法》	针对职工的干部和工人身份分别设计养老金制度，对工人采取退休与退职的办法，而对老弱病残干部则设计五种安置措施，包括当顾问、担任荣誉职务、离职休养、退休和退职。工人的退休费、退职生活费，由企业行政支付，但易地安置无接受管理部门；党政机关、群众团体和事业单位的退休、退职工人由所居住地方的县级民政部另列预算支付
1986年4月	《中华人民共和国国民经济和社会发展第七个五年计划》	明确提出逐步建立健全社会保险制度，全民所有制单位逐步推行职工退休费用社会统筹。改革社会保障管理体制，坚持社会化管理与单位管理相结合，以社会化管理为主

---

[1] 柯龙山. 我国城镇养老金双轨制的历史演进与终结研究 [D]. 福州：福建师范大学，2016.

续表

时间	文件	内容
1991年6月	《关于企业职工养老保险制度改革的决定》	将社会统筹作为养老保险制度改革的方向，建立多层次养老保险制度，养老保险费用由国家、企业、个人共同缴纳
1993年11月	《关于建立社会主义市场经济体制若干问题的决定》	提出养老保险制度改革要"统账结合"，即社会统筹与个人账户相结合
1995年3月	《关于进一步深化企业职工养老保险制度改革的通知》	进一步明确"统账结合"基本框架，并列举了两种具体实施模式，由各地方自由选择
1997年7月	《关于建立统一的企业职工基本养老保险制度的决定》	在全国范围统一企业缴费率、个人账户规模和养老金计发办法
2001年12月	《关于完善城镇职工基本养老保险政策有关问题的通知》	进一步明确灵活就业人员、农民工的参保规定
2005年12月	《关于完善企业职工基本养老保险制度的决定》	要求以非公有制企业、城镇个体工商户和灵活就业人员参保工作为重点，扩大基本养老保险覆盖范围。要求实现省级统筹，促进劳动力流动
2009年9月	《国务院关于开展新型农村社会养老保险试点的指导意见》	探索建立个人缴费、集体补助、政府补贴相结合的新农保制度，实行社会统筹与个人账户相结合
2011年7月	《中华人民共和国社会保险法》	规定国家建立基本养老保险制度
2013年10月	《关于加快发展养老服务业的若干意见》	认为养老服务和产品供给不足、市场发育不健全、城乡区域发展不平衡等问题突出，应加快发展养老服务业
2014年2月	《关于建立统一的城乡居民基本养老保险制度的意见》	提出"十二五"期间将城乡分设的新农保和城居保制度整合为城乡统一的居民养老保险制度
2015年1月	《关于机关事业单位工作人员养老保险制度改革的决定》	按照公务员法管理的单位、参照公务员法管理的机关（单位）、事业单位及其编制内的工作人员实行社会统筹与个人账户相结合的基本养老保险

(四) 公共就业服务类法律制度的内容

20 世纪 80 年代后期以来，随着我国劳动人事与就业制度改革的纵深发展，传统的"统包统配"与"固定工"制度被打破，我国逐步建立起以劳动合同制度为中心的新的用工机制。与此同时，我国公共就业服务体系和就业服务管理制度也逐步建立和完善起来，特别是近年来《就业促进法》《劳动合同法》及《就业服务与就业管理规定》的颁布实施，为我国公共就业服务均等化奠定了法律基础，公共就业服务均等化不仅发展迅猛，而且公共就业服务均等化取得了显著成效，如表 6-4 所示。[1]

表 6-4　养老保险法律制度的内容与发展脉络

时　间	文　件	内　容
1982 年 12 月	《中华人民共和国宪法》	规定公民有劳动权，国家通过各种途径创造劳动就业条件，对就业前的公民进行必要的劳动就业训练
1995 年 1 月	《中华人民共和国劳动法》	明确国家创造就业条件，扩大就业机会
1999 年 1 月	《失业保险条例》	国有企业、城镇集体企业、外商投资企业、城镇私营企业以及其他城镇企业及其职工均缴纳失业保险费
2002 年 10 月	《关于进一步做好下岗失业人员再就业工作的通知》	把控制失业率和增加就业岗位作为宏观调控的重要指标；对中西部地区和老工业基地，中央财政将在原国有企业下岗职工基本生活保障专项转移支付资金项下，增加再就业补助资金，支持地方促进再就业工作，严禁挪作他用，体现就业保障均等化
2008 年 1 月	《中华人民共和国就业促进法》	国家实施积极的就业政策，坚持劳动者自主择业、市场调节就业、政府促进就业的方针，多渠道扩大就业；国务院建立全国促进就业工作协调机制，研究就业工作中的重大问题，协调推动全国的促进就业工作；国家实行城乡统筹的就业政策，建立健全城乡劳动者平等就业的制度，引导农业富余劳动力有序转移就业；国家支持区域经济发展，鼓励区域协作，统筹协调不同地区就业的均衡增长，支持民族地区扩大就业

---

[1] 王飞鹏. 我国公共就业服务均等化问题研究 [D]. 北京：首都经济贸易大学，2012.

续表

时间	文件	内容
2008年1月	《中华人民共和国劳动合同法》	用人单位与劳动者订立劳动合同应遵循平等自愿等原则,不得因性别、民族等因素歧视不同劳动者
2009年10月	《关于进一步加强公共就业服务体系建设的指导意见》	要求对城乡所有劳动者提供公益性就业服务,对就业困难群体提供就业援助
2010年7月	《关于进一步整合资源加强基层劳动就业社会保障公共服务平台和网络建设的指导意见》	到2012年以公共就业、社会保障、劳动关系协调、劳动争议调解和劳动保障监察为重点,在全国街道、乡镇和社区、行政村基本建立健全劳动就业社会保障公共服务平台和网络;到"十二五"末,社会保障"一卡通"经过试点全面实施,基本实现基层劳动就业社会保障公共服务的规范化、专业化、信息化、网络化的目标,城乡居民能够就近享受到劳动就业和社会保障公共服务
2013年1月	《关于进一步完善公共就业服务体系有关问题的通知》	要求按照覆盖城乡、普遍享有的要求,面向全社会提供统一、规范、高效的公共就业服务,方便各类劳动者求职就业和用人单位招聘用工,逐步实现地区间、城乡间基本公共就业服务均等化
2015年5月	《关于进一步做好新形势下就业创业工作的意见》	提高公共就业创业服务均等化、标准化和专业化水平,加快信息化建设,努力消除城乡、行业、身份、性别、残疾等影响平等就业的制度障碍和就业歧视

(五) 基本住房保障类法律制度的发展

1994年,我国开始推行住房市场化改革,促进商品房建设,并建立住房公积金制度实行住房补贴,建立经济适用房制度解决中低收入家庭住房问题。1998年,建立廉租房制度,尽管由于各种原因并没有发挥应有的作用,但仍是非常有意义的尝试。之后几年,住房保障制度停滞不前,居民"买房难"问题凸显,2007年国务院出台《解决城市低收入家庭住房困难的若干意见》进一步建立健全城市廉租住房制度,改进和规范经济适用住房制度,加大棚户区、旧住宅区改造力度,是保障房制度的里程碑。除此之外,国家积极推进棚户区危房改造、解决农民工、外来人口住房问题,并推进农村住房建设,形成全方位的基本住房保障制度,如表6-5所示。

表6-5 基本住房保障法律制度的内容与发展脉络

时 间	文 件	内 容
1994年7月	《国务院深化城镇住房制度改革的决定》	决定深化城镇住房制度改革，促进住房商品化和住房建设的发展；开发建设经济适用房，解决中低收入家庭的住房问题；要求在全国推行住房公积金制度
1994年12月	《城镇经济适用住房建设管理办法》	建立以中低收入家庭为对象，具有社会保障性质的经济适用住房供应体系
1998年10月	《国务院关于进一步深化城镇住房制度改革加快住房建设的通知》	规定停止住房实物分配，逐步实行住房分配货币化；建立和完善以经济适用住房为主的多层次城镇住房供应体系；提出解决最低收入家庭住房问题的廉租房制度
1999年4月	《城镇廉租住房管理办法》	规定廉租住房的实施和管理主体、来源、租金定价标准、面积标准和装修标准、审批程序等内容，以解决城镇最低收入家庭的住房问题
1999年4月	《住房公积金管理条例》	职工个人和所在单位为其缴纳公积金用于购买、建造、翻建、大修自住住房
2004年10月	《经济适用住房管理办法》	经济适用住房应当在国家统一政策指导下，各地区因地制宜，政府主导、社会参与。市、县人民政府要根据当地经济社会发展水平、居民住房状况和收入水平等因素，合理确定经济适用住房的政策目标、建设标准、供应范围和供应对象
2007年8月	《国务院关于解决城市低收入家庭住房困难的若干意见》	规定以城市低收入家庭为对象，进一步建立健全城市廉租住房制度，改进和规范经济适用住房制度，加大棚户区、旧住宅区改造力度，"十一五"期末使低收入家庭住房条件得到明显改善，农民工等其他城市住房困难群体的居住条件得到逐步改善
2012年7月	《公共租赁住房管理办法》	限定住房的建设标准和租金水平，租赁对象为符合规定条件的城镇中等偏下收入住房困难家庭、新就业无房职工和在城镇稳定就业的外来务工人员
2016年10月	《国务院关于印发全国农业现代化规划（2016～2020年）的通知》	要求加大农村危房改造力度，全面完成贫困地区存量危房改造任务；分类分村编制乡村建设规划，合理引导农村人口集中居住，改善农村生活环境

二、我国区域经济协调发展中公共服务均等化实施的成效

(一) 总体基本公共服务水平和均等化程度明显提高

从改革开放至今,我国基本公共服务制度实现从无到有的历史性跨越,公共服务供给方式不断优化,公共服务水平和效率不断提高,公共服务供给的质量与公平性大幅提升,民众对公共服务的满意度和获得感也同步提升。我国基本公共服务水平和均等化程度明显提高主要体现在制度建设和实践发展两个方面。

在公共服务制度发展上,我国逐步重视基本公共服务供给,明晰基本公共服务的获得权是公民的基本权利,制度建设更加完善。改革开放之后,我国在教育、医疗、就业、养老、社会保障等公共服务制度建设上取得了一系列重要进展,一是初步建立起覆盖城乡的免费义务教育体系、最低生活保障体系、基本医疗卫生保障体系等基本公共服务体系,形成比较完善的公共服务供给的制度体系。二是基本公共服务战略更加明确,制度更加完善。中共十六大报告提出"统筹城乡协调发展"战略和城乡一体化战略;十六届六中全会提出"基本公共服务均等化"战略;《国家基本公共服务体系"十二五"规划》明确了我国"十二五"时期基本公共服务的范围、重点任务和国家基本标准;国家"十三五规划"将"基本公共服务均等化的总体实现"作为全面建成小康社会的主要目标之一。

在实践发展上,我国基本公共服务有明显提高。胡鞍钢等人对我国"十一五"时期的基本公共服务发展状况进行了评估,发现:从各地区的公共服务水平指数来看,"十一五"是各地区基本公共服务水平普遍发展时期,各地区基本公共服务水平均有明显提高。其中,北京、江苏和上海明显高于其他地区。从基本公共服务各项二级指标增长幅度来看,除就业服务和住房保障两项二级指标外,其他指标均有所增长。社会保障增长最为明显,其余依次是公共文化、公共教育、基础设施、环境保护、医疗卫生、公共安全。[1] 同时,公

---

[1] 胡鞍钢,王洪川,周绍杰. 国家"十一五"时期公共服务发展评估 [J]. 中国行政管理, 2013 (4): 20-24.

服务均等化程度也有明显提高，以义务教育为例，杨东平教授研究认为：2008年之后，各地的流动儿童义务教育出现整体改善和局部创新。上海等地实施加速解决流动儿童义务教育的三年行动计划，安徽、大连等地允许农民工随迁子女在流入地报考高中阶段学校。一些地方提出建立覆盖所有居民的公共服务体系，以实现使流动人口享有均等化的基本公共服务的新目标。❶

（二）各类基本公共服务水平和均等化程度明显提高

1. 义务教育公共服务水平及均等化测度

严雅娜博士（2017）在其研究中选取了具有代表性的16个指标，包括小学生均教育经费、初中生均教育经费、小学生均公用经费、初中生均公用经费、小学生均计算机、初中生均计算机、小学生均图书、初中生均图书、小学生均校舍建筑面积、初中生均校舍建筑面积、小学师生比、初中师生比、小学适龄儿童入学率、小学升学率、初中升学率、15岁及其以上（半）文盲率，根据官方数据平台《中国统计年鉴》《中国教育统计年鉴》《中国教育经费统计年鉴》和《中国财政年鉴》中的数据，对2004～2014年全国各省份的义务教育水平和均等化程度进行测度。结果表明各省义务教育水平均有所提高，均等化水平亦有所提升。其中2005～2008年，省际义务教育差距存在较大波动性，2008～2014年差距逐渐稳定。义务教育水平区域两极分化明显且格局稳定。教育水平先进地区的北京、天津、上海、浙江等省份占据绝对优势地位，教育水平落后地区的广西、贵州、云南等省份区域归属变动性较小，部分省份在样本期保持绝对稳定位置，主要表现在一类区域中的北京、天津、上海和浙江以及三类区域中的广西、云南、贵州和四川，表明义务教育水平较高省份拥有绝对优势而落后地区发展后劲和提升能力明显不足。传统三大区域东部、中部和西部义务教育水平2004～2014年均有所提高，地区间义务教育服务水平差距有所缩小，但是东部地区仍处于服务水平领先区域，三大地区格局相对稳定。❷

2. 公共医疗卫生水平及均等化测度

当前各地区普遍存在医疗资源配置不均衡的情况，东部医疗服务水平高于中部和西部，城市地区高于农村地区，省会城市高于非省会城市。根据《2016

---

❶ 徐凯赟. 全面建成小康社会进程中的公共服务供给方式研究［D］. 北京：中共中央党校，2017.
❷ 严雅娜. 基本公共服务均等化的财政对策研究［D］. 太原：山西财经大学，2017.

年中国卫生和计划生育统计年鉴》数据，2015年东部、中部、西部地区每千人口卫生技术人员分别为6.2人、5.4人、5.8人，分省看，北京地区最高，为10.4人，西藏地区最低，为4.4人。机构、床位方面，同样存在类似的情况。在医疗服务效率方面，2015年东部地区医师日均担负诊疗人次8.8次，高于中部的5.6次和西部的6.6次。[1]

严雅娜博士（2017）通过对公共医疗卫生省级层面变异系数的分析，获得2004~2014年公共医疗卫生水平及均等化趋势和特点，主要表现为以下方面：首先，我国传统三大区域东部、中部和西部公共医疗卫生服务水平2004~2014年均有所上升，中部和西部地区上升速度最快、东部次之，地区差距呈现大幅缩小趋势。其次，总体上公共医疗卫生省际差距呈缩小趋势。公共医疗卫生服务差距变化呈现出螺旋式特征，即在上升和下降中显现出整体变化趋势，2004~2008年医疗服务差距基本维持不变；2009~2014年地区差距表现出明显下降特征，其中2009年和2010年下降幅度较大，说明公共医疗卫生服务差距变化缺乏稳定性，政策的可持续性和稳定性较差。最后，公共医疗卫生均等化提升速度慢。2004~2014年可分为两阶段分析：第一阶段为2004~2008年，省际差距并未缩小且略有扩大；第二阶段为2009~2014年，医疗总水平省际差距略有缩小。

除此之外，公共医疗卫生服务水平区域划分结果中，服务水平最高的第一区域6个省份中除内蒙古和宁夏外都属于东部经济发达地区；服务水平落后的第三区域6个省份中除海南以外全部属于中西部经济欠发达地区。因此，经济发展水平对公共医疗卫生服务提供数量和质量具有较大影响，同时辖区经济发展水平决定地方政府财政实力，因此政府投入水平和投入可持续性成为公共医疗服务水平的直接影响因素，故地区经济发展、地方政府财政实力和公共服务水平三者间存在内在的逻辑统一性。[2]

3. 养老保险水平及均等化测度

白晨等（2018）运用多维不平等测量法，对我国养老服务均等化程度进

---

[1] 戴明锋. 我国基本医疗卫生服务水平均等化研究 [J]. 中国卫生信息管理杂志, 2018 (3): 334-338.

[2] 严雅娜. 基本公共服务均等化的财政对策研究 [D]. 太原: 山西财经大学, 2017.

行测量与分析，研究发现以下特征。

第一，中国基本养老服务的能力建设呈现"重机构、缓社区、轻居家"以及"重养护、轻服务"的特点。随着老年人口比重的不断上升，社区与机构养老服务对老年群体的可及性有了不同程度的提高。相比之下，与老年人能力建设密切相关的居家综合养老服务对老年人的可及性却出现"不升反降"的趋势。

第二，基本养老服务各个维度的横向不平等性尽管在2011~2015年有所缓解，但总体居高，特别是社区养老和居家养老的医疗保健服务，基尼系数平均在0.6以上。不仅如此，集中指数显示，各维度基本养老服务不仅向经济发展水平高的地区集中，而且存在供求脱节的问题，即老龄化程度越高的地区，其基本养老服务能力建设水平反而越低。

第三，基本养老服务横向不平等程度在空间分布上以东部地区最为突出，西部次之，中部与东北部相对较低。在要素构成上以居家综合养老的不平等最为突出，其对总体不平等的总和贡献率平均高达65.57%。综合空间及要素分解的结果进一步显示，东部地区基本养老服务总体不平等性主要来自机构和社区养老，在与老年人能力建设密切相关的居家综合养老领域却有着较高的均等化水平。相比之下，中西部地区居家综合养老服务的横向不平等性更为突出，特别是医疗保健服务能力的均等化水平很低。[1]

4. 就业服务水平及均等化测度

张海枝博士（2013）采用熵权法和TOPSIS法对全国31省（市）公共就业服务均等化水平进行评价，结果显示如下。

第一，我国公共就业服务均等化水平整体水平较低。均等化水平较高的地区是北京，但区域内均等化程度仍然不高；而均等化水平最低的地区是广西，区域内均等化程度较低，且与北京市均等化水平差距较大。从投入类指标来看，我国公共就业服务财政支出总额不足，人均支出地区差别较大。虽然我国社会保障和就业财政支出总额不断增长，但社会保障和就业财政支出占财政收入的比重远远低于其他国家，并且由于中央财政转移支付能力不足和各地区经

---

[1] 白晨，顾昕. 中国基本养老服务能力建设的横向不平等——多维福祉测量的视角 [J]. 社会科学研究，2018（2）：105-113.

济发展不平衡，政府对公共就业服务的投入不均等，各地区之间、城乡之间公共就业服务水平的差距日渐扩大。从产出类指标来看，公共就业服务机构建设落后，服务质量不高。以我国公共职业介绍服务为例，2009年我国共有37 123所公共职业介绍机构，12.6万名工作人员，每个公共职业介绍机构平均约有3.39个人，其中有3 711个县区级以上公共职业介绍机构，2.6万名工作人员，每个机构平均约有7名工作人员；有6 963个街道劳动部门办公共职业介绍机构，工作人员1.9万人，每个机构平均约有2.73名工作人员；有15 174个乡镇劳动部门办职业介绍机构，工作人员有3.5万人，平均每个机构约有2.3工作人员。公共职业介绍机构的工作人员工作任务繁重，并且工作人员的素质不高，难以保证公共就业服务数量和质量。

第二，公共就业服务区域发展不平衡。云南、内蒙古、贵州、西藏、甘肃、新疆、陕西、四川、青海等地的公共就业服务均等化水平排名靠前，一方面是有的地区人口基数较小，另一方面大量劳动力流动到发达地区就业，登记的求职人数较少，均数较大而体现的均等。天津、上海、广东、江苏、浙江等地的公共就业服务均等化水平排名靠后，虽然这些地区的经济发展水平很高，对公共就业服务投入总额较大，但是人口规模大，大量劳动力流入当地就业，登记的求职人数数量远远高于其他地区，均数较小而均等化水平较低。河南、山西、湖南、安徽、重庆、吉林、辽宁、黑龙江、山东等地虽然人口数量较多，但经济发展水平较为平均，对公共就业服务的投入较多，并且有大量劳动力流出就业，因而公共就业均等化水平靠前。海南、福建虽然地处东部，但经济发展起步较晚，对公共就业服务的投入不足，均等化水平较低。[1]

5. 住房保障水平及均等化测度

总体上看，我国住房保障制度不断发展与完善，居民住房水平不断提高。保障性住房建设规模持续增加，保障覆盖率明显提高。2011~2014年，全国累计开工建设各类保障性安居工程超过3 200万套，基本建成2 000多万套，集中解决了城镇部分中低收入住房困难家庭以及部分国有工矿、国有林区、垦区、国有煤矿职工的住房问题。保障性安居工程类别结构明显变化，更加突出"保基本"。"十二五"期间，保障性安居工程类别结构有了较大变化。其突出

---

[1] 张海枝. 我国公共就业服务均等化水平的统计评价 [J]. 统计与决策，2013 (24): 44-46.

特点为：一是在廉租房应保尽保的基础上，公共租赁住房新开工量增速较快。二是棚户区改造力度显著加大。各地经济适用房开工规模明显下降。一些地方积极探索政府与保障对象"共有产权"的保障模式并取得成效。保障性安居工程的相关制度建设进展明显。"十二五"以来，国务院及相关主管部门连续出台多项与保障性安居工程建设相关的法规文件，完善包括筹资渠道、保障方式、土地供应、项目选址、基础配套、财政贴息、保障房公平分配、安居工程质量保证等方面的制度体系，基本形成一整套促进保障性安居工程建设持续健康发展的制度安排和政策体系，各地政府也积极探索创新保障安居工程建设有效实施的相关制度安排。❶

在住房保障取得重要成绩的同时，其在公平性方面存在的缺失造成的非均等化现象也不容忽视，我国当前保障性住房供需缺口仍较大，保障性住房建设在整个住宅建设中占有比重一直都非常小，如经济适用房投资额占当年住宅投资额比率一直徘徊在5%上下，并呈逐年下降趋势。同时，住房保障水平区域间差别显著，《中国基本公共服务均等化发展报告》以完成投资额、年度新开工面积、销售面积、销售价格、竣工套数、销售套数等数据为指标，对2010年各地经济适用房指标完成情况进行测算，结果显示，各地住房保障能力差别显著，各项指标比较突出的省份大都集中在中东部地区或者经济发达省份，如天津、江苏、山东等。而在保障性安居工程建设任务中，中西部地区总任务比例为全国的74%，新建廉租房任务比例为全国的95%，各类棚户区改造比例为全国的84%，其住房保障非均等程度可见一斑。❷

三、我国区域经济协调发展中公共服务均等化的不足

改革开放以来，我国公共服务建设取得巨大成就，公共服务总水平大幅提高，省际差距有所缩小，但当前公共服务供给仍存在较大不足。国务院《"十三五"推进基本公共服务均等化规划》指出，我国基本公共服务还存在规模

---

❶ 任兴洲，徐伟. 中国住房保障："十二五"进展与"十三五"思路 [N]. 中国经济时报，2015 - 3 - 20 (3).
❷ 北京师范大学管理学院. 中国基本公共服务均等化发展报告 [J]. 北京：经济管理出版社，2011.

不足、质量不高、发展不平衡等短板，突出表现在：城乡区域间资源配置不均衡，硬件软件不协调，服务水平差异较大；基层设施不足和利用不够并存，人才短缺严重；一些服务项目存在覆盖盲区，尚未有效惠及全部流动人口和困难群体；体制机制创新滞后，社会力量参与不足。造成这些不足的原因主要如下。

（一）基本公共服务供给主体单一

通常认为，基本公共服务供给有"政府单一供给""市场单一供给"和"政府—市场共同供给"三种模式。"政府单一供给"即政府作为唯一的基本公共服务供给主体，排斥私人力量的参与；"市场单一供给"则是政府完全放任，基本公共服务供给全部依靠私人投资完成；"政府—市场共同供给"是由政府和私人投资共同作为供给主体，相互合作。从西方发达国家的实践来看，"政府—市场共同供给"模式能够充分发挥政府和市场各自的优势，是最有效的基本公共服务供给方式。而当前我国基本公共服务供给仍主要依靠政府力量，社会和市场力量参与不足，供给主体单一，存在明显不足。[1]

（1）缺乏明确的目标和整体战略。在传统的计划经济体制下，中国几乎所有的公共服务都是由政府利用国有资产和财政资金垄断提供的，自20世纪80年代中期以来，中国推行公共服务引入市场机制的改革，允许和鼓励私人部门参与公共产品和服务的生产，但在这一过程中，政府所制定和采取的改革措施都是在一个缺乏成熟的整体战略的情况下实行的，无论是行业部门还是职能部门的改革，都还处在单项推进、局部试点、各行其是的探索阶段，各个领域、部门、地区的改革效果和社会效益参差不齐，缺乏整体合力，且各项政策措施的利弊得失难以衡量。

（2）政府在公共服务供给中存在缺位。中国式财政分权的主要特征之一就是经济上的分权与政治上的集权并存。在这种体制下，中央为了调动地方财政经济发展的积极性，将地方的经济决策权下放给地方政府，中央定期或不定期对各地的经济增长绩效进行考核，并依据GDP和财政收入增量按比例进行奖惩，形成GDP增长的经济激励机制。诚然，中国式财政分权所导致的GDP

---

[1] 郑晓燕. 中国公共服务供给主体多元发展研究[D]. 上海：华东师范大学，2010.

竞赛创造了中国近40年来的"增长奇迹"。但是，这也造成地方政府官员只关心自己任期内的经济增长指标高低，而教育、科技、医疗卫生等公共产品和服务的投入只能在长期内发生作用，短期内无法"兑现"成经济增长，因此被长期忽视，直接导致基础性公共服务供给的严重短缺。

（3）政府在公共服务供给中效率不高。政府在公共服务供给中效率不高可以从"用脚投票"约束、"用手投票"约束和地区差异、地方政府行为变异三个方面进行分析。

其一，"用脚投票"约束与政府公共服务供给效率。

蒂博特在一系列严格的假设条件下提出"用脚投票"模型：在人口流动不受限制、存在大量辖区政府、各辖区政府税收体制相同、辖区间无利益外溢等假设条件下，由于各辖区政府提供的公共服务和税负组合不尽相同，各地居民可以根据各地方政府提供的公共服务和税负的组合，自由选择那些最能满足自己偏好的地方定居。居民可以从不能满足其偏好的地区迁出，而迁入可以满足其偏好的地区居住，从而促使地方政府提高公共服务的提供效率。在中国最典型的"用脚投票"的例子就是"就近免试入学"政策。就近免试入学是国家为了减少择校现象、体现教育公平而推出的政策，可是为了给孩子上个好学校，家长不惜把大房子换成小房子，把新房子换成旧房子，即便比同区域同品质的非学区房贵出三四成，学区房因为其特殊属性及抗跌的投资价值依然是市场上"一房难求"的"香饽饽"。从择校衍生出的择房，一定程度上反映了教育资源分配的不均衡。

从中国政府体制上来讲，中国分权制度是建立在中央政府委任制框架下的，在一定程度上限制了地方政府对当地居民需求的重视程度。"用脚投票"的人口跨区域迁移，尤其对缺少劳动技能的农村劳动力来说是比较困难的。如对进城打工的农村劳动力来说，他们没有被认为是合法的城市居民，也没有享受到与城市居民同样的义务教育、医疗卫生等公共服务。因此，"用脚投票"机制在中国受到限制在一定程度上制约了地方政府对当地居民需求的重视程度，造成公共服务供给的不均衡。

其二，"用手投票"约束与政府公共服务的供给效率。

奥茨（Wallace F. Oates）认为，从居民偏好的表达途径来看，一个国家由中央政府或地方政府来提供公共服务时，可以通过直接民主制来显示居民偏好，也就是"用手投票"显示其偏好。当"用脚投票"的自由选择受到人员流动性的限制时，地方政府为了争取选民的政治选票以继续获得区域管理的权限也会自动提高公共服务的提供效率。改革开放以来选举民主在中国重新散发出活力。在1982年制定的新宪法的框架下，中国选举民主主要表现在各级人民代表大会制与乡镇直选。中国人民代表大会制度作为选举民主在绝大多数场合都能履行宪法和法律赋予的职能。乡镇直选是当代中国直接选举民主的有益探索，近十几年取得了较好效果。然而，目前人民代表大会制度所体现的选举民主和乡镇直选距离社会主义民主的要求还有一定的差距，人大的职能有待进一步优化，人大代表的产生机制与组成结构有待进一步完善，人大自身的监督制约机制有待进一步强化等。所有这些都会严重影响中国地方公共服务提供过程中"用手投票"机制的有效运行，从而深入影响公共服务的提供效率。

第三，地区差异、地方政府行为变异与中国公共服务供给效率。

一方面，中国各地区的工业化进程迥然不同，制造业出现加速向东部沿海地区集中，这种集中效应对地区差距的扩大起了主要的推动作用，而坚持以发展经济为己任的各地方政府对资本这一流动性较强的稀缺要素有着强烈兴趣，而对当地流动性较差的劳动力需求则可能不在其优先考虑的范围。另一方面，中国的财政分权制度明确规定地方政府完全拥有地方开支的自主权，导致富裕地区与贫困地区完全不同的地方政府行为：富裕地区地方政府为了吸引他们所需要的各种层次的高素质劳动力，不得不改善社会公共服务，如教育、卫生等；为了吸引外来资本，不得不改善当地投资环境、增加公共基础设施投资。在财政收入给定的情况下，改善当地的投资环境和提供以教育等为首的社会服务存在此消彼长的关系，如改善投资环境有可能挤占社会服务的财政支出。因此，财政分权对于富裕地区公共服务的提供产生双向影响。但对于贫困地区来说，由于居民的流动性较差和地方政府更感兴趣的是吸引外来资本，地方政府普遍忽视如教育、卫生等社会服务需求。因此，财政分权刺激地方政府发挥更大责任的领域可能仅仅是改善投资环境的公共开支这一项。另外，由于流动性较强的、较高素质的劳动力总是向富裕地区流动，无论贫困地区政府如何努力改善社会服务，但其质量与数量总是不如富裕地区，较高素质的劳动力就极有可能呈现出从贫困到富裕地区流动的单一方向。这将进一步减弱相关社会公共服务提供的积极性。

（4）权力寻租等腐败行为滋生蔓延。公共服务具有需求相对稳定，受经济周期波动影响较小，具有良好的流动性和回报稳定等特点。根据深圳证券信息有限公司的统计，深沪两市电力、煤气和供水上市公司的盈利能力远高于同期两市平均水平。在国内和海外上市的中国公司中，公用事业也是业绩最稳定的行业。因此，公共服务领域存在潜在的巨大的利润（租金）空间，是许多利益集团渴望进入的领域。随着中国公共服务供给主体多元发展的不断深入，将原来完全由政府供给和生产的一部分公共服务的经营权逐步转移到私人手中，这种权力带来的收益自然成为寻租的目标。同时，中国公共服务供给主体多元发展尚处于起步阶段，客观上缺乏对政府官员的有效监管，尽管政府部门是公共服务的监管部门，负责公共服务的数量、质量、价格等全过程的监管，但是作为政府部门的组成部分，公务人员本身又具有"经济人"的特征，主观上存在为自身谋取利益的原始动机，在缺乏制度约束的情况下极易产生腐败。

（二）基本公共服务供给碎片化

基本公共服务供给碎片化是指在公共服务供给的过程中，由于利益偏好的多样化，加之多元供给主体内部及其相互之间组织功能和部门相对分散，因而缺乏有效沟通与协调合作，无法以共同行动为社会公众提供公共服务，导致公共服务供给质量低下、效率不高的状态。[1] 基本公共服务提供是政府的一项重要职责，但是在我国，由于传统公共服务提供的碎片化结构所导致的"高成本、低效率"困局，使得公共服务成为经济发展中问题最多、公众满意度最低的领域之一。这种碎片化的结构体现在以下三个方面。

首先，公共服务提供中跨领域部门合作缺失。由于我国城市基础设施和公共设施建设长期落后于城市发展，公共服务供给能力不足。所以，在具体实践中，专业部门的建设职能相比于服务职能被放在更重要的位置。这种"重建设、轻服务"的职能建设倾向，和公共服务绩效考评缺失所导致的自上而下的重视短期项目建设而忽视通过项目维护获取长期效益的政绩观念取向，导致公共服务提供和公民需求的背离，而市民日益增长的需求成为城市政府的巨大

---

[1] 张贤明，田玉麒. 整合碎片化：公共服务的协同供给之道 [J]. 社会科学战线，2015（9）：176－181.

压力,进一步恶化了资金和人员投入不足的矛盾。与此同时,财政投入错位的决策以及市场化方式的缺失,直接削弱了城市公共服务应有的公益性和公共属性,激化了公共服务有效供给不足的矛盾。

其次,城市公共服务提供中跨政府职能部门协同困难。"专业化—部门化—利益化—制度化"的路径依赖直接造成"高成本、低效率"制度困境的产生。城市公共服务提供的专业化分工以损害城市系统的综合性为代价追求专业系统完整性的目标,导致部门管理的大量"缝隙";在执行机制上,形成以部门利益驱动为主导的制度偏差,少数部门通过刚性的制度安排巩固部门的最大化收益。因此,在实践中,地方政府通过组建新部门应对管理缝隙,或者通过运动式和突击式管理,直接导致公共需求难以得到满足。在2007年所做的一项关于北京市城市环境问题的调查中,北京市21.1%的市民向相关部门反映过环境管理的问题,仅6.1%的市民认为问题全部解决,58.5%的市民反映大部分或都没有解决。久而久之,这种习得性无助将会日益淡化公民对于维护城市公共环境的热情和责任感。

最后,城市公共服务提供中跨地域部门协作匮乏。传统城市公共服务提供的过程中,行政地域边界或者户籍边界往往成为城市公共服务提供的刚性边界。这一方面导致相近地区高政绩回报公共服务的过度供给,又加剧了这些地区内部低政绩回报公共服务供给缺失的矛盾。同时,跨地域部门协作的匮乏导致公共服务分布的地域不均,与基本公共服务均等化的目标相背离。❶

(三) 基本公共服务人才配置不足

基本公共服务涵盖基础教育、医疗卫生、住房保障、促进就业等各个领域,其中所需人才的范围也相当广泛,包括教师、医生、护理员等各个领域的专业人才。总体来看,我国基本公共服务人才规模稳中有增,城乡及区域间配置逐步优化,人才素质逐渐提高,带动了公共服务水平的提升。但必须承认的是,当前基本公共服务各领域的人才数量、质量以及结构配置仍难以满足公众对基本公共服务的需求。❷

---

❶ 唐任伍,赵国钦. 公共服务跨界合作:碎片化服务的整合 [J]. 中国行政管理,2012 (8): 17–21.

❷ 邢伟. 破解基本公共服务人才瓶颈的对策思考 [J]. 中国经贸导刊,2016 (27): 60–61.

第一，人才规模总体不足。人才数量是保障基本公共服务供给的基础。近年来，基本公共服务人才在总量规模上得到较大提高，但与庞大的人口规模及相应的基本公共服务需求相比，基本公共服务人才的人均服务规模较大，即基本公共服务人才的人均拥有水平较低。在人才规模总体不足的同时，我国部分基本公共服务领域的人才缺乏尤为突出，已经严重影响基本公共服务的正常供给。

第二，人才结构相对失衡。以基本公共服务需求的有效满足为基准，基本公共服务人才的结构比例相对失衡，从而使得人才总量不足的制约影响有所放大。一是城乡结构失衡，城镇基本公共服务人才的配置密度远远超过农村，也超过同期的城镇化水平。二是岗位结构失衡，从事行政管理工作的人员所占比重较高，提供专业技术服务的人员则相对被压缩。三是技术结构失衡，热门专业的人员占比较高，职业发展前景较好，相对冷门专业的人员占比较低。

第三，人才素质仍然偏低。与知识技能不断更新和信息技术广泛应用等新形势相比，基本公共服务人才的综合素质仍然偏低，突出表现在两个方面。一是学历合格达标率偏低。虽然很多基本公共服务岗位针对任职资格设定了相应的学历标准，但在按照标准招收不到所需人才的情况下，很多公共服务机构不得不采取折中办法甚至降低学历标准。二是专业技能水平偏低。受学历合格率偏低等因素的影响，基本公共服务领域的部分人才在专业技能方面差强人意。

第四，体制机制比较滞后。体制机制滞后是基本公共服务人才队伍建设的最大制约。其一，编制管理使得真正需要扩大人员规模的公共服务机构无法如愿补充力量，只能是通过临时聘用等权宜之计来解决问题，但体制内和体制外的待遇差距又容易引发新的不公平。其二，能进不能出的用人体制使得公共服务机构无法开展必要的人员调整，跟不上发展趋势需要的老员工没有合理的退出机制，新员工也就无法正常进入，存量不活和增量不足并存导致基本公共服务人才无法实现正常的新老更替，也影响到整体服务质量的提升。其三，僵化的专业技术职务管理办法使得基本公共服务人才过分关注职称评审要件，忽视实际服务技能的提升。

第五，基层人才严重匮乏。基层机构是提供基本公共服务的主阵地，基层公共服务人才是提供基本公共服务的关键主体。由于与作为被服务对象的社会公众直接打交道，基层公共服务人才的能力和表现也成为基本公共服务体系发展水平的直接反映。受工作环境、待遇报酬和职业发展前景等因素的影响,基层公共服务人才长期面临招不到、留不住、水平低等问题和挑战,西部地区、农村地区和贫困地区体现得尤为突出。

四、改进和完善基本公共服务供给的建议

保障全体公民生存和发展的基本需要、提供与经济社会发展水平相适应的公共服务,是政府的重要职责。推进基本公共服务均等化对于提高人民福祉,促进社会公平正义,推动经济良性、健康发展意义重大。当前我国基本公共服务供给还存在区域差异显著、方式单一、碎片化现象严重、人才匮乏等问题,同时还面临经济新常态、人口老龄化、信息技术革命加快等新形势,为解决这些问题,改进和完善基本公共服务供给应从以下方面着手。

(一) 完善基本公共服务均等化标准

一般认为,基本公共服务均等化是指在基本公共服务领域尽可能使居民享有同样的权利享受水平大致相当的基本公共服务。均等化并不是强调所有居民都享有完全一致的基本公共服务,而是承认地区、城乡、人群之间存在一定的差别但对于具体的均等化标准可以有不同的选择。这一标准具有三个特征:第一,"均等化"不是平均化。"平均主义"必然导致效率损失,也从另一方面影响公平的实现。同时,由于社会经济发展水平、国家的财力状况、公共服务地域特点和人们对公共服务偏好的差异,实现公共服务的平均化也是不可能的。公共服务均等化是居民享受公共服务的权利平等,都能享受与国家社会经济发展水平相适应的公共服务,公共服务有统一的制度安排,将公共服务差距控制在合理的、可以接受的范围之内。在目前我国的社会经济发展水平下,只能在一定程度上实现基本公共服务的均等化供给,而不是为追求平均化,政府大包大揽地在再分配环节起过渡的作用,把市场公平竞争中居民间享受公共服务的差异完全给抹平。第二,公共服务均等化应表现为在共需型公共服务方面实行均等供给,而在差异型公共服务方面实行差异性供给。由于不同地区在经济发展、社会环境、人文风俗等方面的不同,所需的公共服务也有所不同。应该以有所区别的、发展的眼光来看待,因地制宜地提供公共服务,不能"一

刀切",否则,不但不能满足居民的公共需求,还会造成资源浪费。如上文所述,居民享受的公共服务既有共需型公共服务,也有差异型公共服务,因此在公共服务的供给上不应一味地实行绝对均等化,而是应该在共需型公共服务上实现均等化,在差异性公共服务上依据居民需求状况,实现满足居民需求的效用最大化。第三,公共服务均等化应当以居民的需求为导向,尊重居民的自由选择权。目前公共服务供给是"自上而下"的,强调政府在公共服务中的绝对权利和责任,忽视居民的需求。实现公共服务均等化必须考虑到主体的需求,体现"以人为本"的科学发展观。由于在不同的经济社会背景下,公共需求具有多层次性,需求的紧迫程度不同,对不同的公共服务供给的均等程度也是有差异的。实现公共服务的均等化也要尊重居民的自由选择权,准许居民能够通过合理合法的自由流动选择所享受的公共服务项目和水平。[1]

具体来讲,均等化标准归结起来有以下三种:第一种标准简称为"底线均等"。这种观点认为,基本公共服务均等化是指在基本公共服务领域尽可能使居民享有同样的权利,享受水平大致相当的基本公共服务。均等化并不强调所有居民都享有完全一致的基本公共服务,而是在承认地区、城乡、人群之间存在差别的前提下,保障居民都享有一定标准之上的基本公共服务,其实质是"底线均等"。[2] 此种标准的优点是并不强调所有居民都享有完全一致的基本公共服务,但是因为底线均等只是保证最低的公共服务标准,无法控制各个地区的基本公共服务差距,底线与高线之间的差距可能很大从而难以体现均等化的含义。第二种标准简称为"转移支付系数"。这是由财政部确定的衡量中央财政对地方财政均衡性转移支付中,弥补标准收入与标准支出之间缺口程度的一个指标。其计算方法是:均衡性转移支付系数等于中央对地方均衡性转移支付资金总量除以地方标准收支差额。转移支付系数越大均等化程度越高。此种标准是当前我国统计中通常使用的均等化标准,但它也有局限性即只对均衡性转移支付的均等化程度进行计算和反映,而不包括其他转移支付,所以只能部分地反映均等化程度而不能够反映全部和最终的均等化程度的结果。因此,有学

---

[1] 王谦. 城乡公共服务均等化的理论思考 [J]. 中央财经大学学报, 2008 (8): 12 – 17.
[2] 国家发展改革委国土开发与地区经济研究所, 汪阳红. "底线均等"是公共服务首要目标 [N]. 中国经济导报, 2010 – 09 – 02 (1).

者提出第三种标准,简称为"人均公共服务财政支出差距控制"。这种标准是借鉴德国政府间财政均衡的标准确立的,即将各个地区的人均财政支出(按照常住人口)差距控制在全国平均水平的一定额度之内。这一标准中的"人均"表示"常住人口"的"人均",而非"户籍人口"的"人均"或"财政供养人口"的"人均",这样更能使基本公共服务覆盖流动人口,更能够反映一个地区实际的基本公共服务成本需要。在差距的把握上,在现状计算的基础上,以减少差距量作为实际控制指标,逐步达到各个地区人均财政支出差距量控制在不高于或者不低于全国平均水平5%~10%的范围之内(个别特殊省区除外)。❶ 最后种标准相比第一、第二种更为合理,理由在于,首先第三种标准能够避免底线与高线之间差距过大,同时准确反映公共服务财政支出水平,更能体现最终的均等化程度的结果;其次,第三种标准能够更好覆盖地区流动人口,鼓励人才合理流动;最后,对于内容不同的公共服务财政支出可以实行不同的差距控制量标准,有些公共服务项目的差距量可以再缩小一些,有些项目的差距控制量可以相对大一些,避免"一刀切"式的标准僵化。

(二)构建基本公共服务多元供给

1. 构建公共服务供给主体多元发展的优势互补机制❷

政府机制与市场机制各有利弊,政府机制的优势在于可以通过政府权威保障公共服务的公平供给,劣势在于难以实现资源的有效配置;而市场机制的优势在于可实现资源的有效配置,劣势在于难以消除外部效应与保障社会公平。所以,应把政府机制与市场机制有机结合起来,在公共服务中引入市场机制,用市场的优势改善政府的功能,实现政府与市场的优势互补。

社会组织是公共部门和市场机制的有益补充,当政府失灵或市场失灵的情况发生时,社会组织可起到补台的作用。在现代社会,政府往往受到各种势力的制约,其庞大的科层机构存在对新的社会需求反应不够灵敏、提供公共服务成本过高等不足。对此,许多国家不得不进行公共事业产品的供给由政府向民间转移的改革,社会组织在市场基础上的活动及其相互间的竞争,提高了公共

---

❶ 倪红日,张亮. 我国基本公共服务的范围、均等化标准及其进程设计 [J]. 税务研究,2012(8):3-7.

❷ 郑晓燕. 中国公共服务供给主体多元发展研究 [D]. 上海:华东师范大学,2010.

产品的供给和质量,取得了良好的效果。同时,社会组织能较好地满足社会多元化的需求。在现代社会,公众的兴趣、价值观念、经济利益高度多样化,社会也分化为众多的阶级、阶层以及各种各样的利益集团,政府很难对社会的多元需求做出及时、恰当的回应,而这恰恰是社会组织的优势。社会组织的产生、发展本身就是社会需求及利益格局多元化的结果,它能生产公众所需要的不同产品或服务,及时回应社会多元化的需求。

因此,在具体运作中,可以通过市场化、合同外包、特许经营等手段实现部分职能由政府向市场和社会力量的转移,提高公共服务的质量,实现市场和社会对公共资源的优化配置,实现政府、市场与社会在职能上各司其职、在效果上相辅相成的治理效果。

2. 构建公共服务多元供给主体并存的竞争机制

公共服务供给主体多元发展本身就是一种竞争机制,集中体现在以下几个层面。

其一,政府内部竞争机制。政府内部引入竞争机制也就是公与公之间的竞争,或者可以称为强化内部市场。传统的公共服务提供方式是将服务对象按地域或其他标准进行分割,给他们提供垄断性的集中配置服务。政府内部引入竞争机制就是要改变传统的集中配置做法,缩小服务供给机构的规模使其更加专业化,给服务对象自由选择服务机构的权利,迫使服务部门不得不为赢得"顾客"而展开竞争。在公共服务供给主体多元发展的过程中,可以对公共部门实施绩效管理,对下级机构放松规制,通过控制其预算总额,与之签订绩效合同,允许他们更加灵活地进行管理,同时要求他们承担完成一定的产量或实现一定的成果的责任。通过用户参与、客户调查、公布行业服务标准和其他机制增强公众舆论监督,利用外部压力改进服务的提供。通过竞争,使之由过去的规则驱动型转向任务驱动型;对公共机构和人员进行量化绩效评定,与工作人员签订短期就业合同,重视对其的物质奖励。在公共服务供给主体多元过程中,政府可大力引进企业管理的方式和竞争理念,就某一特定的公共服务而言,可组织不同部门的竞争,获胜者将赢得生产该公共服务项目的机会,失败者将面临财政和职务上的压力,造就公共服务的"模拟市场"。政府内部竞争可以采取下列形式:(1)在公共组织内部形成相对独立的公共服务单位,签订绩效合同,强化绩效管理,引入内部核算机制和价格机制;(2)改变供给资源由国家集中配置的做法，开展地区之间同类服务的供给竞争，对公共服务的政府部门进行"公司化"改造，将效益第一、优胜劣汰的管理理念赋予公共部门，强化政府内部的市场竞争。❶

其二，政府与企业之间竞争机制。这主要体现在混合性公共服务领域。在公共服务供给主体多元发展中引进竞争机制，就是要在公共服务提供中引入市场机制，让企业参与公共服务，打破政府垄断格局，营造政府与企业竞争的局面。

其三，社会组织与政府、企业之间竞争机制。由于种种原因中国的社会组织尚未发育成熟，目前与政府、企业的竞争领域主要在环境保护、扶贫救困、咨询中介等方面。但随着社会的发展和公民社会的成熟，这支力量将进入更广阔的公共服务领域，从而形成政府、企业和社会组织之间的竞争。

其四，企业间的竞争。政府可以通过招标方式将公共服务交给企业来提供，从而形成企业之间的竞争。中国现在面临的情况是政府包揽太多，很多公共服务可以交给企业来提供，政府负责监督和规范。例如，环卫清扫、医疗卫生、职业培训以及绝大部分私人产品等都可以通过各种方式交给不同的企业来竞争提供。企业间的竞争是市场经济的主要和核心部分，凡是能够利用市场来运作的，都应允许企业进入，依照公开、公平、公正的竞争原则，来实现经营管理和服务质量的最优化。在实践中，企业之间的竞争往往可通过"用者付费"制度来实现。

（三）构建公共服务供给主体多元发展的决策机制

根据公共选择理论，公共服务供给的帕累托最优条件是所有消费者的边际替代率之和等于公共服务生产的边际转换率。要实现公共服务最优供给，就必须与公众的需求有机结合起来，实现公共服务交换与生产的帕累托最优。公共服务的供给决策是一个各种利益主体的利益博弈过程，博弈的结果和参与博弈方的力量对比存在较大的关系。因此，公共服务供给决策应该和基层民主建设统一起来，实现从"为民决策"到"与民决策"和"让民决策"的转变。公共服务供给主体多元发展是以公众需求为导向的公共服务提供机制，而传统政

---

❶ 邓朴，石正义. 公共服务市场化的主体多元性探析 [J]. 四川大学学报（哲学社会科学版），2006（2）：58－62.

府公共服务供给的一个主要特征，就是以行政计划替代公众意愿，以精英设计替代公众参与，忽视公众的需求和偏好。如在许多地方，从公共项目建设安排到公共服务提供，都是由政府部门说了算，公众对公共服务决策的影响非常有限。建立以公众需求为导向的公共服务供给机制，就是使公共服务供给从政府本位、官本位向社会本位、民本位转变，这也是社会主义市场经济条件下政府与社会之间正确关系的体现。实现以公众需求为导向的主要途径，就是扩大政府决策的公众参与度。一个完整的政府决策机制至少应包括政府决策咨询机制、政府决策回应机制、政府决策监督机制和政府决策责任追究制。

第一，政府决策咨询机制。政府决策咨询机制是指政府在公共政策的制定过程中，寻求智力支持，通过借助专家团体、社会公众、咨询机构等参与公共政策的评估和决策过程，是从传统的经验决策向现代的科学决策、民主决策的转变。完善决策咨询机制需加强和完善专家咨询制度，大力扶持各类民间咨询机构，进一步拓展民意的反映渠道，完善决策咨询信息系统。

第二，政府决策回应机制。随着社会公众对公共服务的数量和水平的不断提高，政府在公共决策的制定中要更多地考虑公众的利益和愿望，在最终满足公众的意愿基础上进行双向沟通，这就必须关注公共决策回应及其机制建设的问题。所谓政府决策回应机制是指政府在公共管理过程中对公众的社会需求和所提出的问题做出积极反应和回复的过程。作为一个负责任的政府，政府要能够积极地对社会公众的需求作出回应，并采取积极的措施，公正、有效率地实现公众的需求和利益。政府决策回应机制具有三个特征：（1）互动性——政府与公众的互动；（2）监控性——公众与政府的互相监控；（3）集约性——集中公众意愿参与行政管理。

第三，政府决策监督机制。现代决策理论认为，公共决策系统是信息、参谋、决断和监督等子系统分工合作、密切配合的有机系统。公共政策的科学化、民主化是中国政治体制改革的基本目标，而这一目标的实现，离不开一套行之有效的决策监督机制。政府决策的随意性、效率低下，腐败严重，都是缘于没有一个完善的监督机制。一个完整的政府决策监督机制是由若干监督主体构成，具有特定的职权和职责，各主体相互分工合作监督国家行政机关及其公务员使其行为符合法律法规和人民群众要求的综合体。政府监督要贯穿决策的全过程，既包括政府系统内部的监督，也包括政府系统外部的监督，其主体既包括政府机关自身，也包括政府系统之外的其他组织。中国现行政府监督机制主要包括政党监督、人大监督、行政监察、司法监督、群众监督和新闻舆论监督。首先，必须以法的形式对政府监督机制的各组成部分的关系加以界定。其次，应依法明确各监督主体的职权。最后，制定一部《监督法》势在必行。从法的高度对各监督主体的职权、职责、组织设置等进行规范，同时应使这些规范具备可操作性。体现依法监督的原则，提高监督的权威性，从法的高度理顺现行监督机制，提高监督主体依法监督的积极性和被监督主体接受监督的自觉性。

第四，政府决策责任追究制。为了有效地降低决策风险，必须建立责任制：一要依法确定决策权力的合理结构，即以法律的形式规定各种决策主体的决策权力，实现合理的分权，建立多方位、多层次的合理决策权力体系。二要依法确定科学的公共决策咨询的程序和规则，即以法律的形式将这种科学合理的决策程序固定下来。三要建立健全的决策者责任制，明确规定决策者的法律义务和责任，使之对决策行为负责。决策者若不遵守决策规则或法律而导致决策失误，必须负政治、行政甚至刑事责任，对决策正确并给国家和人民做出重大贡献的决策者，政府应给予奖励，奖功罚过，鞭策决策者搞好决策工作。四要规定政策参与者的资格、权利和义务，保障广大人民群众参与政策决策的民主权利，并使决策咨询特别是专家咨询制度化。法律化的好处是显而易见的。从促进决策者的观念转变，实现决策层的重新定位；到规范决策过程，完善决策的方式方法；再到提高决策的透明度，健全对决策的监督，这些都是重要的动力和保障。

（四）构建公共服务供给主体多元发展的激励约束机制

政府公共服务供给主体多元发展，其中重要的一环就是要形成有效的激励与约束机制，使公共部门能够自动地在公共服务供给的决策、执行过程中，按投入产出最大化目标来提供公共服务，最大限度地满足消费者的公共需求，实现政府对资源的有效配置。激励与约束实际上是一个问题的两个方面，激励侧重于鼓励或刺激人们去干什么，约束则侧重于限制人们去干什么，因而可以看作一种负激励。激励与约束是一个统一体，激励离不开约束，没有约束的激励就好像没有监督的权利，必然引发对个人利益的极度追求而损害他人的利益，而约束亦离不开激励,离开激励的约束就会缺乏动力,其直接结果就是效率的丧失。根据公共服务供给主体的不同,激励约束机制相应也有所不同。

(1) 政府对自身的激励约束机制。按照公共选择理论的观点,组成政府部门的官员都是"经济人",都有追求自身利益最大化的动机。对政府的激励约束实质上是对组成政府的人,即政府工作人员的激励约束。虽然制定了相关的法律法规和制度,但是在实际工作中,激励与约束机制存在缺陷,在一定程度上导致公共部门的目标偏离社会目标,政府雇员和机构对个人利益、机构利益的追求,干扰了社会公众利益的实现和增进,降低了公共部门的效率,导致公共服务供给的成本高、效率低、质量差。因此,构建有效的激励与约束机构,既是提高政府资源配置效率的要求,也是政治体制改革中的一项重要任务。

其一,激励与约束机制应建立在个人理性行为与社会理性行为相统一的基础上,使个人对利益的追求在一定的约束条件下做出有利于增进公共利益的反映,从而提高效率;也应该与中国传统的以牺牲个人利益来换取社会利益的激励约束机制有所区别。

其二,政府资源配置的决策主要是通过政治程序进行的,因此,激励和约束也应主要依靠行政和政治的激励与约束。政府提供公共服务不以赢利为目的,不能像市场中的企业那样主要靠货币手段等物质刺激的办法来激励与约束政府职员。决策既然是由政治程序决定的,那么,最大的激励与约束必然是政治和行政的激励与约束。政府官员谋其政必须行其责,其在履行资源配置职责时发生重大失误,使得公共服务的提供出现低效率,政府官员要对其行为负责。通过完善公共管理的民主制度,让公共服务的消费者对具体政府部门的工作绩效进行制度化的评估,让公民通过民主机制,尤其是通过相应的人民代表大会对选任的政府领导班子进行民主监督,是激活激励与约束机制的重要制度保障。只有这样,政府部门的公共服务效率才能得到切实的制度保障。

(2) 政府对非政府部门公共服务提供者的激励约束机制。在市场经济条件下,公共服务应主要由政府提供,但由政府提供并不等于由政府直接生产,甚至由政府包揽一切。在公共服务的提供过程中引进社会和市场的力量,以提高公共品的供给效率。政府可以通过税收激励、补贴和特许经营等方式,激发市场组织和社会组织生产公共服务的积极性。一方面,可以弥补政府投入资金的不足,另一方面,打破了政府公共服务机构的垄断性,形成公共服务供给竞争机制和压力结构,必然对政府及公务员的管理能力提出挑战。这种能力不仅包括政府及公务员行政管理或技术能力,还包括深层次的建立政府机构和官员行为的激励与约束机制的能力,促使政府机构和公务员在提供公共服务方面树立成本意识,自觉节省开支,提高工作业绩,并制约政府的权力滥用、腐败行为和内在的扩张倾向。

民间资本进入公共领域,也并不意味着政府可以放弃责任,市场化不可以"一放了之",采用市场调节的办法来组织公共品的生产和提供,需要政府进行有效的控制与监督,及时调整职能范围和强度,以适应社会和经济发展的需要。在提供公共服务的过程中,政府的职责主要体现在:确定公共服务应达到的水平以及可以支出的公共资源;制定提供服务的价格、安全、质量和绩效标准;监督执行这些标准并对违反的情况实施裁决和处罚。

(3) 建立和完善政府机关特别是财政管理机关内部的约束机制。目前中国政府机关,包括财政管理机关在从事公共经济活动中,存在大量的不规范和无约束问题,例如,财政活动中的"诸侯经济",地方政府的乱收费、乱摊派问题,预算外资金和制度外资金问题等。这些问题的解决必须从整治、约束、规范财政管理机关自身的行为入手,也必然牵涉到政治程序和具体财政制度的改革,其中非常重要的一方面就是要对财政管理部门行政人员政绩考核标准的改革和完善。因为财政管理机关是财政工作的主体,他们对公共资源配置起着重要的作用。在承认其人员存在自身利益的前提下应当通过建立相应的财政问题集体决策的制度、专家咨询的制度和责任追究制度来规范、约束、监督其行政行为,从而使财政管理活动合理、合法,程序完备,公开、公正、廉洁高效、责权统一。

应当尽量减少财政决策中的有法不依、有章不循的现象,对个别政府官员主观随意决策、乱批条子、乱上项目而导致财政的损失要进行责任追究。因此,形成对政治权力运作的根本约束限制机制及其相关的政治制度与程序,是确保财政运作符合市场根本要求的关键所在。

(五) 建设基本公共服务信息平台

随着互联网技术的迅速发展,人们的思维方式、生活方式、消费方式被深度影响并发生重大改变。如今,互联网已经成为现代生活必不可少的一部分。在"互联网+"时代,人们对公共服务的期望和要求也随之改变,要求提供与互联网技术发展相适应的方便、快捷的公共服务。同时,对传统的公共服务供给来说,民众的公共需求发生了变化,公共服务供给方式也应因时而变:适应时代科学技术的发展,运用先进供给技术供给公共服务,推进"互联网+公共服务"已是刻不容缓。❶ 2015 年 11 月,在《关于简化优化公共服务流程方便基层群众办事创业的通知》中,国务院明确提出电子公共服务的紧迫性和必要性,强调以部门协同联动,推动电子公共服务的开放共享平台建设,打破部门之间的信息孤岛,提升政府电子公共服务的效能。

"互联网+公共服务"是电子公共服务的一种通俗表达,即利用互联网、大数据等现代信息技术提供公共服务。电子公共服务具有网络化、便利性、回应性、集成化、个性化、互动性、透明化、高效化等特点,❷ 向民众提供更方便、更快捷、更高效的公共服务,提高了公共服务的供给效率,成为我国推进服务型政府建设的重要手段。电子公共服务改变了传统的公共服务供给方式,使企事业单位、公民个人在足不出户的情况下,就可以获得满意的政府服务,使政府与民众的交流、互动都变得十分容易,政府系统的反映、决策、沟通能力也会大大提高,并使政府治理由封闭走向开放。❸ 在理念上,电子公共服务崇尚"公众为中心"的价值观,是对传统"官本位、权力本位"思想的强力冲击,有利于回归于"公民本位、权利本位"的公共服务本质,服务型政府的理念得到强化。❹ 在实践中,电子公共服务对政府公共服务提出了严峻挑战:政府必须摒弃传统的以政府便利为原点的公共服务供给方式,必须借助互联网信息技术的大数据平台了解民众的公共需求和态度,以民众的便利为出发点,着力完善公共服务的供给方式。

由于我国的电子公共服务尚处于探索阶段,发展还不成熟。电子公共服务存在相关法律空白和制度缺失,如电子签章认证等核心要素无法理顺等;政府提供电子服务的积极性不高和针对性不强,"重审批轻服务"现象普遍;同

---

❶ 徐凯赟. 全面建成小康社会进程中的公共服务供给方式研究 [D]. 北京:中共中央党校,2017.
❷ 李传军. 电子公共服务:电子政府发展的方向 [J]. 行政管理改革,2010 (3):60 – 63.
❸ 蔡立辉. 电子政务:信息时代的政府再造 [M]. 北京:中国社会科学出版社,2006:314 – 315.
❹ 李传军. 电子政府与服务型政府建设 [J]. 学习论坛,2009 (6):45 – 48.

时，政府部门整合度不够，发布的信息呈现碎片化现象。❶ 另外，据电子公共服务的公众参与度的实证研究表明，公众访问政府网站的主要目的是获取信息，在参与政府决策时，由于政府很少对公众参与进行回应，影响了公众的参与热情。❷ 电子公共服务没有呈现出自然的"方便、快捷、有效"公共服务的理想图景，加强和完善电子公共服务，提高电子公共服务的效率和效益，满足民众日益增长的电子公共服务势在必行。一是加强制度建设。出台有关电子公共服务的法律法规，规范政府电子公共服务的提供行为。同时，整合政府各部门的资源，建立大数据库，尽力避免碎片化的信息发布，并力求在电子签章认证等关键方面取得突破。二是培育和发展网络社会组织，充分发挥其协同供给电子公共服务等方面的优势和作用。2015 年国家互联网信息办公室发布统计数据，全国共有 546 家网络社会组织，并指出网络社会组织是以网络安全和信息化建设为主要业务，在各级民政部门登记的基金会、民办非企业单位和社会团体。❸ 网络社会组织的积极作用在于群众基础良好、号召力强、反应迅速，能较及时有效反映民众的公共服务需求偏好。因此，目前要积极引导网络社会组织推进规范化建设，参与电子公共服务供给，"问题的关键是不要强硬阻堵，防民之口，而要因势利导，推进决策的规范化、科学化和民主化，引导公民参与和体制内的机制有效衔接，实事求是地调整自己的决策与行为"。❹ 三是加强电子公共服务的绩效评估。电子公共服务要为民众提供更加方便、更加快捷、更加有效、更加公平的公共服务，因此，强化电子公共服务的绩效评估，要围绕"方便、快捷、有效、公平"建立考核指标体系，加强过程和结果评估。

（六）加强公共服务统筹整合

随着公共服务供给问题的复杂化，以及人民群众对公共服务需求的不断增长，不同供给主体之间各自为战、缺乏协同的碎片化供给方式，已经不能满足现代化公共服务供给的要求，需要对其进行整合。从理论上讲，整合碎片化的

---

❶ 林庆. "互联网+"时代政府电子公共服务供给面临的问题及对策［J］. 机构与行政，2016（6）：13-17.
❷ 陆敬筠. 电子公共服务公众参与度的实证分析［J］. 情报科学，2008（2）：224-228.
❸ 国家网信办统计. 全国现有 546 家网络社会组织［J］. 网络安全技术与应用，2015（10）：108.
❹ 朱海龙. 网络社会"组织化"与政治参与［J］. 社会科学，2015（3）：30-38.

公共服务供给方式主要有两个途径：一种是构建全能政府，通过强化中央集权，把公共服务供给的决策权收归高层，通过强制与命令的方式整合社会资源，由中央统一提供公共服务。这种供给方式在某种意义上与计划经济时代的分配方式类似，虽然提高了公共服务的短期供给效率，但是既不符合民主政治的发展要求，也无法有效回应社会成员的公共服务需要。另一种则是协同供给。它主张公共服务的供给主体之间应该寻求建立一种新型关系，在厘清各自特长与优势的同时，加强彼此之间的协同关系，形成共同决策、共同行动、资源共享、责任共担、共同回应的良好供给模式，通过部门功能、地域界限与组织空间等方面的协调，使不同公共服务供给主体充分发挥自己的能力特长与资源优势，为社会公众提供整体性的公共服务。作为解决公共服务多元供给导致的碎片化问题的一种机制选择，它需要在以下两个方面做出努力。

第一，构建职责明确、权责统一的组织架构。要避免多元主体供给公共服务的碎片化倾向，就必须厘清政府、市场和社会在公共服务供给过程中扮演的角色、承担的职责，以形成职责明确、权责统一的供给主体结构。在公共服务协同供给结构体系中，政府、市场和社会都是参与主体，相互之间应该形成平等、互动的关系，根据不同主体的组织功能优势，承担不同职能。首先，政府是公共权力和社会资源的合法掌控者，这决定了它在公共服务协同供给体系中处于主导地位，发挥关键作用。发挥政府的主导作用，要求政府必须是内部不同层级、不同部门之间以联合为特征的整体性政府。一种方式是对政府的职能部门和层级进行整合。通过对原有政府部门的拆分与合并，减少职能交叉的政府部门，组建职责更加明确的大部门体制；另一种方式是设立新的机构，专门负责不同职能部门之间的沟通与协调，使政府间沟通成为常态化的制度。同时，为保障新设协调机构的权威性与执行力，可以由行政首长兼任机构领导。发挥政府的主导作用，还要求政府主动转变职能，适应其他角色。发挥政府的主导作用不仅要求政府承担提供公共服务的主要任务，还需要政府积极促进其他供给主体的参与，形成多元协同的局面。其他主体参与提供公共服务的状况直接影响着多元协同供给体系的效能，因此，政府还应该为其他主体参与协同供给营造良好的政策环境，促进他们快速生长，促使他们承担提供公共服务的职能。其次，市场和社会拥有各自不同的组织功能优势，可以在公共服务协同供给体系中处于协同地位，发挥辅助作用。市场能够优化资源配置，在公共服务协同供给过程中，可以引入市场机制，通过企业化的管理手段和技术方法，提高公共服务供给的效率。在具体的运作方式上，可以采用特许经营、合同外包、政府购买等多种方式，实现市场与政府的优势互补。社会组织不以营利为目的，更加重视民众需求，十分强调对于社会弱势群体的关怀，能够有效促进社会公平。而且，在阶层分化加速、利益需求多样化的现代社会，政府很难回应特定的社会需求，社会组织往往就是基于多样化的社会需求而产生并发展起来的，能够更加及时回应、满足社会公众的特定需求。所以，"政府、市场和第三部门的最佳关系应该是各尽所能、各得其所而又和谐相处的关系，它们在各自具有比较优势的领域发挥着主导作用，同时又互补互强"。❶

第二，构建科学合理、有效衔接的运作机制。要使政府、市场和社会组成的公共服务协同供给体系发挥最佳效果，就必须构建有效的运作机制来保证各主体参与秩序、管理水平不断提高，实现组织功能的有效衔接，这是公共服务协同供给的关键环节。一是科学决策机制。正确的公共决策方式是指导行为的首要前提。保持公共决策方式科学性的关键在于开放性。首先要确保公共服务决策对社会公众开放。积极听取社会公众的利益诉求，以群众需要为政策制定的价值取向。这需要通过低成本的利益表达机制，❷加快阳光政治建设，促进信息公开，使社会公众以较低成本获取相关信息；同时要拓宽利益表达渠道，确保表达自由，使社会公众能够顺畅地表达意见。其次要确保公共服务决策对供给主体开放。不同主体参与公共服务供给的原动力在于利益，比如，政府更在乎民众的满意度和支持率，商业机构更在乎能否获得利益回报，而社会组织考虑更多的则是组织使命的完成度。因此，公共服务政策的制定必须考虑供给主体的利益诉求，允许其表达自己的要求，以便提供一种提前补偿机制，让潜在的协同赢家或输家就失败补偿进行提前预判且制订补偿方案。二是协调沟通机制。有效的协调沟通是公共服务协同供给体系有效运转的关键环节。通过对话与协商，不同供给主体之间可以增进理解与信任，消解参与协同供给目标与动机方面的差异甚至分歧。信息共享是协调沟通机制的核心。在碎片化的公共服务供给模式下，信息的收集、加工、管理、利用由不同的主体分别单独完

---

❶ 谭英俊. 公共事务合作治理模式：反思与探索［J］. 贵州社会科学，2009（3）：14-18.
❷ 张贤明. 低成本利益表达机制的构建之道［J］. 吉林大学社会科学学报，2014（2）：13-19.

成,各主体之间缺乏联络导致数据分割,形成一个个信息"孤岛"。信息共享就是要打破不同主体在信息资源的开发、使用方面的割据状态,通过科学的管理方法与现代化的技术手段,实现政府、市场和社会的全方位共享,使不同的公共服务供给主体避免信息资源的重复生产。这既能够降低信息成本,还可以提高工作效率。在实际运作中,需要整合信息采集平台,通过传统信息采集渠道和网络信息采集渠道相结合,广泛搜集相关信息;同时整合信息技术,充分利用计算机技术、通信技术和网络技术,有效分析已有信息;还要整合信息管理手段,通过制定完善的管理制度,保证信息系统有效运转。三是监督评价机制。多元化的公共服务协同供给体系能否有效运行、各类公共服务供给主体的行为是否合理,需要对各主体的行为进行监督、对行为后果的政策绩效进行评价。一方面,政府作为公共服务协同供给的主导者,需要监督其他参与主体的行为,保证其他主体的活动符合法律规范且有利于维护公共利益、满足公众需求。当然,这种监督应该是双向的,其他供给主体也要对政府的供给活动进行监督,特别是针对政府如何提高公共服务的供给效率提供建议、施加压力。另一方面,社会公众对公共服务供给政策的绩效进行评价,毕竟社会公众是公共服务的消费者和成本负担者,理应充分听取他们的意见,对公共服务供给政策进行调适。[1]

(七) 完善基本公共服务领域人才配置

1. 加强人才资源规划

突出人才资源规划在基本公共服务体系建设中的重要性,将其列入基本公共服务领域各级行业主管部门的工作安排。尊重人才资源开发的一般规律和行业特点,各领域制定人才资源规划时要充分体现出相应的灵活性。第一,各级政府在制定基本公共服务体系规划时应对基本公共服务人才进行专门阐述,提出总体要求、发展目标、基本思路和实现路径。第二,各行业部门在制定本领域发展规划时应突出基本公共服务人才的表述,包括人才需求、待遇报酬、体制机制和职业发展等,激发人才服务的积极性和能动性。

---

[1] 张贤明,田玉麒. 整合碎片化:公共服务的协同供给之道 [J]. 社会科学战线,2015 (9):176 – 181.

2. 优化人才配置结构

突出解决人才结构失衡问题的紧迫性，从城乡、岗位和技术等角度来加以优化。城乡结构方面，以城乡常住人口为基数，结合行政区划、服务半径、辐射能力等因素，对基本公共服务人才的分布结构进行优化调整，要与城镇化发展趋势相适应。岗位结构方面，适度压缩纯粹从事行政管理工作的人员比重，提高提供专业技术服务等实际业务工作的人员比重，考虑增加双肩挑人才的比例。技术结构方面，通过定向培养、提高待遇等多种方式，鼓励更多学生选择相对冷门专业，鼓励更多毕业生选择目前就业意愿较低的岗位，鼓励这些专业和岗位的人才热衷于本职工作。

3. 提升人才综合素质

提升人才综合素质既要提高学历水平，也要提高专业技能。一是进一步提高学历合格达标率。针对基本公共服务供给岗位的任职要求，新进入职的基本公共服务人才的学历必须符合标准，同时通过在职学习等途径，提高现有基本公共服务人才的学历水平，逐步提升整体学历合格达标率。二是进一步提高专业技能水平。结合行业发展趋势和信息手段等新技术应用，加大在岗学习、脱产学习、集中培训等途径的实施力度，尤其是重视远程教育培训的推广应用，加强现有基本公共服务人才的专业技能提升。

同时，以全面深化改革为契机，大力推进基本公共服务人才的体制机制改革。一是深入推进事业单位管理体制改革，学校、医院、就业服务机构、社保经办机构、文化服务机构、体育服务机构、养老服务机构等事业单位要去行政化，建立起完全独立的法人治理结构，摆脱对行业管理部门的组织依附。二是健全编制管理制度，按照服务对象规模等因素的变化来对人员总量进行适时调整，同时逐步剥离与编制相关联的经费核定等管理办法，增强基本公共服务人才编制管理的灵活性和适应性。三是健全基本公共服务人才任用制度，根据绩效考核结果来决定人才的岗位匹配，对不合格人员组织业务培训，培训合格后再上岗，如果仍不能满足岗位需要，考虑对其进行转岗或其他安置渠道。四是健全职称管理制度，淡化职称在待遇报酬和职业发展的关键性作用，增强技能素质、服务期限和敬业态度等因素的权重。

另外，基本公共服务均等化的重点之一是基层服务，基层人才是关键。要培养一批有志于扎根基层的人才队伍，在工作环境、待遇报酬、教育培训等方面要加大保障支持力度。对于西部地区、农村地区和贫困地区，尤其要加大财政投入。长期来看，要使基层人才队伍能够安心服务，并且稳得住。短期来看，对代课教师、赤脚医生等人员要尽快健全保障管理制度，妥善处理好新老人员的更替。❶

---

❶ 邢伟.破解基本公共服务人才瓶颈的对策思考［J］.中国经贸导刊，2016（27）：60-61.

第七章 区域经济协调发展的产业规划法保障

一、产业规划及法治化

有学者认为,现代意义上的产业政策法或产业规划法,其起源并非我们所常见的西方发达国家,而是在第二次世界大战以后遭遇严重的战乱破坏的日本首先形成和发展起来的。随着日本借助于产业规划和产业政策,促进了产业的改造和升级,扩大了产业发展的空间和规模,协调了产业结构和产业布局,提高了日本的经济效率,促进了日本的经济发展,缩短了日本工业化的进程而出现的一系列法律制度。❶ 我国改革开放以来,我国法学界关于产业政策及其法治化有较为充分的研讨。就概念而言,有学者将国家在产业政策的制定和实施中所形成的社会关系称为产业法,❷ 也有人称为产业调节法,❸ 有学者认为,政策和法律在诸多内容上有所不同,因此从字面上来看,产业"政策法"不符合法律命名的基本习惯。还有学者认为,无论是产业法还是产业政策法,从字面上来看,国家对产业的调节和规划都超越了产业政策的制度和实施的范围,还包括对产业结构、产业组织、产业布局、产业技术等诸多内容的干预,也就是说,产业调节法的内容除了产业政策的制定之外,还包括产业结构、产业组织、产业布局和产业技术等更多经济和行政的内容,因此称为产业经济法更合适,❹ 笔者赞同学者对以"产业政策法"命名国家对产业干预法律制度的

---

❶ 宾雪花. 改革开放30年中国产业政策法研究述评 [J]. 河北法学, 2010 (8): 125-126.
❷ 卢炯星. 论宏观经济法中产业调节法及体系的完善 [J]. 政法论坛, 2004 (1): 72-84.
❸ 杨紫烜. 经济法 [M]. 北京: 北京大学出版社, 2007; 李昌麒. 经济法学 [M]. 北京: 中国政法大学出版社, 1999.
❹ 刘文华, 张雪楳. 论产业法的地位 [J]. 法学论坛, 2001 (6): 10.

认知，但产业经济法的概念过于笼统和宽泛，而且不符合我国经济法子部门法命名的习惯，因此本书以"产业规划法"来指称国家在保障区域经济协调发展中对产业结构、产业组织和产业布局、产业技术进行干预的法律规范。

(一) 产业规划法的理论基础

王健教授认为，产业规划法的理论基础主要包括后发优势论、市场失败论、边际费用递减说、危机导向论、机会导向论等。❶ 这一归纳是异常深刻且全面的，下文将依据上述论说，对产业规划法的理论基础进行简要论述。

(1) 后发优势论。后发优势理论由美国经济史学家亚历山大·格申克龙在总结德国和意大利等后进国家的经济快速发展的基础上提出，随后，美国社会学家 M. 列维对后发优势理论从现代化的角度进行了具体化，其认为，因为后发国家考虑到自身的劣势，对现代化的认识要比先进国家对自身的现代化认识程度丰富得多，而且，由于知识的可传播性和可借鉴性，后发国家可以对先进国家的经济发展计划和管理经验等软实力，以及技术、设备等硬实力加以充分借鉴，从而降低研发、试错和探索的成本，由此意味着后发国家可以减少甚至跳出先进国家发展中的一些必经阶段。后发国家可以以先进国家发展中的经验和教训作为借鉴，对于未来发展的目标更为准确。产业规划正是基于产业发展落后和不合理所作出的一种行为决策，后发优势理论对产业规划法的存在及运行具有充分的解释力。

(2) 市场失灵论。所谓市场失灵，是指市场在配置资源的过程中所出现的低效和无效状态，结合产业规划本身的形态及特点，笔者认为产业规范法律制度是矫正市场失灵的重要内容之一，具体而言，在一国范围内，产业分布在自发运行的形态中，其所具有的外部性、公共产品供给不足、信息不对称、资源的趋利性流动等特点客观存在，而通过市场本身去纠正这些失灵的情形，缺乏机制上的正当性和可行性，因此，国家通过外力的纠正就很有必要，市场失灵构成产业规划法存在的又一理论基础。

(3) 边际费用递减说。在产业规划制度的存在必要性上，日本经济学家村上泰亮在其著作《反古典的政治经济学》中提出了"边际费用递减的法

---

❶ 王健. 产业政策法若干问题研究 [J]. 法律科学, 2002 (1): 120 – 122.

规",他认为,边际费用的递减和边际费用的递增都是社会中存在的重要现象,但是当研究增长和发展这些长期性问题时,边际费用递减的规律总结和适用就非常关键,如果不对边际费用递减比较显著的产业进行必要的政策介入,就会引起自杀式价格竞争,会对整个产业结构造成影响,其后果就是部分企业的破产和倒闭,工人的失业,甚至固化为垄断。[1]

(4) 危机导向论。危机导向论和后发优势论相对,是指后发国家利用自己可能的优势赶超先进国家时,先进国家如果在国际竞争中屡屡受挫,就会产生危机感,这种危机感会促使先进国家必须调整过去只是运用财政、金融等手段对经济进行总量调节的政策,为了保持自己在国际竞争中的优势地位,就必须对一国范围内处于劣势或者在竞争过程中遭遇较大威胁的产业进行扶持,[2]通过"国家之手"的运用以保持自己的竞争优势。

(5) 机会导向论。该理论认为,在当今世界,经济的竞争和新科技新产品的出现已经成为经济发展中的常态,在不断涌现出的新产业面前,作为政府必须把握产业发展的各种机会和可能,对于战略性的新兴产业必须通过国家的干预措施予以激励和扶持,以保持一国经济的竞争力,事实上,当下很多国家对于新兴产业的发展,都采取了财政、税收和金融等多种措施予以支持,比如,我国提出的"七大战略新兴产业发展计划",而且每年都将发展战略中的新兴产业作为国家经济工作的重点。这既是产业规划法的核心内容,也是评价产业规划法绩效的重要依据。

(二) 产业规划运行中的法律关系及其构成

一国经济可以从不同的角度进行多种类型的认知,产业构成经济的基本元素。产业规划的实质,是国家对经济活动中的产业问题进行的一种自觉干预,其目标在于实现经济的快速发展,经济结构的合理调整,以符合区域经济协调发展的要求。从所维护的利益的角度讲,国家的产业规划无疑属于经济法的范畴,着重对整体利益的维护和保障。[3] 一般来说,在产业规划的制定和实施过

---

[1] 陈淮. 日本产业政策研究 [M]. 北京:中国政法大学出版社,1991. 转引自王健. 产业政策法若干问题研究 [J]. 法律科学,2002 (1):120 – 121.

[2] 高斌,张国福. 经济政策导论 [M]. 北京:经济科学出版社,1993:19.

[3] 王先林. 产业政策法初论 [J]. 中国法学,2003 (3):112.

程中，政府代表的是社会公共利益，而不是个别主体的利益，更不是政府的利益，这是产业规划的重要特点，也和其他的政府规划行为有所区别。因此，如果从产业规划法的目标来看，产业规划法维护社会整体利益在国际层面上的意义在于增强和维护本国经济整体在国际竞争中的有利地位，尤其是不受制于其他国家。❶ 从国内来看，是指产业在区域间布局的合理和运行的高效，以维护所有公民的利益，促进经济的快速发展。

产业规划法的编制和实施，会牵扯到多个方面的关系。首先，在政府层面，既涉及中央政府和地方政府的关系，也涉及地方层级政府之间的关系，还涉及同级地方政府之间的关系，以及区域与区域之间的关系。由此，不同政府之间的竞争与合作是产业规划法中首先要处理的问题。其次，从市场主体的层面来看，由于产业规划会影响到企业、行业、社会团体和公民个人的权利和义务。❷ 因此，其所指涉的法律关系异常复杂，对产业规划法律制度中不同主体权利义务关系的厘清，构成了产业规划法治化的核心内容。按照法理学的基本原理，法律关系由主体、客体和内容等三部分构成，下文将围绕这三方面的内容来展开论述。

（1）产业规划法的主体。前文就经济法在保障区域经济协调发展中的主体制度已经有论述，结合产业规划法制度的特殊性，笔者认为产业规划法律关系的主体包括产业规划编制主体、审批主体、执行主体。具体而言，产业规划的编制是产业规划法实施的前提和基础，是产业规划实施的逻辑起点，笔者认为，在我国，全国性产业规划的编制应该由国务院负责跨省级行政区的产业规划编制主体来负责，具体由国家发改委落实，省级人民政府负责跨市级、县级行政区的产业规划，具体由省级人民政府发改委负责实施，事关国家全局的跨省市、县的产业规划应由不同省级政府联合进行规划。❸ 就审批主体而言，对于全国性的产业规划编制方案，应由国务院进行审批，比如，国务院曾以批复的形式审批通过了《中原经济区规划》《西部大开发"十二五"规划》《皖江城市带承接产业转移示范区》，等等。国家发改委也可以就一些全国性的产业规划编制方案以通知的方式加以审批公布。国务院议事协调机构还承担着一些

---

❶ 王先林. 产业政策法初论 [J]. 中国法学，2003（3）：113.
❷❸ 杨丙红. 我国区域规划法律制度研究 [D]. 合肥：安徽大学，2013.

产业规划编制的审批，比如，国务院振兴东北地区等老工业基地领导小组办公室发布的《东北地区振兴规划》等。还有一些横向机构以联合发文的方式予以审批通过，比如珠三角九省区制定的区域联合发展产业及区域发展规划——《泛珠三角区域合作发展规划纲要（2016~2020）》，就是以九省区政府联合成立的"政府秘书长协调会议"这一组织联合编制后，经过行政首长联席会议审议通过的。[1] 就执行主体而言，各级地方人民政府均为产业规划的执行主体，对于编制中所设定的产业支持、产业转移和产业激励，各级政府人民政府应通过财政、金融等手段，加以贯彻落实。至于具体的执行方式，和其他行政规划的执行并无本质的不同，笔者不再论述。

（2）产业规划法律关系的内容。法理学认为，权利和义务是法律关系的内容构成。产业规划中的权利和义务，具体表现为产业规划主体为追求某种利益和理想状态，可以从事某种行为的权力、资格、自由和可能性，而产业规划中的义务则表现为产业规划法律关系的主体必须作为或不得作为的某种责任承担。具体表现为：首先是政府的产业规划权力，这是政府为了产业健康发展而针对产业布局、产业组织、产业技术等问题进行干预的一种权能和自由，也是政府履行产业管理和公共服务职责的重要依托。产业规划权属于国家的宏观调控权的范畴。其次是公众在产业规划中的权利，这种权利除了惯常意义上的公众参与权、监督权之外，尤其需要强调的是当下我国在产业规划中对私人主体利益保护的问题。在我国一些基层政府在产业规划的执行过程中，侵害私人利益的情形随处可见，比如，在我国西部的一些县市，基层政府基于产业规划的要求推出的"万亩果园""万亩干果"计划，在实施的过程中，政府强制改变原有农户在其农田上的产业类型，有些可能马上成熟的农作物也因为"万亩果园"的规划而强制中止，其中的粗暴执法触目惊心，这种行为不仅严重侵害了私人的承包经营权，而且对于我国政府行为的合法性和政府权威造成严重的侵害。

从义务的角度讲，首先是产业规划中政府的法律义务，按照我国现行法律的要求，全国人民代表大会可以撤销或者改变全国人民代表大会常务委员会制定的不适当的法律，全国人大及其常委会也有权撤销国务院制定的与宪法或者

---

[1] 杨丙红. 我国区域规划法律制度研究 [D]. 合肥：安徽大学，2013.

法律相抵触的行政法规、决定和命令，对于国务院各部委制定的不适当的命令、指示和规章，国务院也有权撤销。这是我国对于法律制定中下位法不得与上位法冲突的规定，其实这一规定隐含的另外一种法律逻辑是：作为法律、法规、规章、命令和决定的制定主体，其所制定的法律、法规、规章、命令和决定不得和上位法相抵触是其必须遵守的义务，就产业规划的规划编制主体和审批主体而言，其所编制或审批的产业规划法律法规，不得与上位法相抵触，是其必须承担的义务和责任。其次是笔者在前文中所提到的国家在促进区域经济协调发展中应承担的政治责任，如果相关的主体在产业规划过程中滥用权力或者怠于行使权力，其也应承担相应的责任，这也是义务的一种类型。

就市场主体的权利和义务而言，由于制度的作用只能通过制度所规制的对象的行为方式改变才能产生效果，因此，产业规划的编制、实施，最终都需要市场主体的行为改变来落实，产业规划不仅是产业规划编制、审批和执行者的工作，而且需要公众的配合和协助，唯有此，产业规划才能得到落实。当然，在产业规划的实施过程中，公众既享有权利，也要承担相应的义务，具体而言，权利主要包括财产权、生存发展权、监督权、建议权、申请权等，义务则表现为对产业规划法律法规的遵守，等等。其作为法学的一个常识，笔者不再赘述。笔者需要强调的是：第一，由于产业规划中更多是一种宏观调控，按照我国经济法学界的解释，宏观调控常常表现为间接性调控行为，所以，市场主体可以在产业规划所允许的范围内享有自主决策的权利。第二，由于产业规划对市场主体的权益影响非常大，有时候甚至可能是致命的，比如，经营者基于原有的产业支持计划所作出的产业投资行为，如果国家对该产业的支持计划有所改变，原有的期待利益无疑会落空，因此，产业规划中市场主体的建议权尤为重要。第三，市场主体有权对产业规划的制定者和实施者的行为提出批评、检举，依法进行监督的权利。第四，因政府的产业规划行为给特定的相对人造成损失的，相对人有权请求国家赔偿。

（3）产业规划法律关系的客体。所谓法律关系的客体，是指权利和义务共同所指向的对象。在产业规划法律关系中，首要的客体是各种类型的物，具体包括人可以占有、支配和控制的各种财物，比如，国土、资源，产业指向的具体物质和财富，等等。还有非物质财富，包括在产业规划中人们运用智力所形成的各种智力成果，比如，专利、商标、产业转移和规划中的经济信息，各种专利技术等。另外还包括各种行为，比如，政府的规划行为、各级政府的执行行为、市场主体的遵从行为，等等，即在产业规划法律制度的运行过程中，各种类型的职权、职责行为，权利的行为表达和义务的行为呈现，都构成产业规划法律关系中的客体。

(三) 产业规划法律制度的特点

特点是一个事物区别于另外事物的标志，因此，要明确产业规划法治化的特殊性，必须通过对产业规划法律制度特点的归纳来进行。笔者认为，作为经济法的构成部分，产业规划法除了具备经济法的一般特点之外，还具有以下激励性、政策性和综合性等特点。

(1) 产业规划法的激励性。"法律的首要目的是通过提供一种激励机制。诱导当事人采取从社会角度看最优的行动。"❶ 长期以来，我们更愿意从国家强制力的角度，将法律当作一个惩罚体系加以对待，但是，按照"法律是对行为发生作用"这一经典命题的预设，行为是人在某种心理机制的外在展现，心理学早就告诉我们，对人的行为产生某种作用力的不仅仅是对于惩罚的恐惧，还有利益所形成的激励，市场经济恰恰就是利用了人追求自身利益这一基本心理要素，才产生社会生产力的巨大变革和解放，市场机制并没有采取某种惩罚措施来要求人必须做什么或者不得做什么。与之同理，产业规划法更主要是依赖于对人的激励而不是对人的惩罚，比如，我国产业规划法中的《中华人民共和国农业技术推广法》，有多个条款就使用了激励性的表达来保证农业技术的推广。比如，第 5 条规定："国家鼓励和支持科技人员开发、推广应用先进的农业技术，鼓励和支持农业劳动者和农业生产经营组织应用先进的农业技术。国家鼓励运用现代信息技术等先进传播手段，普及农业科学技术知识，创新农业技术推广方式方法，提高推广效率。"第 6 条规定："国家鼓励和支持引进国外先进的农业技术，促进农业技术推广的国际合作与交流。"在产业规划法中充分利用激励性措施，可避免惩罚性措施所带来的巨大成本，也符合产业规划中市场主体决策自主性的基本要求。

(2) 产业规划法的综合性。这种综合性首先表现在产业规划法的调整对

---

❶ 张维迎. 信息、信任与法律 [M]. 北京：生活·读书·新知三联书店，2003：65 – 66.

象较为综合，它除了调整宏观的产业管理关系之外，还包括对产业市场的管理关系。在产业规划法的实施手段上，产业规划法会综合财政、税收和金融等多种手段，比如，直接对某些产业的财政补贴、财政优惠和金融支持，在现实世界中，产业规划法常常是多种手段的综合使用。另外，从产业规划法的调整方法上来看也表现为综合性的调整方法，众所周知，调整方法是区分法律部分的主要依据之一，比如，民法常常使用诚实信用、等价有偿、平等自由的调整方法，行政法常常采取强制性、命令式的调整方法，作为经济法的产业规划法，其调整方法表现为综合性的特征，既有指导性的调整方法，又有鼓励性的调整方法，也有抑制性的调整方法。从法域的角度来看，则表现为公法和私法两种调整方法结合的调整方法。从产业规划法所期待产生的目标来看，其也表现为综合性的特征，一方面它要求建立规范、合理和高效的产业体系，另一方面也要求在产业规划法律制度运行上对市场主体的合法利益进行维护，从宏观和微观两个方面来实现经济运行的合理化。

（3）产业规划法的政策性。产业规划法具有很强的政策性，由于现代产业是一个分工复杂、变化多样的综合体系，其产生和运行都包含对经济效率的要求，但是法律本身所具有的滞后性，决定了产业规划法常常依赖灵活多样的政策体系来完成自身的运行。笔者认为，产业规划法和产业规划政策的关系可以这样理解：产业规划法必然是在一国的宏观经济政策指导下形成的，比如，我国所确立的市场经济体制，让"市场在资源配置中发挥决定性作用"本身就是宏观经济政策，产业规划法作为对经济体系的一种干预法律，其必须以此为基础，在该宏观经济政策下，产业规划法得以形成，但是产业规划法并不能对政策绝对排斥，产业规划法作用的对象具有灵活多边性，比如，国际经济形势，某类产业在特定的时段内发展的具体情势都要求产业规划随时作出变动和调整，这就必须依赖于灵活的政策来实现。"充分重视和广泛运用经济政策，是现代国家的普遍特点，经济政策作为公共政策的重要组成部分，在当代各国都发挥着非常重要的作用。"[1] 从现实的角度来观察，产业规划的政策性表现得非常明显，比如，我国的产业政策指导目录已有多个版本，截至目前，已发布了《产业结构调整指导目录》2005年版、2011年版、2013年版、2015年

---

[1] 张守文. 经济法理论的重构［M］. 北京：人民出版社，2004：236.

版、2016年版和2018年版，这种变化是综合产业发展的形式、前景和国际贸易环境等各种因素后作出的战略选择，具有极强的变动性和政策性。

二、产业规划法律制度在保障区域经济协调发展中的功能分析

前文已论，所谓产业规划，是指为了解决经济社会发展中因为市场失灵而引发的经济发展不均衡、产业布局不合理的现象，在预设一定目标基础上，通过制定相应的规划和政策，以促成一国产业布局合理的行为和过程。在理论界，根据应用目的、规划内容和规划性质的不同，产业规划可以从不同的角度进行多样的类型划分，常见的规划类型有产业规划、区域规划、国民经济与社会发展规划、国土规划、城市规划，等等。另外，按照当下我国学术界的管理，产业规划这一概念，有时候是从产业发展的角度上使用，有时候又在区域发展的角度来使用。有学者认为可以从宏观、中观和微观三个层次来解读区域经济协调发展中的产业规划制度：从宏观上讲，产业规划是从整体性、战略性和宏观指导性的角度出发，对国民经济社会发展进行指导的规划，具体表现为国民经济和社会发展总体规划、区域产业发展规划、区域发展战略规划，等等；从中观的角度讲，产业规划是指区域内的产业资源配置和产业发展，其所关注的重点是主体功能区、区域产业布局和区域产业规划等问题；从微观的角度讲，由于产业规划必须具备一定的空间载体，无论是宏观规划还是中观规划，最终要通过一定范围内土地所承载的产业布局来实现，因此，微观区域产业规划的重点就是土地利用规划。虽然不同的产业规划指向的目标不尽相同，其出发点和旨趣也有所区别，但它们有一个共同的目标，就是要保证区域经济的协调发展。众所周知，生产要素是区域经济持续增长的基石，区域经济协调发展的核心在于区域间生产资源和生产要素的优化配置，生产要素和经济要素在部门和区域间的有效配置和空间上的合理布局，是区域经济协调发展的关键所在。[1]

实践中，产业政策常常是经济增长的关键力量，有学者认为，英国的资产阶级革命，不仅在政治上建立了君主立宪的政体，实现了宪政民主的先河，在

---

[1] 曾淑婉. 基于区域经济差异的区域产业规划研究 [D]. 天津：南开大学，2013.

经济上，辉格党人通过创立英格兰的中央银行等金融体系，改造了税法体系，颁布《棉布法案》等政策促进了经济的发展，这篇包括产业政策在内的政策是世界上"最成功、影响最深远的产业政策"，被称为是"产业政策之母"，[1]其所产生的巨大作用极大地推动了英国经济的发展。第二次世界大战以后，日本和韩国在20世纪60年代以来所创造的经济奇迹就足以表明，一国政府如果能通过产业规划的方式对经济的发展给予相当的干预，就能在很大程度上促进经济的增长，东亚国家之所以能在短期内实现经济的异军突起，就在于政府采取了有效的措施干预了产业，促进了产业结构的升级和布局的优化。[2] 2009年为了应对国际金融危机，克服当时我国实体经济发展萎靡，市场需求不足，国内市场销售整体水平下降，国际贸易出口困难等严峻的经济形势，我国推出了"十大产业振兴规划"的战略方案，分别为钢铁产业振兴规划、汽车产业振兴规划、纺织工业调整振兴规划、装备制造业调整振兴规划、船舶工业调整振兴规划、电子信息产业调整振兴规划、轻工业产业调整振兴规划、石化产业调整振兴规划、有色金属产业调整振兴规划、物流业调整振兴规划，其对于我国应对当时的金融危机，实现我国经济的稳定和增长，起到了重要的作用。在笔者看来，产业规划对于区域经济协调发展的作用大致包括以下几个方面的内容。

（一）产业规划制度对经济增长的促进作用

毋庸置疑，产业规划是一种人为建构的制度，作为一个前提性的交代，首先要明白制度在经济发展中的作用。在古典自由主义经济学看来，制度是外在于经济和市场的，在这种思潮下，政府被预设为"管的最少的政府是最好的政府"，在亚当·斯密看来，除了国防、纠纷解决和公共产品的提供由政府提供之外，政府应全面退出市场，所谓"夜警国家"便是如此。现实却给古典经济学理论致命的一击：最早反映出这种弊病的并不是经济学家的思辨，而是市场所呈现出来的诸多弊端：市场周期、市场不完全、市场垄断、公共产品供给不足、信息偏在，等等，与市场的这种弊端相关联，人们开始反思制度在经

---

[1] Pincus S A. The First Modern Revolution. New Haven: Yale University Press, 2009. 转引自席建成，孙早. 从替代到共容：一个关于产业政策的文献综述[J]. 华东经济管理, 2017 (6): 158.
[2] 陈剩勇，陈晓玲. 产业规划、政府干预与经济增长——2009年"十大产业振兴规划"研究[J]. 公共管理与政策评论, 2014 (3): 6.

济发展中的作用，随之所形成的制度经济学，更是从理论上分析了制度在经济发展中的不可或缺。在制度经济学代表人物诺斯看来，传统经济要素诸如投资、技术创新、人力资本等，都不是经济增长的动因，而制度才是经济增长的基本要素。[1] 比如，有效率的产权制度，它决定着经济运行中未来的确定性和机会主义的有效避免，有效的产权制度不仅会对个人的生产行为形成激励，还会对社会效率形成激励，从而使得个人效率接近社会效率，鼓励人们的投资、创新和人力资本的提高，从而促进经济的发展。而科斯从交易成本的角度分析了制度对于经济增长的关键作用，科斯定理认为，在零交易成本的情况下，权利的初始配置是无关紧要的，经过多次交易以后，权利一定能到达那个保证其最发挥效用的那个人手中。但是因为现实中的零交易成本只是一种假设，人们在信息搜寻、选择交易对象、讨价还价、预防违约、违约后的责任追求等方面存在大量的成本，这种成本有时高不可攀，对于合同当事人和社会而言便构成经济运行的成本。因此，通过制度配置权利便极为重要，区域经济协调发展的产业规划制度，本质上是通过政府的干预权，对原有的利益结构和权利义务结构进行强制调整的过程，制度在其中的作用至关重要，甚至是决定性的作用。

结合本章主题，笔者认为，制度在产业规划方面发挥着无比重要的作用。在现代市场经济条件下，产业结构的合理布局和产业要素的有效配置，是影响经济增长和提交经济效益的重要因素。在社会化大生产的条件下，经济的有效增长有赖于社会生产的各个部门、各个行业和各个地区之间的配合和协调，任何一个环节、一个产业和一个地区都是整个社会生产的重要节点，它们之间的配合既是社会生产得以进行的条件，也是经济发展的基础。协调有序、资源配置合理的产业布局和结构，直接关系到资源能否充分和有效的利用，从根本上提升资源利用的效率。[2] 由于市场自发运行过程中的盲目性、滞后性和自发性，难以保证资源配置的高效率，现实中自发的市场在资源配置过程中，由于缺乏统一的协调系统，导致经济运行的低效率，由于决策主体的多元性和分散性，每个地区和部门都会从自身利益的角度出发，基于对当前利益的关注，会

---

[1] 张明. 产业升级与经济增长理论研究——兼论中国产业升级和经济增长融合之路［D］. 太原：山西财经大学，2013.

[2] 姜作培. 推进经济增长方式转变的产业政策选择［J］. 中央财经大学学报，1997（3）：27.

将资源更多地运用到投资少、见效快的产业领域当中去，这也是当下我国地区之间产业布局不合理，重复建设，资源浪费，一哄而上现象的重要原因，产业规划可以有效解决区域经济发展中的全局利益和局部利益的关系，从整体、全局的经济利益出发，对整个国家的产业布局进行协调，避免地区结构的趋同化和同质化，并通过国家的强制力保证各个地区和各个部门贯彻实施。

区域产业规划还有助于正确处理产业增量和产业存量之间的关系。近年来，我国部分产业的产能过剩异常严重，有学者认为，产能过剩是我国当前面临的最重要的宏观经济风险之一，产能过剩的问题能否成功解决，关系到我国经济能否持续、健康和快速地发展。[1] 所谓产能过剩，是指一些行业和领域，由既定的技术水平和现有的生产能力所提供的产品供应量，超过市场的需求和消化能力，该行业或者企业产品无法及时有效地被消费，从而成为闲置的生产能力的现象，衡量产能是否过剩，主要看该产品的生产能力和市场对该产品的需求是否相适应。[2] 产能过剩形成的原因固然是多方面的，既可能是政府行为不当的结果，也可能是市场自发运行所造成的弊端，但有一点是确定的，失误的产业政策是造成产能过剩的主要原因，[3] 在市场自发运行的情况下，由于信息的不对称性和不完全性，企业在决定生产的投资的过程中很容易出现"英雄所见略同"的情形。生产性企业尤其是制造业，出现过度的投资积聚现象，对于非金融企业和金融机构而言，也会出现"羊群效应"，从而导致投资向某一类企业积聚，出现所谓的投资"潮涌现象"，引发严重的产能过剩。[4] 在这种情况下，如果没有政府从产业结构角度的正确引导和规划，其所造成的产业存量的隐患和问题就会威胁到我国经济的进一步发展。一个显见的事实是，在资源有限的情况下，如果某些领域过度投入的产能过剩，势必会造成其他领域的投资的减少，这又为我国经济的增量产业带来负面的影响，最终导致我国经济发展的低效率。

(二) 产业规划法律制度对产业结构升级的促进

大卫·李嘉图的比较优势理论是区域分工的基础，每个区域趋向从事具有

---

[1] 张林. 中国式产能过剩问题研究综述 [J]. 经济学动态, 2016 (6): 90.
[2] 胡荣涛. 产能过剩形成原因与化解的供给侧因素分析 [J]. 现代经济探讨, 2016 (2): 5.
[3] 胡荣涛. 产能过剩形成原因与化解的供给侧因素分析 [J]. 现代经济探讨, 2016 (2): 8.
[4] 林毅夫. 潮涌现象与发展中国家宏观经济理论的重新构建 [J]. 经济研究, 2007 (1): 28.

比较优势的产业活动。产业规划政策是产业与区域经济的结合,合理的产业结构有利于提高区域经济的生产效率。产业结构的调整及其均衡要求,是当前我国区域经济协调发展战略的重要内容,也是我国区域产业规划战略的重要组成部分。❶ 在市场的运行过程中,市场主体会基于市场所表达出来的供需信号,通过生产要素和资源要素的组合和重新配置,使得产业结构逐步升级来实现需求结构的变动。在此意义上可以认为,产业结构的升级是供给侧改革的关键"抓手"。在产业结构升级的过程中,作为追求利润最大化的市场主体,基于成本及避免损失和对经济效率的追求,会努力降低生产成本,资源利用的边际收益会逐步增加,这种有着深刻人性基础支撑的行为反映在经济的生产水平上,就是市场主体的生产能力得以提高。由此,整个社会的生产能力也得以加强。总体而言,产业结构的升级是根据市场信号的变动来改变经济运行中的供给行为适用市场需求的过程,通过供给和需求的匹配,激发经济增长的潜在动力,从而实际上导致经济增长的过程。❷

一般认为,产业结构的升级有以下几方面的路径:第一是产业转移。产业转移是形成合力的产业分工体系,优化生产要素的空间布局,推进产业结构调整和经济增长方式的关键路径,❸ 是区域经济协调发展的重要依托。近年来我国从国家层面出台了一系列有关产业转移的规范性文件,旨在通过产业转移来实现我国产业结构的优化升级。在笔者看来,作为市场主体的一种行动,产业转移一方面可能是市场自发运行的结果,是区域经济资源吸附能力的一种表现,另一方面则表现为政府基于产业结构布局的要求,在平衡不同利益主体的利益结构和利益关系的基础上,所作出的一种战略性调整。按照市场配置资源的逻辑,作为理论命题的产业转移,必然是国家产业规划的结果,因为通过市场自发运行所形成的产业转移,只是市场运行中的一个客观事实,其自发形成的状态本无须理论去阐述和总结,正是因为市场自发不能形成合理产业结构所期待的产业结构升级,产业转移理论才成为被学术界所广泛研讨的对象,按照美国经济学家弗农的理论,产业转移的前提是产业转出地摆脱历史包袱,并能

---

❶ 曾淑婉. 基于区域经济差异的区域产业规划研究 [D]. 天津:南开大学,2013.
❷ 陆蓓蓓. 产业结构升级对江苏潜在经济增长率的影响研究 [D]. 南京:江苏大学,2016.
❸ 赵建吉. 产业转移的经济地理学研究:进展与展望 [J]. 经济地理,2014 (1):1.

充分利用原有的沉淀资金，获得更多的比较利益，对于本地而言，这种转移可以为其他的优势产业提供更广阔的空间，进而推动产业升级，对于转入地而言，这种产业和要素的转移又会成为本地经济发展的动力和基础，从而带动整个经济的发展。❶ 这种转移肯定无法自发形成，只能借助国家的产业规划才能实现。

第二种产业结构升级的方式是产业替代。在我国学者乌家培、李耀新看来，所谓的产业结构调整，是指劳动力、资金和技术资源等各种生产要素及其联合的改变过程，在产业发展的过程中，这些要素在一定的条件和限度内是可以相互替代的，对于一个国家的产业结构而言，生产要素的这种替代作用主要表现为一个区域在产业结构调整的过程中，通过国家的干预，在需求结构允许的情况下，促进那些较为密集适用较低价格和成本的生产要素的产业部门获得更快发展，从而实现经济效率，促进经济发展的过程。❷ 在产业运行的过程中，政府基于区域经济协调发展的要求，根据比较优势的原则，评估一个产业和其他产业相比，在一定的时期内发展的潜力和增长的可能性，是否具有广阔的发展前景，在此基础上，综合分析产业替代的经济效益、社会效益和生态环境效益等综合收益，然后通过更有发展潜力的产业来代替发展潜力不足的产业，从而促进经济的发展的过程。

第三种产业结构升级的方式是对战略性新兴产业的支持。所谓战略性新兴产业，按照《国务院关于加快培育和发展战略性新兴产业的决定》的规定，是指以重大战略突破和重要的社会发展需求为基础，对经济社会的发展和长远发展具有全局性和长远性的带动作用，生产效益高、科学技术密集、物质能源消耗较少、发展潜力巨大的产业，❸ 具体包括以下几种大类：第一类节能环保型产业，比如，先进环保、循环利用的产业；第二类为新兴的信息产业，比如，当下发展异常迅速的互联网、物联网、区块链、高性能集成电路和高端芯片等技术；第三类为生物产业，比如，各种类型的生物科技、生物农业和生物制造，等等；第四类为新能源产业，比如，风能的利用、核能的利用，生物质

---

❶ 郝洁. 产业转移效应的理论探析 [J]. 商业研究, 2013 (3): 12.
❷ 乌家培, 李耀新. 产业结构调整中的生产要素替代原理 [J]. 经济学家, 1992 (6): 79.
❸ 顾强, 董瑞青. 我国战略性新兴产业研究现状述评 [J]. 经济社会体制比较, 2013 (3): 30.

能的利用、太阳能的利用，等等；第五类为高端装备制造业领域，比如，重点发展的航空航天技术、海洋工程，以及各种类型的高端智能装备，等等；第六类为新能源汽车，我国将发展的重点放在插电式混合动力汽车和纯电动汽车等产品的开发和利用之上；第七类为"新材料"产业，我国分别列举了特种功能和高性能复合型材料作为重点发展的领域。

毋庸置疑，战略性新兴产业的健康发展需要产业政策引导、保障和促进。由于战略性新兴产业发展所需要的技术支撑和技术要素，决定了战略性新兴产业的发展有着更长的周期，初始的投资更加巨大。对于单个的市场个体而言，技术创新可能蕴含的高风险常常会让其望而却步，高昂的研发成本使得缺乏国家支持的战略性新兴产业更为私人主体力所不逮。此时，国家的鼓励和支持便很有必要，所以，新兴产业的发展，需要产业规划制度的支持，更多的国家都采取了金融、税收等支持措施。就产业规划的支持而言，要注重市场的主导，通过市场的资源配置作用，保证资本利用价格机制自发流向国家所鼓励的支持的产业中去，同时还应注重政府的推进，通过实施相应的产业规划政策，尤其是消除当下我国制约战略性新兴产业发展的体制性障碍，促进我国战略性新兴产业的健康发展。就当下我国的情形而言，多年以来我国特别强调经济的内涵式增长，强调经济发展中的科技含量，但是我国经济通过投资拉动增长的模式整体还没有得到改变，尤其是在部分省份这一现象还异常严重，追赶型的发展战略忽略了经济发展的内在质量，现实中各种类型的抢占先机、广铺摊子、重复投入、重复建设，低水平的外延型扩张式的经济发展格局没有得到根本的改变，这种事实一方面导致经济发展的非持续性，诱发诸如产能过剩、资源浪费等问题，另一方面也意味着对战略性新兴产业的投资和支持力度不足，这就迫切要求国家从战略高度，出台相应的产业激励政策，加强对地区战略性新兴产业的引导，发挥各个地区的区域优势、资源优势、人才优势、科技优势和产业优势，找准发展重点，有所作为有所不为，[1] 通过战略性新兴产业的发展来拉动经济的快速、高效发展。

（三）产业规划法律制度对区域经济均衡发展的促进

区域经济协调发展和均衡发展的首要要求，是生产要素在区域间的合理布

---

[1] 顾强，董瑞青. 我国战略性新兴产业研究现状述评 [J]. 经济社会体制比较，2013（3）：34.

局，而生产要素的合理布局必须依托于一定的空间结构，并通过空间结构实现生产要素的合理配置。在笔者看来，产业规划法和区域经济协调发展具有高度的等同性，而区域经济协调发展和产业规划法必须关注所在区域的资源禀赋问题，因为所有的发展必须建立在资源要素基础之上，资源禀赋是区域经济发展的依据，没有资源依托的区域经济发展和产业规划法律制度，只能是一个无法实现的空中楼阁。在笔者看来，产业规划法律制度对区域经济均衡发展的促进作用，主要通过以下几个方面来展现。

（1）通过产业规划可形成区域间的分工协作，实现资源的优化配置。区域间的分工合作是经济发展的关键。马克思主义经典理论认为，分工是"提高劳动生产力，在较短的劳动时间内完成同样的工作，从而缩短再生产劳动能力所必需的劳动时间和延长剩余劳动时间的有力手段"。[1] 分工是社会生产力不断向前发展的动力和源泉，社会劳动分工的不断深化和变革，必然会引起生产关系的变革，比如，市场结构的变化、产权形式的变革，等等，从而成为推动社会发展的关键力量。[2] 亚当·斯密在其传世著作《国民财富的性质和原因的研究》也认为，"劳动生产力上最大的增进，以及运用劳动时所表现的更大的熟练、技巧和判断力，似乎都是分工的结果"，[3] 一方面，市场的发展会引起分工，从人类社会发展的历史去考察，人类最早的分工，比如，农业和手工业、农业和牧业的分工，肯定不是国家干预的结果而是自发形成的产物，但是当社会经济发展到一定阶段的时候，自发的分工无法实现最优的社会生产，会导致资源的浪费，尤其在当下，万千人互动的市场以及种类繁多的专业类型，决定了如果没有一个系统的调适者，分工极有可能走向混乱。另外，协作对于经济的发展和资源的优化配置同样也很关键，按照马克思主义的说法，协作的优越性主要体现在："和同样数量的单干的个人工作日的总和比较起来，结合工作日可以生产更多的使用价值，因而可以减少生产一定效用所必要的劳动时间。"[4] 但协作的形成更需要国家的干预，缺乏外力保障的协作可能会引发两

---

[1] 马克思恩格斯全集［M］. 北京：人民出版社，1979：301.
[2] 魏丽华. 马克思的分工协作理论对产业协同发展的启示——以京津冀地区为例［J］. 学习论坛，2016（4）：32.
[3] ［英］亚当·斯密. 国民财富的性质和原因的研究［M］. 北京：商务印书馆，1972：5.
[4] 马克思. 资本论（第1卷）［M］. 北京：人民出版社，1978：382.

方面的弊病：第一，在社会化大生产条件下，过分细密的产业类型和产业分工造就了多元利益主体和利益关系，没有外力的协调和协商有着巨大的交易成本，单靠市场主体的自发协商无法实现；第二，在没有外力干预的情况下，协调即使完成，也会存在大量的机会主义行为。国家的产业规划可为区域间的分工合作创设条件和保障，实现区域间经济的优势互补，提供各区域共享的公共服务和公共设施，降低生产经营的交易成本，提升各个区域的竞争力，促进区域经济的协调发展。

（2）通过产业规划可实现经济发展的规模效应。规模效应是衡量区域经济协调发展战略实现程度的重要指标，规模效应所带来的经济的增量效应已为理论界和实务界所证实。在理论上，最早对规模经济提出理论证明的是阿林·杨格，其在1928年的就职演讲"报酬递增与经济进步"中提出了被后人称为"杨格理论"的学说，该理论分析了市场规模和分工之间的关系，认为"分工取决于市场规模，而市场规模又取决于分工，经济进步的可能性就存在于上述条件之中"。[1] 他说，"为了制造一辆汽车，装备所有的厂房和设备，诸如夹具、量具、机床、钻床、传动带以及锻床等优良设备的工厂是不经济的，因为为了一辆汽车准备这些设备是无利可图的，因此，不如大部分使用标准的工具和机器"，[2] 就区域经济发展而言，杨格认为，规模经济不仅可充分发挥资本化生产方式的优势作用，而且可以发挥与技术变化相关但不直接依赖于技术变化的自身优势，比如，通过管理的专业化和产业经营更好的地理分布来实现经济的增长。[3] 随后的经济学家马歇尔，系统地论述了规模经济的思想。他认为，经济可分为内部经济和外部经济，所谓内部经济主要由分工和机械制造所构成，而外部经济是有赖于该工业的一般发达的经济。[4] 与之关联，马歇尔认为，规模经济也可分为内部规模经济和外部规模经济，其中外部规模经济与区域经济协调发展直接相关，因为外部规模经济"是指在特定区域的由于某种产业的集聚发展所引起的该区域内生产企业的整体成本下降"，经济发展的规模效应可保证一个产业集群的建立，从而保证区域内技术、信息等经济要素的

---

[1] 马克思. 资本论（第1卷）[M]. 北京：人民出版社，1978：382.
[2] 贾根良. 报酬递增经济学：回顾与展望 [J]. 南开经济评论，1998（6）.
[3] 阿林·杨格. 报酬递增与经济进步 [J]. 经济社会体制比较，1996（2）.
[4] 马歇尔. 经济学原理 [M]. 陈良璧，译. 北京：商务印书馆，1981.

传播和外溢,同时还会提供共享的中间投入品和市场服务,产业集群可以支持中间品的大量投入和生产,从而降低整个区域的生产成本,对于整个市场而言,销售成本和采购成本也由此降低。这种产业集群的建立还能有效提供区域性专用的劳动力市场,产业的聚集会积聚大量的潜在劳动力,促进劳动力的需求和供应,降低当地的失业率,[1]从而保证区域经济的发展和社会的和谐稳定。

三、我国区域经济协调发展中产业规划法律制度的变革

诚如前文所论,当今世界各国都将区域产业规划作为促成经济协调发展的一种手段和方式,在笔者看来,从应然的角度讲,区域经济协调发展中的产业规划法律制度的目的,是通过法律的手段,保证产业在区域之间的合理布局,保证资源的有效开发利用,使得产业在区域之间能够相互协调配合,提高生产效率,促进生态环境的改善,从整体上实现经济快速增长和区域经济协调的过程。从法理关系上讲,区域经济协调发展中的产业规划行为是政府的一种宏观调控行为,是为了弥补市场自发运行中的缺陷,对于跨区域的经济事务进行积极干预的行为过程。从行为产生的依据来讲,政府的产业规划行为应根据区域资源禀赋、自然条件、现有的经济发展基础、经济状况、经济布局和人文环境、人类资本优势等初始条件,通过产业在区域间的合理布置和产业发展的正确引导,实现区域之间的经济合理分工、优势互补,协调联动的经济发展趋势和模式。与此同时,区域经济协调发展中的产业规划法律制度还是规范政府行为的依据。前文已论,产业规划法从部门法归属的角度来讲属于经济法的范畴,经济法不仅是对市场失灵情形的干预,其还干预"干预者"。由于产业规划法中必然会涉及权力的行使,因此对产业规划中国家权力的防范,也是区域经济协调发展中产业规划法的当然职能。在我国,产业规划法的职能尽管被理论界所充分肯认,与之对应的产业规划法律制度却较为滞后,由此造成的结果是,我国区域经济协调发展中的产业规划行为因为缺少法律规范而随意多变,面临合法性危机,行为的权威性不够,稳定性缺失,在实施的过程中,很难产

---

[1] 阮建青,石琦,张晓波. 产业集群动态演化规律与地方政府政策 [J]. 管理世界,2014 (12):80.

生预期的效果。

(一) 产业规划立法方面的完善路径

1. 提高立法层次，通过制定基本法律实现对产业规划的统率和指导

自 20 世纪 90 年代以来，随着我国市场经济体制的确立，经济运行从计划向市场转变的过程中，我国也开始强调产业政策和法律对于我国经济布局合理性的意义，制定了一系列的产业规划政策和法律。比如，1992 年制定的《中共中央、国务院关于加快发展第三产业的决定》，对我国发展第三产业具有重要意义，我国的第三产业也是以此为基础加快了发展的速度。1993 年，为促进科学技术进步，发挥科学技术第一生产力的作用，促进科学技术成果向现实生产力转化，推动科学技术为经济建设和社会发展服务，制定了《科学技术进步法》。1994 年制定并经 2004 年修订的《汽车工业产业政策》，对我国汽车工业的发展产生了重要的指导意义。1995 年制定的《指导外商投资方向暂行规定》并经 2002 年修订的《指导外商投资方向规定》，明确了我国利用外资的方向和重点，对于发展我国引进外资、发展经济产生了深远的影响。1996 年制定并经 2016 年修订的《促进科技成果转化法》，规范了科技成果转化的活动，加速了我国对科学技术的利用，促进了我国经济社会的发展。1997 年通过的《水利产业政策》促进了我国水资源的合理开发和可持续利用，有效防治水旱灾害，缓解水利对国民经济发展的制约。1999 年，《中共中央国务院关于加强技术创新，发展高科技，实现产业化的决定》颁布实施，对我国技术创新的要求及激励收入，发展高科技产业的政策支持等都做了宏观的指导，另外，我国还颁布了《石化产业规划布局方案》《国家发展改革委等部门关于印发半导体照明节能产业规划的通知》《农业综合开发扶持农业优势特色产业规划》《国家知识产权局办公室关于推广实施产业规划类专利导航项目的通知》《关于当前调整农业产业结构的若干意见》《鼓励软件业和集成电路产业发展的若干政策》《关于加快发展环保产业的意见》《中西部地区外商投资优势产业目录》《国家产业技术政策》《清洁生产促进法》《中小企业促进法》等多项法律法规和政策，对我国产业规划制度的完善产生了重要的影响。另外，除了专门的产业发展政策和法律之外，在其他的法律法规中，也有多个条款规定了促进产业发展、调整产业结构和完善产业规划等方面的内容。

但是，从中可以看出，当前我国关于产业规划的法律制度极为分散，缺少统一的法律制度对其予以规范。我国现行的规划体系中，属于法定规划的内容主要有：中央政府可以根据《宪法》来制定国民经济和社会发展规划，可以依照《城乡规划法》和《城市规划编制办法》来编制我国的城乡发展规划，可以依照《土地管理法》所编制的土地利用总体规划，可以依照《农业法》来编制农业产业规划。其他的产业规划制度更多的是以"通知""办法"的方式出现的，这种以行政法规、地方性法规和部门规章或者其他的规范性文件为主的立法形式，说明当前我国的产业规划之一主要依靠的是政策性文件而非法律制度，立法零散，层次偏低，不仅造成产业规划中的立法的严肃性、稳定性和权威性不足，而且一个更为严重的问题是，这种立法模式为部门利益、地方利益的表达留下了空间，事实上，我国零星分布的产业规划制度，地方利益和部门利益的痕迹明显可见，地方和部门争权诿责的情形不在少数，这自然难以保证区域经济协调发展中产业规划的协同，其不仅对产业规划的适用造成难题，也为区域经济协调发展战略的实施带来了隐患。

按照法理学的解释，制定能统率某一领域的基本法律，是保证法律制度协调性、避免法律之间存在冲突的关键手段，如果法律的制定常常以部门规章和行政法规、地方性法规的形式出现，法律之间的冲突和矛盾就很难避免，如果有一个可以统率性的基本法律，按照法律制定的最基本的逻辑要求——下位法不能和上位法冲突的原则，所有下位法在理念、原则和价值追求上应该和上位法相统一，由此，法规之间的冲突发生的概率就会降低。而且即便发生冲突，在上位基本法的指导下，关于冲突的解决也就有了基本的依据。按照法律经济学的原理，制定产业规划的基本法可以降低制定产业规划子部门法的边际成本。所谓边际成本，是指每增加一个单位的产量，使得总的成本发生变化的具体数量和情况，经济学认为，当产出在没有达到最终的饱和状态之前，每当增加一个单位的产品数量，边际成本会发生递减的趋势，事实上，法律的制定也是一个系统的产出过程，其制定过程完全符合经济学关于边际成本的规律，由于体系内的法律会相互关联、相互支持，在适用的过程中因法律规定的周延而使得适用难度降低，其也符合边际成本递减的趋势。另外，从功能的角度讲，在区域经济协调发展的产业规划制度构建中，为了更好地实现政府机构的有效运作，我们需要把产业规划的原理、原则和基本规则进行提炼，在此基础上通过立法的统合,一方面可以更有效地解决现实生活中复杂的经济问题,保证产业规划法律制度的统一适用,另一方面通过符合法治精神的统一规制和兜底性的调整,来弥补原来分散制定的法律、法规和规章的调整不足,更好地实现产业规划法的制度功能。❶

以区域经济协调发展为背景来看产业规划法的内容,笔者认为,产业规划法律制度应包括产业结构法律制度、产业组织法律制度、产业技术法律制度和产业布局法律制度四个方面的内容。产业结构法律制度可就产业结构指导目录的制定制度化,就产业结构指导目录编制的主体、程序、审批和发布等作出明确的规定,对产业结构调整中可利用的手段、方式、工具和责任等内容由法律加以确认。产业组织法律制度应重点放在如何实现规模经济的同时防止垄断的问题,前文已论,产业组织的合理构建可实现经济的规模效应,成为推动经济增长的关键动力,多年来我国的产业组织政策也促进集中、培育大规模的企业集团为核心,比如,我国的"十三五"规划中,对产业组织调整的目标定位为"鼓励企业并购,形成以大企业集团为核心,集中度高,分工细化,协作高效的产业形态"。在笔者看来,企业经营的规模化固然重要,但是如果将产业政策放在区域经济协调发展的背景下,扶持中小企业的发展,防止垄断,更应该是我国产业组织法中的重要内容,在经济学看来,市场结构决定着市场主体的行为,市场主体的行为决定着市场绩效,当市场的集中度过高的时候,其经济绩效也必然会集中于部分地区,难以保证区域间经济的协调,而且还可能形成集中并谋求垄断利润,由此导致市场的低效率。产业技术法律制度是指以引导、促进和干预国家产业技术进步的法律规范的总和。产业技术法律制度并不以单个的产业为目标,其可能涉及一国的全部产业,产业技术法律制度的具体内容应包括产业技术进步的指导性法律原则,比如,确定国家产业技术发展的目标、具体的规划,推动产业进行的主体行为的相关要求,等等,促进产业技术进步的各种组织制度和组织安排,以及产业技术进步汇总的各种激励机制和奖惩安排,等等。严格来讲,产业布局法律制度与区域经济协调发展战略的关系最为直接,产业布局法律制度是指为了区域经济的协调发展,根据不同地区的资源禀赋、发展基础、发展条件,进行统筹兼顾,协调各地区和产业之间

---

❶ 张守文. 经济法的立法统合:需要与可能[J]. 现代法学,2016(3):64.

的矛盾，进行合理安排，做到因地制宜、突出不同地区的发展重点，发展主导性产业兼顾一般，把整体利益与个别利益结合起来，长远利益和当前利益结合起来，实现一国整体经济综合发展的法律规范的总称，产业布局关系着经济发展的可能性和发展绩效，也决定着区域经济协调发展的实现效率和具体的路径安排。

2. 产业规划立法中充分实现公众参与

公众参与是保障立法科学性的重要手段，立法是利益平衡和利益实现的过程，对于所有主体而言，科学的立法是实现自身利益的关键机制。无论是产业规划还是区域经济的协调发展，都与人的经济利益相关，经济利益是人类一切活动的直接追求和最终目的，它赋予了以人类的经济活动为中心的所有社会活动的最终指向，也是人类活动最为核心的生命力。纵观所有的人类活动，尤其是经济活动，都刻意从中找到经济利益的作用和影子，经济利益给予经济活动动机和激励，经济活动的最终归宿是经济利益，它们之间浑然一体，不可分割。对于利益主体而言，利益机制是对利益有着原动性和初始性的有机系统，一方面，不属于任何利益主体的利益是不存在的，另一方面，没有合理的利益表达机制，利益是无法得到有效的保护和实现的。❶ 在经济利益的实现过程中，利益代表机制和利益表达机制无疑是利益实现机制的关键构成，有学者在论证我国农民利益常常遭遇侵害的原因时说，正因为我国农民在立法中的利益代表主体存在缺失，才使得我国农民利益得不到有效的保护。由此可以看出，立法中的参与是利益保障的关键路径。

当前我国产业规划编制中的公众参与却得不到有效的保障。在笔者看来，产业规划编制中的公众参与，首要的是保障公民权利的重要路径，产业规划固然不会直接影响到某个具体的个体的利益，但在产业规划的实施过程中，不同的产业规划方案会影响到区域内社会公众的共同利益，对于任何一个主体而言，公共利益是一个没有例外的存在。在一个民主和法治的国家中，作为利益相关者的公众，在产业规划编制和实施的过程中的参与很有必要。我国《宪法》规定："中华人民共和国的一切权力属于人民"，"人民依照法律规定，通过各种途径和形式，管理国家事务，管理经济和文化事业，管理社会事务"。

---

❶ 李长健. 论农民权益的经济法保护——以利益与利益机制为视角 [J]. 中国法学, 2005 (3)：122.

产业规划是重要的社会事务和经济事务，人民作为国家的主人，当然有权参与到包括区域规划在内的各种国家事务、社会事务中去。❶

同时，产业规划编制中的公众参与，能有效提高区域治理的业绩，毋庸置疑，在产业规划的编制过程中，现代产业的繁杂性和多样性决定了其所涉及的内容异常广泛，公众充分参与到产业规划的编制过程中，有利于各方意见的表达，有利于集思广益，使得所编制的方案能够兼容并蓄，对各方主体的利益都有所关注和重视，克服规划工作者和规划决策部门理性的有限和理念上的局限性，从而提高产业规划编制的科学性和产业规划的质量。同时公众参与产业规划的编制，对于产业规划本身而言，也是一个宣传的过程，按照法理学的解释，法的自觉遵守才是法律实施的最理想状态，如果公众对立法的缘由和立法的内容不了解，法的自觉遵守的可能性就会降低，当法的遵守必须依赖于暴力的时候，法律的合理性和正当性就值得怀疑，在法的实施过程中，暴力是必要的，但仅仅依靠暴力是不可行的，唯有合理的立法才符合大众的期待并获得普遍的遵守。通过产业规划中的公众参与，提高公众对于产业规划法的了解和认可度，培养公民的责任意识和规划意识，是产业规划编制中强调公众参与的另外一个重要缘由。另外，众所周知，产业规划的另外一个重要出发点是对公共利益的维护和协调，社会是由不同的利益主体所构成的，在正式的规划出台之前，通过公众的参与和协商，可以吸收不同利益集团的意见，然后经过充分的论证，是增强产业规划亲和力和操作性的路径，❷ 因此，可以认为，一个产业规划编制方案的合理与否，与公众是否实质参与有着非常密切的关系。

公众参与还能保证政府产业规划权的规范行使。众所周知，在区域经济协调发展实施的过程，是基于现有产业的不合理所作出的一种政府行为，其具有明显的回应性的特征，"回应"以了解社会问题为前提，按照哈耶克的说法，组成政府的人员也是理性有限的普通人员，他们和其他大众并无本质的区别，按照该逻辑，组成产业规划的政府工作人员，其也是理性有限的，对于现实中产业自发布局的形态及不合理性，以及基于区域经济协调发展的追求，如果通过产业布局的合理构造来实现等这样的问题，其并一定有着充分的理解，公众的参与可以为政府了解社会需求提供一个通道，从而保障所制定的产业规划方

---

❶❷ 杨丙红. 我国区域规划法律制度研究 [D]. 合肥：安徽大学，2013.

案具有合理性和科学性，同时，"参与意味着他们与决策过程本身有着重要的关系，至少它意味着他们不仅有机会选择，而且可以在决策过程的某一点影响决策者，这种影响对最终的决策及其实施有着显著的效果。"❶ 公众的参与会对政府形成一种压力机制，促导政府行为的规范化，有效防范政府权力的变异。

(二) 完善产业规划法的实施机制

第一，从当前关于产业规划法的实施主体来看，由于我国产业规划的制定主体分散且多样，国务院和各级地方政府都有一定的产业规划制定权，这种分散性的制定主体所指定的产业规划法律制度，导致执行中的利益冲突和矛盾，这在一定程度上还加剧了我国区域经济发展中的失衡局面，而且当下我国产业规划制定中的决策权使用不够规范，极为随意，缺乏法律制度的刚性约束，执行中的"暗箱操作""粗暴执行""歪曲执行""选择执行"等现象时常出现，离产业规划制度的本质要求以及党和政府为人民服务的宗旨相去甚远。❷ 第二，从实施的手段来看，按照产业规划法作为宏观调控法基本构成的实施原理，产业规划法更应该采取间接引导和激励的实施手段，综合使用法律、经济等措施，但是我国的产业规划法更主要的是依赖行政命令式的手段，没有充分发挥财政、税收和金融手段的激励和引导作用，导致我国产业规划法律制度实施中存在巨大的反抗成本，没有很好地平衡私人利益和公共利益之间的矛盾。第五，我国产业规划法的实施缺少比较好的绩效评价机制，责任难以落实，无法对产业规划法律制度中的权力形成有效制约，下文中笔者将从产业规划实施主体行为的规范化、实施手段的有效化和实施中的绩效评价机制建立三个方面，论述区域经济协调发展过程中产业规划法的实施机制完善问题。

(1) 产业规划实施行为的规范化。由于产业规划的决策行为常常以抽象行政行为来呈现，"政治系统权威性决定的输出，是对全社会价值所作的权威性分配"，❸ 但它最终需要地方的执行来贯彻、落实和实施，也只能依据政策

---

❶ [美] 杰弗里·庞顿，彼得·吉尔. 政治学导论 [M]. 张定淮，译. 北京：社会科学文献出版社，2003：314.

❷ 周仁标. 论地方政府政策执行的困境与路径优化 [J]. 政治学研究，2014 (3)：108.

❸ [美] 戴维·伊斯顿. 政治生活的系统分析 [M]. 王浦劬，译. 北京：华夏出版社，1999：560.

所指向的具体地方的经济社会情势的优化和福利的提升来衡量其所预设的目标是否达成。"在中国，政策的制定往往是博弈的开始，执行才是真正的难点所在。"❶ 从现实的情形来观察，我国的确也把"除国防、外交之外的几乎所有事务都委托给地方政府实施"。❷ 在区域经济协调发展的过程中，国家的产业规划方案对各级政府都会产生直接的规范和指导作用，因为产业规划事关全国的产业市场，不可能由中央政府单独来实施，因此，将产业规划的执行配置给地方政府，使其在中央产业规划目标的指导下来具体落实，才是产业规划落实的关键所在，因此分级执行原则是保证我国产业规划执行规范性的重要举措。另外，地方政府在执行产业规划制度时候，要遵从合法原则和合理原则。❸ 首先是合法原则，即产业规划的执行行为必须于法有据，实体合法，程序合法。具体而言，产业规划的实施主体必须有法律的授权，其行为的依据是产业规划法律法规以及产业规划政策，除了法律所赋予的自由裁量，产业规划实施主体不得自行创设产业规划的实施权力。同时，产业规划法律的实施还必须符合程序合法的原则，程序对于法治的重要意义已被法学界所广泛研讨并成为一个法律常识。在经济法领域，有学者就认为，"程序是经济法权力正当行使的标准，没有程序，经济法权力就会被滥用，就会蜕变成一种暴力，就是对经济强权的公开认可。"❹ 其次是产业规划执行的合理原则，具体又表现为衡量性、适当性和必要性三个具体要求，产业规划的实施不能超过一定的度，不能代替市场，否则就是对市场机制造成破坏，产业规划的实施要综合衡量市场主体的接受可能性，要综合产业类型和区域经济的资源情况来进行。

2. 从产业规划的实施手段和方法角度来讲，要优先适用激励型和引导型的法律。民众对政府优劣的判断，首先要看政策执行所采取的执行手段和执行方式是否与大众的认知相契合，在于人们对这些手段和方式的接受程度。❺ 有学者早就论证了，较之于其他制度类型，法律因为明确性和稳定性，使得其激励功能更加明显，而当代社会法律制度与传统法律的根本区别，就在于现代发

---

❶ 陈家建，边慧敏，邓湘树. 科层结构与政策执行 [J]. 社会学研究，2013 (6)：1.
❷ 杨宏山. 政策执行的路径——激励分析框架 [J]. 政治学研究，2014 (1)：81.
❸ 杨三正. 宏观调控权论 [D]. 重庆：西南政法大学，2006.
❹ 王保树，邱本. 经济法与社会公共性论纲 [J]. 法律科学，2000 (3)：70-71.
❺ 周仁标. 论地方政府政策执行的困境与路径优化 [J]. 政治学研究，2014 (3)：108.

展法律制度实现了从过去单一的负面评价与强制实施转变为以激励和引导为基本功能,形成一种新的法律规范类型,即提倡性规范。❶ 法律激励有多种类型,具体包括制定专门的规范性法律文件、制定专门的章节或制定专门的条款等方式,❷ 在产业规划的实施过程中,通过权利的设定,或者通过增加收益减少成本的形式来落实国家的产业规划政策与法律,比如,通过补贴或转移支付的方式,鼓励人们从事某种产业的生产和经营,或者通过税收的方式,比如,降低税率、增加扣除、加速折旧、税额抵免、税收返还等方式,实现对特定产业发生的引导和激励;也可通过资格、待遇、荣誉等方面的激励来实现。当然,产业规划法的激励功能需要通过人的自身价值观、偏好、理想目标和行为评价标准等角度来实现。❸ 因此,通过产业规划法的激励功能以促进区域经济协调发展,就需要落实区域经济发展中以人为本的价值观,通过人的发展来实现区域经济发展的均衡,形成人的发展和区域经济发展的统一机制,通过人的发展来实现区域经济的发展,以及以区域经济的发展保障人的发展,两者在某种程度上具有同一性。

(3) 通过绩效评估和责任机制强化产业规划法的实施。首先是法律绩效评估。一般认为,所谓法律的绩效评估,是指政府在实现某种行政目标的过程中,通过可量化的指标对工作过程、工作结果和工作效率进行评估,以作为改进工作绩效的依据的一套体系。❹ 区域经济协调发展战略中,建立产业规划实施绩效评估制度,一方面意味着产业规划制度对于区域经济协调发展战略促成的效果有了客观的衡量标准,意味着对现有的产业规划制度的确认、修正或变革有了依据;另一方面,产业规划制度绩效评估还是区域经济协调发展中现代民主的当然要求,绩效评估是政府和公众沟通的桥梁和纽带,是提高公众对产业规划制度认可度和接受性的关键路径。实践中,确立合理的评估目标和评估模式,确定科学规范的评估主体,制定规范客观的评估总结和奖惩制度,是产业规划制度评估制度的基本构成。其次是产业规划法律制度的责任机制。"责

---

❶ 汪习根、滕锐. 论区域发展权法律激励机制的构建 [J]. 中南民族大学学报(人文社会科学版),2011 (2):112.
❷ 胡元聪. 我国法律激励的类型化分析 [J]. 法商研究,2013 (4):36–45.
❸ 丰霏. 法律激励的理想形态 [J]. 法制与社会发展,2011 (1):148.
❹ 杨寅,黄萍. 政府绩效评估的法律制度构建 [J]. 现代法学,2004 (3):14.

任"以"义务"的违反为前提,产业规划法的实施过程中,可能对某些特定的社会主体的利益造成损害,比如,针对某类产业税收制度的变革,可能会加大该行业经营者的纳税负担,对某一类产业的扶持政策的变化,都可能会对产业经营者的利益产生影响。而且,作为区域经济协调发展战略实施手段的产业规划制度,如果并没有产生促成区域经济协调发展的效果,还可能造成区域经济协调发展战略的落空,甚至拉大原本存在的区域经济发展差距,损害宏观经济利益。如果说产业规划的决策因为缺少损害后果的衡量机制而在责任落实上存在困难,产业规划的执行则会产生明显的损害后果。损害后果可直接衡量,损害后果和行为之间的因果关系也可直接认定,归责原则的确立并非无规则可循,确立产业规划法律制度执行中的责任既无理论上的困惑,也是实践上的难题。因此,建构相应的责任机制,是优化产业规划法律制度,促成其规范行使的关键。

参考文献

著作类

[1] 陈婉玲. 经济法责任论［M］. 北京：中国法制出版社，2005.

[2] 陈清秀. 税法总论［M］. 台北：台湾元照出版公司，2010.

[3] 丁瑞莲. 现代金融的伦理维度［M］. 北京：人民出版社，2009.

[4] 侯丽艳. 经济法概论［M］. 北京：中国政法大学出版社，2012.

[5] 胡光志. 人性经济法论［M］. 北京：法律出版社，2010.

[6] 胡建淼. 公权力研究——立法权·行政权·司法权［M］. 杭州：浙江大学出版社，2005.

[7] 贾康等. 战略机遇期金融创新的重大挑战：中国政策性金融向何处去［M］. 北京：中国经济出版社，2010.

[8] 姜昕. 比例原则研究——一个宪政的视角［M］. 北京：法律出版社，2008.

[9] 李昌麒. 经济法学［M］. 北京：法律出版社，2007.

[10] 李齐云. 分级财政体制研究［M］. 北京：经济科学出版社，2003.

[11] 刘少军. 金融法原理［M］. 北京：知识产权出版社，2006.

[12] 刘文华. 宏观调控法制文集［M］. 北京：法律出版社，2002.

[13] 刘云生. 民法与人性［M］. 北京：中国检察出版社，2005.

[14] 龙卫球. 民法总论［M］. 北京：中国法制出版社，2002.

[15] 陆军. 税收竞争与区域城镇化——以京津冀为例［M］. 北京：商务印书馆，2011.

[16] 吕旺实. 公共财政制度［M］. 北京：中国财政经济出版社，2002.

[17] 吕忠梅. 沟通与协调之途——论公民环境权的民法保护［M］. 北京：中国人民大学出版社，2005.

[18] 漆多俊. 经济法基础理论［M］. 武汉：武汉大学出版社，1998.

[19] 单飞跃，卢代富. 需要国家干预——经济法视域的解读［M］. 北京：法律出版社，2005.

[20] 王曙光. 金融发展理论［M］. 北京：中国发展出版社，2010.

[21] 孙笑侠. 法的现象与观念 [M]. 济南：山东人民出版社，2003.

[22] 谢晖. 行政权探索 [M]. 昆明：云南人民出版社，1995.

[23] 许善达. 中国税权研究 [M]. 北京：中国税务出版社，2003.

[24] 杨炼. 立法过程中的利益衡量研究 [M]. 北京：法律出版社，2010.

[25] 汪洋. 中国货币政策工具研究 [M]. 北京：中国金融出版社，2009.

[26] 余能斌. 民法学 [M]. 北京：中国人民公安大学出版社、人民法院出版社，2003.

[27] 章剑生. 行政程序法比较研究 [M]. 杭州：杭州大学出版社，1997.

[28] 张守文. 财税法学 [M]. 北京：中国人民大学出版社，2007.

[29] 张文显. 法哲学基本范畴研究 [M]. 北京：中国政法大学出版社，2001.

[30] [秘鲁] 赫尔南多·德·索托. 另一条道路：一位经济学家对法学家、立法者和政府的明智忠告 [M]. 于海生，译. 北京：华夏出版社，2007.

[31] [德] 柯武刚、史漫飞. 制度经济学：社会秩序与公共政策 [M]. 韩朝华，译. 北京：商务印书馆，2000.

[32] [德] 奥特弗利德·赫费. 政治的正义性：法和国家的批判哲学之基础 [M]. 庞学铨，李张林，译. 上海：上海世纪出版集团，2005.

[33] [德] 威廉·魏特林. 和谐与自由的保证 [M]. 孙则明，译. 北京：商务印书馆，1960.

[34] [美] B.盖伊·彼得斯. 税收政治学：一种比较的视角 [M]. 郭为桂，黄宁莺，译. 南京：江苏人民出版社，2008.

[35] [美] 博登海默. 法理学—法哲学及其方法 [M]. 邓正来，译. 北京：华夏出版社，1987.

[36] [美] 乔治·恩德勒. 经济伦理学大辞典 [M]. 李兆荣，陈泽环，译. 上海：上海人民出版社，2001.

[37] [日] 北野弘久. 税法学原论（第四版）[M]. 陈刚，杨建广，译. 北京：中国检察出版社，2001.

[38] [日] 金泽良雄. 经济法概论 [M]. 满达人，译. 兰州：甘肃人民出版社，1985.

[39] [日] 盐野宏. 行政法 [M]. 杨建顺，译. 北京：法律出版社，1999.

[40] [英] 亚当·斯密. 国富论 [M]. 莫里，译. 北京：中国华侨出版社，2013.

论文类

[1] 安虎森，徐杨. 国际金融危机背景下扩大内需与我国区域经济协调发展 [J]. 开发研究，2011（1）.

[2] 陈聪. 军事法的命令性特征与军事命令的法律性特征 [J]. 河北法学, 2015 (4).

[3] 陈建军. 长江经济带的国家战略意图 [J]. 人民论坛, 2014 (5).

[4] 曹明星. 量能课税原则新论 [J]. 税务研究, 2012 (7).

[5] 杜传忠. 经济新常态下推进我国区域协调发展的路径及对策 [J]. 理论学习, 2017 (6).

[6] 范恒山. 我国促进区域协调发展的理论与实践 [J]. 经济社会体制比较, 2011 (6).

[7] 高慧铭. 论基本权利滥用的认定标准 [J]. 比较法研究, 2016 (1).

[8] 葛克昌. 量能原则为税法结构性原则 [J]. 月旦财经法杂志, 2005 (1).

[9] 龚勤林, 郭帅新. 区域协同视角下的城市职能识别及其优化研究——以成都城市群为例 [J]. 区域经济评论, 2016 (3).

[10] 郭立平. 货币政策的区域效应 [J]. 中国市场, 2013.

[11] 韩龙. 现代金融法品性的历史考察 [J]. 江淮论坛, 2010.

[12] 郝寿义, 程栋. 长江经济带战略背景的区域合作机制重构 [J]. 改革, 2015 (3).

[13] 胡鞍钢. 中国经济决策机制的民主化、科学化、制度化——以2014年《政府工作报告》为例 [J]. 行政管理改革, 2014 (7).

[14] 胡浩, 葛岳静, 陈鑫弘. 基于地域差异分析的高等院校与科研院所科教协同发展研究 [J]. 经济地理, 2013 (11).

[15] 黄承伟. 中国扶贫开发道路研究：评述与展望 [J]. 中国农业大学学报（社会科学版）, 2016 (5).

[16] 惠宁, 惠炜, 白云朴. 资源型产业的特征、问题及其发展机制 [J]. 学术月刊, 2013 (7).

[17] 金碚. 区域经济发展的新思维新要务 [J]. 区域经济评论, 2016 (4).

[18] 李昌麒, 陈治. 经济法的社会利益考辨 [J]. 现代法学, 2005 (5).

[19] 李海云, 陈智杰. 税收优惠的合理性界定和行使限制 [J]. 中国商业, 2008 (12).

[20] 李振海, 任宗哲. 西部地区基本公共服务均等化：现状、制度设计和路径选择 [J]. 西北大学学报（哲学社会科学版）, 2011 (1).

[21] 连玉明. 试论京津冀协同发展的顶层设计 [J]. 中国特色社会主义研究, 2014 (4)

[22] 林木西. 振兴东北老工业基地的理性思考与战略抉择 [J]. 经济学动态, 2003 (10).

[23] 刘继虎. 税收优惠条款的解释原则——以我国《企业所得税法》相关条款的解释为例 [J]. 政法论坛, 2008 (5).

[24] 刘金全, 冯坚福. 中国经济发展新常态的宏观表象和微观基础 [J]. 东北师大学报

（哲学社会科学版），2016（3）.

[25] 刘惟蓝. 东部地区开放型经济率先转型升级的思考：背景、原因与内涵 [J]. 世界经济与政治论坛，2014（6）.

[26] 陆岷峰，吴建平. 供给侧改革背景下区域经济发展的机遇和对策 [J]. 华北金融，2016（6）.

[27] 苗连营. 税收法定视域中的地方税收立法权 [J]. 中国法学，2016（4）.

[28] 皮建才. 中国区域经济协调发展的内在机制研究 [J]. 经济学家，2011（12）.

[29] 沈德咏. 国家治理视野下的中国司法权构建 [J]. 中国社会科学，2015（3）.

[30] 孙久文. 京津冀协同发展的目标、任务与实施路径 [J]. 经济社会体制比较，2016（3）.

[31] 王建平. 整体性治理、利益协调实现区域经济一体化 [J]. 现代经济探讨，2011（12）.

[32] 王延，刘力臻. 国际金融危机背景下我国欠发达地区经济发展的新特征 [J]. 经济纵横，2009 年（5）.

[33] 王铮，孙翊. 中国主体功能区协调发展与产业结构演化 [J]. 地理科学，2013（6）.

[34] 汪锦军，张长东. 纵向横向网络中的社会组织与政府互动机制——基于行业协会行为策略的多案例比较研究 [J]. 公共行政评论，2014（5）.

[35] 汪莉. 论行业协会自治权的权源及其性质 [J]. 学术界，2010.

[36] 温佳楠. 中部崛起战略实施效果评价 [D]. 郑州：郑州大学，2017.

[37] 吴传清. 建设长江经济带的国家意志和战略重点 [J]. 区域经济评论，2014（4）

[38] 夏立平. 论共生系统理论视阈下的"一带一路"建设 [J]. 同济大学学报（社会科学版），2015（2）.

[39] 肖金明. 完善和发展国家赔偿制度——基于公民权益救济的立场、赔偿与补偿协调的角度 [J]. 山东大学学报（哲学社会科学版），2010（3）.

[40] 邢会强. 政策增长与法律空洞化——以经济法为例的观察 [J]. 法制与社会发展，2012（3）.

[41] 徐现祥，王贤彬，高元骅. 中国区域发展的政治经济学 [J]. 世界经济文汇，2011（3）.

[42] 杨三正. 宏观调控决策法律责任探析 [J]. 政法论坛，2008（3）.

[43] 杨宇立. 关于权利、权力与利益关系的若干问题分析 [J]. 上海经济研究，2004（1）.

[44] 叶檀. 城市化催生新赤贫阶层 [J]. 英才，2010（10）.

[45] 喻新安. 中部崛起战略实施十年的成效、经验与未来取向 [J]. 中州学刊, 2014 (9).

[46] 曾志平. 一种对军事法知识来源的追溯：论命令权 [J]. 政法论丛, 2016 (4).

[47] 张波. 经济法主体问题研究 [D]. 重庆：西南政法大学, 2008.

[48] 张可云. 新时代的中国区域经济新常态与区域协调发展 [J]. 国家行政学院学报, 2018 (3).

[49] 张维哀, 李秀莲. 关于宏观经济调控的法律思考 [J]. 石家庄经济学院学报, 1998 (2).

[50] 张亚雄, 张晓兰. 从"十三五"时期国际经济环境看我国经济发展面临的机遇与挑战 [J]. 经济纵横, 2015 (11).

[51] 赵亮. 全球产业结构的深度调整与国家竞争优势的重塑 [J]. 宏观经济研究, 2016 (4).

[52] 中国行政管理学会课题组. 推进综合执法体制改革：成效、问题与对策 [J]. 中国行政管理, 2012 (5).

[53] 周民良. 以结构性改革推进东北持续振兴的八大关键措施 [J]. 经济纵横, 2017 (8).

[54] 周绍杰, 王有强, 殷存毅. 区域经济协调发展：功能界定与机制分析 [J]. 清华大学学报（哲学社会科学版）, 2010 (2).

[55] 朱光耀. 2017 年国际经济形势回顾及 2018 年全球经济展望 [J]. 中国经济导刊, 2018 (1).

外文文献类

[1] Asia Development Bank. Finance for the Poor：Microfinance Development Strategy [R]. 2000.

[2] B. schwarts. Administrative Law [M]. Boston：Little Brown, 1976.

[3] Cicero. On the Commomwealth [M]. London：MacMillan Publishing Company, 1976.

[4] Mosher F. Democracy and Public Service [M]. New York：Oxford University Press, 1968.

[5] EL – Erian, M. A. When Market collide：Investment Strategies for the Age of Global Economic Change [M]. New York：McGraw – Hill. 2008.

[6] Hugo Grotius. Commentary on the Law of Prize and Booty [M]. Oxford：Clarendon Press, 1950.